国家社科基金青年项目：农地流转风险中的农民权益保障研究（项目批准号：11CZZ043）

农地流转风险中农民权益保障研究

衡 霞/著

四川大学出版社

责任编辑：李勇军
责任校对：孙滨蓉
封面设计：阿　林
责任印制：王　炜

图书在版编目(CIP)数据

农地流转风险中农民权益保障研究 / 衡霞著. —成都：四川大学出版社，2018.6
ISBN 978−7−5690−1917−9

Ⅰ.①农… Ⅱ.①衡… Ⅲ.①农业用地－土地流转－研究－中国②农民－权益保护－研究－中国
Ⅳ.①F321.1②D422.6

中国版本图书馆 CIP 数据核字（2018）第 120144 号

书名	农地流转风险中农民权益保障研究
著　者	衡　霞
出　版	四川大学出版社
地　址	成都市一环路南一段24号（610065）
发　行	四川大学出版社
书　号	ISBN 978−7−5690−1917−9
印　刷	成都金龙印务有限责任公司
成品尺寸	148 mm×210 mm
插　页	1
印　张	9.5
字　数	257 千字
版　次	2019 年 11 月第 1 版
印　次	2019 年 11 月第 1 次印刷
定　价	49.00 元

◆读者邮购本书，请与本社发行科联系。电话：(028)85408408/(028)85401670/(028)85408023　邮政编码：610065

◆本社图书如有印装质量问题，请寄回出版社调换。

◆网址：http://press.scu.edu.cn

版权所有◆侵权必究

前 言

农民权益保障是中国特色社会主义民主政治建设的重要内容，也是我国农村社会和谐稳定的重要前提。为深入贯彻落实党的十九大精神，激发农村经济社会全面发展的内生动力，纵深推进统筹城乡综合配套改革，充分运用农村产权改革成果，促进城乡生产要素自由流动，从制度上建立保护农民权益的长效机制，确保城乡群众共创共享改革发展成果，各级地方政府积极推动土地流转。但是，近年来因为土地问题而出现一些农村群体性事件，这表明农民权益在土地流转中可能受到侵害，以及农村可能由此而面临诸多社会风险。"十二五"以来，国民经济建设步伐更快，农地流转更加活跃，农地流转风险也呈加大趋势，农民权益愈易受损。相关研究表明，农村群体性上访事件中有 2/3 是土地问题，农村土地纠纷是目前农民维权抗争活动的焦点。随着农村社会的重构、失范，农地流转风险的裂变、耦合，农民权益问题也更加突出，有可能诱发较大的社会冲突和社会风险，必须引起高度关注。如何以农村土地流转风险防范为手段、以农民权益保障为目标，识别和评估造成农民权益流失的农村土地流转风险，探索有效的风险防范措施，保障农民权益和公平正义在农村以看得见的方式实现，维护农村及全社会政治、经济与社会和谐稳定，既是当下建设和谐社会的核心任务，也是学术界关于农民权益保障研究的新视野。

本书将研究视角集中在"农地流转风险中的农民权益保障研

究"，重点探析农地流转风险与农民权益保障的内在逻辑。在明确创新农地流转风险防范机制基础上，把农民权益保障作为研究重点，其一是因为农民的土地权益保障在农村地区的和谐发展中起着"底线衡量"作用。在"居民收入倍增""发展是第一要务"和"构建和谐社会"的特殊时空背景下，系统研究农地流转中农民可能面临的权益流失与弱化，以及土地权益与流转风险的辩证关系，积极探索农村土地流转机制的创新路径，有效规避农地流转中的风险，不仅能够切实保护农民的土地权益，更对农村社会的和谐稳定具有标示性价值。其二是因为目前各级政府把农民的权益保障作为公共服务供给的核心，包括宪法及法律法规赋予的权利、就业与社会保障、公共文化等，旨在构筑保障农民生存与发展基本需求的底线。其三是因为我国幅员辽阔，地区差异较大，在农民权益保障方面，地方政府能更有效地了解和把握本地区的农地流转与农民权益保障需求，能更有效地回应农民需求，建立适合本地区经济社会发展需要的农地流转风险防范机制与农民权益保障体系，以提升农民权益保障制度供给的有效性与针对性。

  本书主要探讨农地流转风险与农民权益保障的内在逻辑、理论基础，农民权益流失的风险类型与风险评估，并在此基础上借鉴国内部分地区农地流转中进行风险规避和保障农民权益的经验，提出完善农地流转风险背景下农民权益保障的具体措施，从而回答了为什么农地流转风险是农民权益保障的内在动力，为什么农地市场失灵是农民权益保障的逻辑起点，农民权益流失的风险指标有哪些，如何通过定量分析法评估这些风险对农民权益的弱化等问题，最后通过验证表明农民权益流失与流转风险呈正相关关系，并可能带来一系列的负外部性，从而形成了基本理论框架—问题分析—对策系统构建的分析框架。通过上述研究，发现迫切需要结合党的十九大报告的新思路，实现理论内涵的拓展创新、实践模式的归纳提炼、农地流转绩效的监督评估、以风险防范为着力点加强农民权益保障的规划设计。

本书结构如下：

第一，基本理论架构。首先，研究农民权益保障的内在动力：农地流转风险。农村土地流转是农村经济发展到一定阶段的产物，只有通过土地流转，才能为农业产业化经营提供规模经济条件，为家庭农场的快速发展提供要素基础。其次，研究农民权益保障的逻辑起点：农地流转市场失灵。福利经济学认为，完全竞争市场的一般均衡能达到资源配置的"帕累托最优"。然而，在现实中，由于不完全信息、流转收入分配不公、外部性等原因，致使农地流转市场的均衡结果不能获得资源配置的最优交换、最优生产、交换和生产同时最优，从而使农地流转市场陷入失灵状态。市场失灵与市场机制的成熟度呈"反比"关联，即市场机制越成熟，市场失灵度越低；市场机制越不成熟，市场失灵度越高。然而，无论市场机制是否发达，都存在着自身的缺陷。在农村土地流转市场上，由于利益相关的博弈策略，使得农地流转市场失灵化现象较为突出。通过内在动力与逻辑起点的分析，从而回答了研究农地流转风险中农民权益保障的必要性。

第二，农地流转中农民权益保障的风险系统。要保障农民在土地流转中的权益就要把农地流转风险作为一个系统来研究，风险识别是农民权益保障体系建立的第一个环节，是对农地流转中农民权益可能弱化或流失的风险类别、风险源和风险特征等有关信息的认识与发现、收集与处理的过程。只有在正确识别农村土地流转中农民权益流失风险类型及其成因，才能主动、恰当地选择有效的方法防范风险、保障农民权益。农村土地流转中，土地承包经营权和收益权的弱化，土地处分权和司法救济权的流失，土地民主管理权的丧失和缺位等，都会造成农民权益的流失，进而引起社会风险、经济风险、政治风险的出现，这些风险反过来又会进一步加剧农民权益的弱化。从广义上讲，农民权益流失的风险因素很多，但并非所有的风险都会产生负面影响。因此，风险识别的关键是要找出有显著影响并可能导致严重后果的风险因素。由于风险的可计算性体现为人类已经发展了的一系列计算方法和测量工具来估算风险造成的损害及其相应的补偿，因此，首先要建构农民权益流失的风险指标体系。农地流转中农民权益流失的风险指标体系具有风险评估"指示器"的作用，它能反映农民权益流失风险的整体水平、评估农民权益流失风险的动态变化、监测农民权益流失风险的总体态势；同时，农地流转中农民权益流失的风险指标体系也具有风险评估"推进器"的作用，它能预警农民权益流失风险的临界阈值，辅助建构农民权益流失风险的应对策略。本书运用德尔菲法建立风险指标体系后，采用层次分析法对农民土地承包经营权流失、土地收益权弱化、土地处分权流失、司法救济权缺失、民主管理权弱化等引起的风险进行实证评估，并得出农地流转中农民权益受损的风险程度。

第三，对策系统构建。分析问题就是为了解决问题，本书始终把研究的重心放在如何防范农地流转风险以保障农民土地权益的对策研究上面。从加强对业主资质的审查、规范合同签订程序、健全农地流转市场等源头上建立健全农地流转风险预警机制，避免农民土地权益的流失或弱化；从农民、业主和基层政府等利益相关方出发建立有效的农地流转风险分担机制，以避免契约风险所带来的收益权损害；通过建立星级评定机制、标准合同和强化监督等激励与约束机制来促进农地流转的利益相关方的契约精神，最终避免农地流转后的变更用途或闲置现象的出现；以法律、制度等为保障，构建土地流转中农民权益流失与弱化的风险应对与化解机制，以更完整地保障农民在土地流转中的权益。通过完善的对策系统的构建，以期为地方政府如何防范农地流转风险以保障农民权益提供借鉴和参考。

综上所述，本书有如下结论：

1. 基层组织主导农地流转是农民权益流失的重要原因，但并不是唯一原因。从调查研究来看，许多地区的农地流转均由村社甚至乡镇相关部门主导，基层组织往往以一纸公文或口头传达的形式动员农民流转已经取得承包经营权或产权的土地，致使农民在土地流转中缺乏相应的知情权、参与权等民主管理权和承包土地的处分权，间接引发农地流转中的农民收益权流失和司法救济权弱化。课题组研究结果还显示，基层组织主导下的农地流转仅仅是农民权益流失的原因之一，除此以外，还有制度的不完善、农民与业主的博弈等因素也是导致农民权益流失的重要原因。

2. 农村土地流转风险防范是保障农民权益的重要举措。农地流转中的政治、经济和社会风险，在具体到农民的各项权益中还将细化为契约风险、市场风险、干群关系恶化和基层政府公信力下降的风险、乡村公共性消解社会风险、社会治安紊乱风险等。若上述风险不能采取有效措施进行防范，将进一步引发农民权益的流失与弱化，加剧农地流转风险的演化，导致因农地流转纠纷而出现上访和群体性事件，影响农村社会的和谐稳定。因此，通过建立风险保障金制度、农地流转市场的准入与退出机制、完善农地流转的中介组织等措施将有助于防范农村土地流转风险，加强农民权益的保障。

3. 农村社会的和谐稳定重在对农民权益的保护。在社会主义中国，农民不仅享有民主参与政治的权利，还有经济发展的权利，更有个体生存与发展的权利。诸多权益中，附着在土地上的权益对农民来说更能体现其主人翁地位。土地是农民生产经营的场所和对象，不仅体现其劳动价值，更使其产生生存与发展的安全感，实现其精神的寄托。一旦土地权益弱化或流失，农民的社会归属感下降、认同度降低、社会融入难度增加，就容易产生对基层组织的不信任感，导致因土地权益流失而引发的群体行为，从而影响农村社会的和谐稳定。2014年12月2日，中央全面深化改革领导小组第七次会议审批的《关于农村土地征收、集体经营性建设用地入市、宅基地制度改革试点工作的意见》中明确把"农民利益不受损"作为农村土地制度改革的三条底线之一。因此，要确保农村社会的和谐稳定，最为重要的举措就是保障农民权益。

目 录

1 绪论 ·· (1)
  1.1 研究背景与研究意义 ·· (1)
  1.2 文献综述 ·· (5)
  1.3 相关概念与理论基础 ··· (19)
  1.4 研究方法与研究思路 ··· (47)
  1.5 研究的创新与不足 ·· (50)

2 农地流转中农民权益保障的内在动力：农地流转风险
  ··· (52)
  2.1 农业现代化与农民发展权 ······································· (53)
  2.2 农地流转风险与农民权益保障的相关性分析 ············· (64)
  2.3 传统农地流转风险防御战略对农民权益保障的成效
     分析 ··· (72)
  2.4 城乡统筹背景下农民权益保障的农地流转风险防范
     制度创新 ·· (89)

3 农地流转中农民权益保障的逻辑起点：农地市场失灵
  ·· (102)
  3.1 农地流转主体的风险决策分析 ······························ (104)
  3.2 农村剩余劳动力转移的条件约束 ··························· (120)
  3.3 农地流转风险分担与收益分配机制障碍 ·················· (128)
  3.4 农地流转风险管理制度的准公共物品特性 ··············· (134)

4 **农地流转中农民权益流失的风险识别** ……………… (138)
　4.1 农民土地承包经营权流失的社会风险 ………… (139)
　4.2 农民土地收益权弱化的经济风险 ……………… (152)
　4.3 农民土地处分权流失的政治风险 ……………… (165)
　4.4 农民司法救济权缺失的社会风险 ……………… (173)
　4.5 农民民主管理权弱化的政治风险 ……………… (182)

5 **农地流转中农民权益流失的风险评估** ……………… (192)
　5.1 农民权益流失的风险指标体系设计 …………… (192)
　5.2 农民权益流失的风险评估 ……………………… (209)

6 **农地流转中农民权益保障的风险管理机制创新** ……… (249)
　6.1 健全农地流转风险预警机制，保障农民土地流转
　　　权益 ………………………………………………… (250)
　6.2 建立农地流转风险分担机制，保障农民土地流转
　　　权益 ………………………………………………… (255)
　6.3 完善农地流转激励约束机制，保障农民土地流转
　　　权益 ………………………………………………… (265)
　6.4 健全农村土地流转风险防范机制，保障农民土地
　　　流转权益 …………………………………………… (270)

参考文献 ……………………………………………………… (281)

1 绪论

1.1 研究背景与研究意义

1.1.1 研究背景

为深入贯彻落实党的十九大精神，激发农村经济社会全面发展的内生动力，纵深推进统筹城乡综合配套改革，充分运用农村产权制度改革成果，促进城乡生产要素自由流动，从制度上建立起保护农民权益的长效机制，确保城乡群众共创共享改革发展成果，各级地方政府积极推动农村土地流转。截至2014年年底，全国家庭承包耕地流转面积已经达到4.03亿亩，占全国耕地面积的30.4%。其中，各类专业大户达到367万户，还包括98万个合作社[1]。部分省份农地流转面积占家庭承包面积近一半，如上海市和北京市，全市农村土地流转比例达到71.5%、52.0%，平均每亩1283元[2]；中西部省份农地流转面积也逐年增加，如四川省2001年全省农地面积为400万亩左右，但到2012年底时已经达到1195.8万亩，占家庭承包面积20.5%以上[3]。

---

[1] 中国土地流转面积快速增长 [N]. 中国产业信息网, 2015-09-14.
[2] 中国土地流转面积快速增长 [N]. 中国产业信息网, 2015-09-14.
[3] 四川：耕地流转1195万亩流转年突破20% [N]. 中国广播网 2013-02-28.

随着城市化进程的加快和现代农业的发展,农村土地流转速度越来越快。一方面,有利于农村土地的规模化、集中化和集约化,既能增加农民收入又能促进农业现代化;另一方面还能从农业中释放出大量的劳动力转移到二、三产业中,以弥补我国逐渐消失的人口红利。这样,农地流转就解决了农业的规模经济与效率提高问题。但从近年来因为土地问题不断出现的农村群体性事件来看,农村土地流转中仍然存在一些问题:农民土地承包权益弱化可能诱发社会风险,降低基层政权公信力,加剧社会冲突,影响新农村建设;农地流转的各类风险因素、不规范的流转合同,以及村组的"提成"行为均有可能弱化农民的土地收益权,导致部分农民的生活水平下降,出现贫富分化现象;法律体系不健全、权力配置失衡、基层组织职能错位等原因使得农民在土地流转中缺乏自主决定土地用途的权利,这类处分权的流失将可能诱发群体性事件和政治、经济、社会风险的发生;由于行政权的干预、农地确权度低等因素的影响,使得农民司法救济权流失,缺乏相应的救济渠道;政策宣传不到位和流转收益分配不公开等侵犯了农民的土地流转知情权,农村集体土地"虚拟产权主体"和"少数"服从"多数"原则破坏了农民土地管理的民主参与权,出现了农地"非农化"和耕地"非粮化"现象,不仅影响了新农村建设和城镇化进程,还妨碍和谐社会构建。

与此同时,农村土地流转后,年龄大或没有技术而不能外出务工者失去的不仅仅是土地生产出粮食的物质价值,而且失去了种田的精神意义和价值。面对荒芜的流转土地,既不能种植也不能管理,只能把时间消磨在打牌、闲逛这种无聊活动上,土地赋予农民的精神文化权利被削弱。无田可种后,农民的日常开销全部由现金支付,但每亩土地的租金有限,尤其是部分地区人均只有 0.3 亩左右的田或地,全家五口人也只有 1.4 亩左右,全部流转的收益仅千余元,当遭遇"豆你玩""蒜你狠"时,农民以前稳定的生活则会受到较大冲击，一旦生活难以为继时，"找政府"就成为普遍做法。伴随着农民权益的不断流失，农民与政府的对立程度将加剧，农村社会不稳定因素也随之产生，农地流转风险加剧，导致农村群体性事件中有 2/3 是土地问题的现状没有得到根本改观。

农民的土地权益保障在农村地区的和谐发展中起着"底线衡量"作用。因此，在"居民收入倍增""发展是第一要务"和"稳定压倒一切"的特殊时空背景下，本书聚焦于农村耕地流转，包括部分灾后重建背景下的集体建设用地流转中的农民权益保障问题，系统研究农地流转中农民可能面临的权益流失与弱化，以及各项土地权益与风险的辩证关系，积极探索农村土地流转风险防范机制的创新路径，有效规避农地流转中的风险，不仅能够切实保护农民的土地权益，更对农村社会的和谐稳定具有标示性价值。

1.1.2 研究意义

第一，开拓风险管理理论在农民权利保障领域的创新性应用。关于农民权利保障的应用研究成果非常丰富，相关理论也在逐渐引入农民权利保障的分析中，但大多倾向于用社会保障的相关理论对其阐释，很少有运用社会风险管理理论等分析农地流转中的农民权益保障问题。因此，本书在实地调研的基础上，针对农地流转中的农民权益保护问题，运用相关理论，着重研究农民权益流失或弱化的根本原因与可能产生的社会风险，以及可能对农村社会和谐稳定产生的影响。

第二，研究农村土地流转中的农民权益保护问题有助于发展社会主义民主政治。农村土地流转与否，要尊重农民的利益需求，充分发挥农民的主体作用，使农民在创新型的村两委治理结构下，大力发展农村集体经济组织，使农民由个人决策发展为依靠集体决策。集体决策在充分保障多数农民权益的背景下作出，从而使我国的民主政治在农村借助于土地流转活动得以深化、巩固。

第三，研究农村土地流转中的农民权益保护问题有助于建设社会主义法治国家。农村土地流转中，既要保障宪法赋予农民的土地权利，让农民敢于合理合法地维护自身权利，运用法律手段维护自己的土地承包经营权与民主管理权，促进农村逐步走向法治；又可通过农民权益的保障促进农民的自觉守法。中国有70%左右的农村人口，只有他们对法律产生心悦诚服的认同感和依归感，生成法律信仰，才会减少其权利损害后的非法群体行为与违法活动。

第四，有助于为地方政府的决策提供新思路。本书在深入分析农民耕地流转中各项土地权利的同时，还对2008年汶川大地震后所实施的住房联建制度等特殊情况进行了探讨，并提出了具有操作性的解决方案，这为有效防范农地流转风险、保障农民权益提供了新思路、新举措。

第五，研究农地流转中的农民权益问题将有利于小康社会的和谐建设。农村小康社会不光要解决农民的温饱问题，更要保障农民政治、经济、文化等各方面的权利。随着改革开放的深入和农村人口流动速度的加快，以及互联网技术的广泛运用，农民的利益诉求日益多元，需要相应地增加农民的利益表达通道，在公共政策决策中体现农民的话语权，从而维护农村社会的稳定。近年来，因农地流转而引发的群众集体上访、农民与基层干部的矛盾等，均表明农村小康社会的和谐构建需要关注农民的土地权利问题。

1.2 文献综述

1.2.1 国外研究文献述评

1.2.1.1 土地收益

冯·杜能（Johann Heinrich Von Thtinen）以市场距离为唯一假设条件，认为农产品的生产活动就是要追求地租收入最大化，地租等于农产品价格与产量之积减去农产品的生产费用与产量之积，再减去生产地与城市的距离、运费率、产量等三者之积；同时，地租还等于农产品的市场价格、农产品的生产费用、生产地与城市的距离之差乘以农产品的运费率等三者之差再乘以农产品的产量。该理论颠覆了亚当·斯密关于地租是源于土地所有权而产生的劳动产品，因此租地人要按土地的实际产出给予地主最高的租金的论述。阿尔弗雷德·马歇尔（Alfred Marshall）认为土地是一种特定形式的资本，因而具有原始价值、私有价值和公有价值，若土地因为改良或征收征用而提升了价值，但这部分价值并不是真正的地租，只有因为自然肥力而带来的价值才是真正的地租。显然，他忽略了级差地租的存在。他通过"供应——成本"模型分析得出一个结论，即由于土地租金的存在，降低了农民投资土地、改良土地的积极性，因而这样一种土地制度是需要变革的。马克思在前人的理论基础上构建了完整的地租理论，他将地租分为绝对地租、级差地租和垄断地租三种形式，不同类型的地租计算方式也不同，但地租的核心均是剩余价值的转化，只要所有权与使用权分离，那么土地使用者就要向所有者交纳租金，从而保证土地所有权在经济上的实现。

上述学者所分析的地租实际上就是我们今天所讨论的土地收益权问题。杜能和马歇尔分别从不同的视角，用不同的学科方法计算了土地所有者应当收取地租的价格，其前提均是建立在土地的所有权与使用权相分离的基础之上。他们认为，只要地租合理，土地的附加价值才会显现，但是附加价值被土地所有者截取之后，又会降低土地使用者的投资积极性。显然，他们并没有解决土地收益权的不完整性问题。

1.2.1.2 土地产权

马克思被看作是第一位有产权理论的社会科学家，他认为产权主要是指生产资料的所有权，而所有权又是财产权的重要组成部分。财产权还包括占有、使用、支配、经营、索取、继承等权利（上述权利是不可侵犯权），其中所有权具有决定性地位，并可以与其他权利分离。马克思认为，作为生产关系范畴的所有制和作为上层建筑的所有权并非一回事，在相同所有制环境中，可以有多种所有权形式存在。另一位产权理论的代表性人物——科斯（Ronald Coase），提出了著名的科斯定理。他认为，在交易费用为零的状态下，产权的初始制度安排不会影响当事人间基于利益最大化的谈判，通过市场的作用会自动实现帕累托最优。由此可见，只有具有明确性、专有性、可转让性和可操作性的清晰产权，才能很好地解决外部不经济问题。阿尔钦和德姆塞茨通过对印第安人禁止他人进入私有土地范围内狩猎和英国的圈地运动这两个典型案例的分析，认为产权结构已经开始从共有产权向私人产权演变，从而提高了资源配置效率，保障了私有的土地所有权益。

Calabresi 和 Melamed（1972）认为公民的土地产权是受法律规则保护的。H. G. Jacoby（2002）和 Loren Brand（2002）认为土地产权不清晰是农民权益缺乏制度保障的根本原因之一；North（1973）认为国家既是保护个人权利和节约交易费用的有效工具，同时又是暴力潜能的垄断组织之一，甚至会成为社会个体权利最大与最危险的侵害者，T. Firman（2000）对印度尼西亚的实证研究也表明这一点。Guo Li 和 Scotte Rozelle（2002）认为农民利益没有得到有效保障的原因在于土地的再分配和征收造成的地权的不安全性影响了农民的投资积极性，导致农地利用的低效率。

1.2.1.3 农村土地流转

Alain Janvry（2001）认为低成本与灵活的市场机制，将有助于实现土地利用价值的最大化，进而更有可能改善农村经济并增加社会福利。如果能拥有完美的信息和完整的市场且交易成本为零，那么每个农户都将确定最佳的农场规模，这样土地所有权的分配将只会影响福利，而不会影响产出效率。Holden Stein T.，Deininger Klaus（2008）研究了埃塞俄比亚的村庄后认为，土地确权证书有助于提升农村土地租赁市场的交易水平，有利于让更多女户主参与到土地租赁活动中去。因为这样可以更容易地清算和收回土地投资的所有资本，以免突发事件的冲击。Jean-Philippe Colin（2013）通过对科特迪瓦农村土地销售和租赁合同的研究发现，农村土地交易是一个充满不安全感和冲突的过程。这一问题与土地权利的识别与确认紧密联系，因此，法律制度的保障对于缓解农村土地交易的紧张与冲突至关重要。

Schirmer（2011）认为，一个人的目标、参与、生活水平将影响他对农村土地利用变化的感受与认知。Kathryn J. H. Williams（2012）基于澳大利亚东南部地区农村土地用途变化的案例研究，深入探讨了农村土地利用变化与相关的社会经济变化间的关系，指出当地居民并不总是能清楚地意识到土地利用变化的程度与性质，而且也很难感知和评估土地利用变化背后所隐含的社会变化。Mena C. F.、Walsh S. J.、Frizzelle B. G. 等（2011）构建了分析农村土地利用变化中农民个体决策模型——ABM，指出基于个体的模型（ABM）是一种可以代表个体决策单位与环境互动的工具，这些特征使得 ABM 可以简化、模拟和分析农民间的互动，以及农民与所属环境间的互动。

由于国外绝大多数国家基本都实行土地私有化政策，土地在市场中可以进行自由交易。在国外农村土地交易的实践发展过程中，通常会既包括农村土地所有权交易，也包括以租赁、置换、转让等形式进行的农村土地使用权交易以及农村土地用途利用的变更。因而在国外相关的土地交易研究中，很少使用农村土地流转这个概念，更多使用的是农村土地交易。

1.2.1.4　农民权益保护与社会风险

目前，关于农民权益保护和社会稳定维护是相关的这一观点在国外学术研究中并未得到一致认同。有的学者认为国家出于公共利益目的而征收征用土地，农民就应当作出牺牲；有的学者认为土地是农民合法取得，不管出于什么目的使农民让渡了土地权益，均应给予公平的补偿。Terry（2003）在对中欧几个国家农村土地交易进行分析后得出，一定区域经济环境的状况将会影响当地的农村土地交易，因为农村土地所有者都是基于理性考虑来进行土地买卖决策的。他进一步指出，过多拥有细碎小块土地的农户是阻碍农村土地交易市场的重要因素，因而单个农户为了规避市场经济风险会降低农村土地交易意愿。Pauline. E. Peters（2009）认为，土地出让的加速推进增加了冲突和土地索赔的风险，加剧了社会不平等。Peng Han（2010）指出，如果农村土地流转被视为市场行为，农民存在着以下两种风险：一是源于承包商履行合同的能力。土地流转合同通常有很长的履行期限，在履行过程中，如果承包商没有很好地经营，它是很难按照客户约定支付承包费的。二是来源于政府政策和市场的变化。由于在未来的发展中有很多不确定性，土地流转合同期限太长可能导致农民承包土地的利息损失或社会矛盾。

还有西方学者对中国的土地承包经营权使用状况进行了跟踪研究，也得出了不同的结论。Roy Prosterman 与中国学者叶剑平（2006）等人自 1987 年起就展开了对中国 17 个省份的 1773 个家庭的农民土地使用权追踪调查，他们认为，30 年承包经营权的制度化激励了农民对土地的投资，增加了土地的流转价值。但是由于集体产权的虚置，导致地方政府以公共利益的名义低价收购了农民在承包经营期内的土地，如果农民没有真实的土地所有权，将会影响中国的社会稳定，使得中国多年来努力开拓并取得的现代化成果遭受挫折。Luke Erickson（2008）认为，真正解决地方政府和工商资本对农村土地的攫取不是私有化而是要完善法律，加大监督力度；如果推行农地的私有化，则可能导致"耕者失其田"的局面，反而会加速土地资源向少数人集中，加剧中国的农业危机，威胁中国的社会稳定。

Stephen R（2005）、Turk（2005）、Oeininger 和 Jin（2005）、BellemareM.（2006）、Rigg（2006）、Lerman（2007）、Hurrelmann（2008）通过对亚洲、非洲、拉丁美洲、欧洲中部和东部等地区的发展中国家农村土地市场的研究，发现发展中国家的土地产权形态多为共同产权，且土地市场运行存在信息不对称、政府干预过度、信用体系脆弱等问题。他们的研究结果认为多数国家进行的产权私有化改革目的在于促进土地流转，这对于提升农村贫穷者的信用水平及市场参与度是有益的。[①] Yaohui Zhao、James G. Wen（1998）通过以农民持有土地与安全感之间的关系着手，分析了农民拥有土地与养老的外部环境和土地养老的代际转移的设计思路，认为农民拥有土地及其权益是农民储蓄和保障养老的一种有效方式。

西方学者对农村土地流转中农民权益保障的研究各有侧重，更多的是结合世界各地尤其是发展中国家的案例，通过事先假定

[①] 转引自张丽. 农地城市流转中的农民权益保护研究 [D]. 华中科技大学，2011.

农地流转与农民权益的关系，采用定量分析方法对农民的土地财产权和决策权进行分析，最后得出的结论是农地流转可能损害农民的权益，特别是农村贫困者和妇女的土地权益容易受损。由此可见，西方学者的研究方法与研究视角值得我们学习和借鉴，但针对特定群体的权益损害或保护的研究又略显范围的狭小。中国农村土地流转中农民权益保护与农地流转风险的辩证关系表明，农村土地流转引发的诸多社会风险或群体性事件已经影响到农民的基本生存权，影响到社会的和谐稳定，因此，研究中国农地流转风险中的农民权益保护问题需要全面系统地考量和反思，才能更好地促进农村社会的和谐稳定、农业的繁荣昌盛、农民的可持续发展。

1.2.2 国内研究文献述评

1.2.2.1 总体情况

随着我国市场经济体制的确立，广大农村土地流转由非市场机制的代耕、互换为主向代耕、互换、租赁、入股、转包等多种流转模式转变，这一现象也引起了学者专家们的注意，理论界开始了对农村土地流转的大规模探讨研究。

截至 2013 年 11 月，国家社科基金项目中和"农村土地流转"相关的课题立项 35 项，教育部哲学社会科学规划中和"农村土地流转"相关的课题立项 70 项。在中国期刊网与"农村土地流转"相关的文献 86196 篇，在万方数据库中与"农村土地流转"相关的论文有 3697 篇。以中国期刊网为例，截至 2012 年年底，"农村土地流转"研究的学术关注度（农村土地流转文献发文量）连续几年持续走高。

在中国期刊网和万方数据库中，有关"风险指标体系"的文献分别有 688587 篇，但学术关注度（农村土地流转文献发文量）直到最近几年才有大幅度上升。而且，已有的"风险指标体系"

研究学科分布大都集中于金融、投资、企业经济、宏观经济管理与可持续发展等方面。

国家社科基金项目中和"农民权益保障"相关课题立项 5 项，教育部哲学社会科学规划中和"农民权益保障"相关的课题立项 19 项。在中国期刊网共有与"农民权益保障"相关的文献 18625 篇，在万方数据库共有与"农民权益保障"相关的论文 1664 篇。以中国期刊网为例，截至 2012 年年底，"农民权益保障"研究的学术关注度（农民权益保障文献发文量）连续几年持续走高。

1.2.2.2 农村土地流转

沈茂英（2008）认为农地流转又称农村土地使用权流转，是指在不改变农地用途的前提下，拥有土地承包经营权的农户将土地使用权单独或随同土地附着物转让给其他农户或者经营性组织的行为。方中友（2008）也强调农地流转即农地使用权流转，其含义指拥有农地承包经营权的农户将土地经营权（使用权）转让给其他农户或经济组织，即保留承包权，转让使用权。刘艳（2010）认为农村土地流转，是指依照土地承包法引起农村土地承包经营权主体变更的行为，主要包括农村土地承包经营权的流转（转包、转让、出租、互换、股份合作等）和国家以公共利益为目的征收征用集体土地的流转。梅琳（2011）认为农村土地流转，指的是农村土地承包经营权的流转，是农村农业用地的承包经营权在不同经营主体之间的流动和转让，即在不改变农村土地所有权权属性质和农村土地农业用途的基础上，原土地承包经营权人将土地承包经营权转移给其他从事农业生产经营的农户或经济组织，或者保留土地承包权，将经营权（使用权）移转给其他个人或组织的过程。

傅晨（2008）认为农村土地流转可归于两类：一类是农村土地承包经营权由拥有者直接流转给受让者的"直流式"流转；另

一类是农村土地承包经营权由拥有者通过"中间人"流转给受让者的"间流式"流转。车裕斌（2005）将农村土地流转区分为农地的外流转和农地内部流转。农村土地的外部流转指非集体经济组织成员通过某种方式获得集体经济组织所有的土地的某一权利的流转；农村土地的内部流转指集体经济组织内部成员通过某种方式获得本集体组织所有土地的某一权利的一种农地权利流转。郑静波（2001）将农村土地流转划分为转包、转让、退包、互换、委托代包、反租倒包、股份经营、拍卖八种。

郭晓鸣（2011）指出由于我国现行的《农村土地承包法》及土地流转相关法律法规的限制过多，同时也存在着流转中自主谈判、多元协调、利益激励机制的匮乏，这些都对充分发挥农村土地产权的效益产生影响，进而会挤压农地流转中村民个体和乡村社会的福利提升空间。段力誌（2011）认为农村土地流转市场机制发育不完善，不同区域间流转水平差距大，而且缺乏有效的中介服务机构，农村土地流转交易成本高；一些农村土地流转违背农民意愿强行流转，出现"非农化""非粮化"现象，人地矛盾突出，发展效益农业与传统粮食种植时有冲突。齐巍巍（2011）指出一些地方出现承包地流转后的非农化，容易导致农村土地的可持续利用率降低、复耕难度和成本增大。而且，一些基层政府还将农业产业化投资项目与农地流转相挂钩，规模化产业园区建设也会对未来耕地复耕产生严重影响。

伍业兵（2009）认为在农地流转中，一些地方政府和农村集体经济组织忽视农民的主体地位，损害农民的切身利益。曾超群（2010）认为农村土地流转过程中存在忽视农民利益倾向，剩余收益分配机制缺位，损害了农民利益。王姝涵、吴秀敏（2010）认为农民从农地流转中获得的收益偏低。其一，土地流转期限偏长，付款计价方式不科学，限制农户享受土地增值带来的利润；其二，合同中存在流转方式不合理现象，农民权益受损。郭亮、阳云云（2011）指出大规模土地流转挤压了农业劳动者的就业空间。李振远（2011）认为流转收益分配不合理威胁农民权益。

曾超群（2010）认为要解决农地流转问题需要进一步明晰土地产权，稳定承包经营权，建立多样化的土地使用制度，探索股权经营模式；规范农村土地流转合同；完善农村土地流转登记制度；强化监督管理；建立农村土地流转行政专职机构；设立农村土地流转风险基金，同时建立土地租赁费提前预付和土地复耕担保费制度，确保农民的最低收益不受损失。黄祖辉、王朋（2008）认为要完善土地流转中介组织，促进土地高效有序集中；消除土地社会保障功能，推进土地完全自由流转。潘啸（2008）、徐峰（2008）等认为实现农村土地流转必须完善农村社会保障体系，以解除农民的后顾之忧，当前要特别注意加强农村医疗保险、养老保险和最低生活保障制度建设，只有完善农村社会保障体系，才能从根本上促进农村劳动力向二、三产业转移，进而促进农村土地流转。段力誌（2011）指出在土地流转中，基层政府应规范、明确政府职能定位，制订并完善相关的流转政策、规章制度等，同时要广泛宣传流转政策法规，让广大农村干部群众能够及时准确了解。同时，进一步健全完善耕地保护政策，加强土地增减挂钩试点的专项检查和农地流转中农业用途的检查监管。

1.2.2.3 农村土地流转风险

姜晓萍、衡霞（2011）认为农村土地流转风险是指农地流转各方依个体理性在现行政策体系内作出的流转决策，却因可能的预期收益变动、政策演变、个人事业调整等不确定性因素而产生的风险。这一概念包含了以下几个方面的内容：一是流转主体包括农地出让方（农民）和农地受让方（业主），也包括政府；二是流转行为既可能发生在农民之间，也可能发生在农民与其他经济主体之间；三是流转农地包括耕地、农村建设用地、宅基地和林地；四是风险是客观存在的，它因决策者的理性而变化。

林旭（2009）认为推进农村土地流转，必须关注可能带来的五个方面的社会风险：农民失业、失地、失去保障的风险，粮食安全风险，农村两极分化风险，产权主体权益受损的风险和政治风险。穆瑞丽（2010）指出在农村土地流转过程中，由于种种原因，致使农村土地流转存在政策风险、制度风险、合同风险、管理风险、市场风险和经营风险，直接影响了农民权益。蒋永穆（2010）认为受各方复杂因素的影响，目前土地流转可能主要面临加剧农村内部阶层分化、损害流转双方利益、危及国家粮食安全、诱发群体性事件以及影响农业可持续发展等风险。姜晓萍，衡霞（2011）指出农村土地流转风险主要有：契约风险、市场风险、社会风险。在邻界土地高价流转导火线的引燃下，市场风险传导引发契约风险和社会风险的发生，严重影响了农村社会的和谐安定局面。

宋林飞（1995）对社会风险进行了深入分析，将社会风险分为经济、政治、社会、自然、国际 5 个方面，从警源、警兆、警情 3 个层次构建了社会风险预警综合指数（SRSS），后简化为 7 大类、40 个指标，包括 18 个警源指标、10 个警兆指标与 12 个警情指标。作者还采用简单分类评分法，对社会风险预警系统的各个指标进行量化处理，设置了各个指标的五级计分法与 4 个警区。胡鞍钢、王磊（2006）从"社会紧张""社会不安全"和"社会脆弱" 3 个维度来衡量"社会转型风险"，并根据科学性、系统性、可测性、可比性的原则，为每一类指标分别拟定了具体的衡量指标。周文斌（2007）从生态环境风险、政治风险、经济风险、社会风险、文化风险等五个角度设计转型时期中国社会风险评估指标体系基本框架。又据此采用德尔菲法，最后形成了一套由 5 类共 22 个指标组成的转型时期中国社会风险评估指标体系。陈远章（2008）根据社会风险的逻辑构成设计了由 6 个一级指标、12 个二级指标、57 个三级指标构成的"社会风险预警指标体系",并采用 AHP 与 Delphi 法相结合来进行权重分析。耿彩云(2011)虽然对农地流转风险指标体系做了初步的有益探索,但并未进行量化验证与评估。

周玉(2009)认为应该完善土地承包经营权和集体建设用地使用权流转办法,主要应明确土地承包经营权的权能、农地产权主体,及时完善和建立土地流转程序、方式、终止等条件细则,订立统一的土地流转合同样本;及时建立一套农地评估办法和实施细则,有效指导和规范农地流转。吕琳(2011)认为应该组建独立的、以市场为导向的第三方农地流转服务中介组织或机构,为农地流转的顺利开展创造有利条件。刘灵辉(2009)认为应该保护农地转出方利益,优化分流机制,完善社会保障体系。林旭(2009)认为要构建农地流转社会风险防范机制,就要构建城乡一体的社会保障体系,建立以耕地保护为核心的粮食安全保证机制和完善农村劳动力就业机制。甘庭宇(2006)认为应该遵循"自愿、有偿、规范、有序"的原则,土地流转必须始终坚持以家庭承包为基础,进一步明确农户在流转中的主体地位。

1.2.2.4 农民权益保障

宫敏燕、门忠民(2011)认为所谓农民权益是指农民作为社会成员、国家公民应享有的权利和应得到的利益。李长健、伍文辉(2006)提出,农民权益含政治权益和经济权益两个基本方面。经济权益在农民权益中处于基础性、决定性地位,政治权益又深深地影响着经济权益,成为经济权益实现的保障。罗元青、祁晓玲(2012)从纵向划分看,农民权益包括生存权与发展权,保障农民权益就是保障农民公平地分享公共服务、平等地拥有生存和发展机会;从横向看,农民权益本质上是公民基本权利在经济生活、社会生活以及民主文化生活中的体现,保障农民权益就是保障农民的经济、社会、文化和政治民主权益。

刘国荣、陶玉梅(2012)认为在政治方面,农民存在政治参与权、迁徙自由权、自由结社权、自治权、利益表达权的缺失与弱化。黄学贤（2012）认为农民财产权没有得到有效保障，农民的土地承包权没有得到切实的维护，农民的生产经营自主权不能得到应有的尊重。汪希成、徐臻（2011）认为一些基层政府由于传统发展观影响，在面对城乡发展上通常更倾向于城市，不仅推动了城乡差距的扩大，还使农民权益受到损害，比如，农民很难享受到和城镇居民一样的基础教育、基本医疗、公共卫生、社会保障等基本公共服务。

史云贵（2011）认为应该从立法角度出发，强化保障农民各项合法权益，进一步完善相关法律和政策；同时加强各级人大及其常委会对城乡一体化的法律监督。衡霞（2012）认为要保障农民权益，实现农村社会的和谐发展与基层政权的稳定，关键在于制度设计。首先是农民权利法定化的制度设计；其次是农民权利得以实现的制度设计；再次是农民福利保障的制度设计；最后是农民权利流失的风险防范制度设计。陶玉梅（2012）认为应该完善村民自治组织，鼓励农民积极参与村委会，为农民合法权益提供组织保证，大力发展农民专业合作社，为农民权益提供经济上的保障。李长健、伍文辉（2006）提出，应加强农村社区的建设，使农民参加社区组织的各种文化活动，活跃农民文化生活，满足农民的文化生活需求。同时，可以通过农村社区，以公共产品的形式为农村地区提供教育设施，促进农村文化教育体系的完善，为农民群体的意见反馈提供便捷通道。

1.2.2.5 农地流转风险中的农民权益保障

陈玉平、蒲春玲等（2010）认为土地流转中的农民权益是指农民围绕土地经营权所应享有的相关民主权利与物质利益的总称，其中涉及农民的权益主要包括：法定的承包权、流转选择权、流转收益权、知情参与权、救济权等。许恒周、曲福田（2007）认为在土地发包上，一些基层干部以土地所有者代表的身份，运用行政权力以行政命令方式强行实施土地流转，严重损害农民土地承包权；在流转手续上，集体经济组织与土地流转的农户没有签订规范的合同或协议。耿彩云（2011）认为土地流转市场不完备、流转价格太低，农民不能从流转中获得利益，而且强制规定了较长的租期；越俎代庖，农民没有成为土地流转的主体。王延强（2008）、嵇金鑫（2008）、左小兵（2010）等人深入分析了集体建设用地流转风险中的农民权益保障问题，提出了集体建设用地流转价格的评估方案和完善流转价格评估的建议。

姜晓萍、衡霞（2011）认为面对农地流转中风险最大的农民群体，迫切需要改革农村土地产权制度，保障农民在土地流转中的主体地位，主要途径包括：建立风险保障金制度，防范农民远期权益的损害；完善农村就业与社会保障体系，增强自我造血功能；健全农民利益表达机制，构建农地流转纠纷解决机制，完善农民权利救济途径等举措。同时，也需要完善相关法律法规，保障其他农地流转方的权益。沈茂英（2008）指出要强化对土地流转接收方的政策性引导与服务，提升他们的社会责任与经营能力。为了规避因市场风险和自然风险导致业主不能及时履行合约进而影响流转农户收益的状况，可以试行建立土地流转风险基金。陆道平、钟伟军（2010）认为要确保农民合法权益，最为重要的就是如何遏制地方政府的权力冲动。如，刚性化农民的土地权利，以权利约束权力；规范地方政府的权力过程，以程序约束权力；建立农业中介组织，以社会力量约束政府权力。于建嵘（2008）认为，地权是农民的根本权利，农民土地权益受损的根本原因在于：现行土地制度没有明确规定"农民集体"所有权主体的构成要素和运行原则，没有明确产权代表和执行主体的界限和地位，没有解决"农民集体"与农民个人的利益关系，只有改变不合理的土地制度，把土地权利还给农民，才能有效地保障农民权益。

1.2.2.6 国内文献评述

国内学者结合各地农地流转经验与典型案例的分析，在农地流转风险与农民权益保障研究方面基本形成三种视角。一是从法律规定方面来解释目前农地流转的制度缺失，主张改革农村土地产权制度来保障农民权益，强调农民权益的法律完整性；二是运用经济学理论，从资本化角度来理解农地流转及其风险对农民权益的影响，强调风险的社会属性；三是从"政治——社会"角度，研究农地转风险对农民权益的侵害，并进而影响农村社会的稳定与发展，强调风险与权益的政治属性。这在一定程度上引起了人们对农村土地流转问题的深切关注，尤其是农地流转中的农民权益保护问题。但仍然存在一些缺陷：

在研究概念上，多以案例分析为主，重点剖析了农村土地流转中的农民权益受损情况，但对农民权益的界定非常宏观，多以政治、经济、社会、文化作为类别进行阐述，缺乏对农民在农地流转中的具体权益，如承包经营权、收益权、处分权、司法救济权、民主管理权的分别研究，忽略了不同权利在不同流转环节的受损程度差异性。

在研究内容上，相关文献对农村土地征收征用给农民权益造成的影响进行了较为全面和具体的研究，在反思制度层面的问题时，提出了较为完善的解决措施，也促成了国家法律法规的进一步完善。但是，他们并没有完全区分承包地、宅基地和集体建设用地等农村土地流转制度对农民权益保护的影响，使得研究内容较为宽泛、解决措施缺乏针对性。

在研究方法上，多侧重于定性分析和案例分析为主。在农村土地流转中，农民权益保障的内在动力在于农地流转风险，风险的根源又在于合同不规范、基层组织越位、收益分配不公等导致农民的土地承包经营权、收益权弱化和处分权、民主管理权流失等问题，从而形成干群冲突。其中，农地流转的利益相关的博弈状态、风险偏好均对农地流转市场产生积极影响。但是相关文献并没有针对农村集体土地尤其是耕地流转中农民权益流失进行合理的风险指标体系设计,定量地评估农民权益流失的负外部性。

在研究意义上,农地流转风险已经较大地影响了农民权益,以及农村社会的和谐稳定与可持续发展,处理不好,将不只影响农民、农业、农村,还有可能发生较大的群体性事件,但相关研究更多地从法理上分析保护农地流转中农民权益的重要性,或是就某一地区在农地流转中出现的社会风险和农民权益受损现状提出针对性的解决方案,但并不具有普遍性意义,也并没有完全把它上升到政治高度,加以重视。

因此,本书重点分析耕地(及部分集体建设用地)流转现状,包括农地流转可能产生某些社会风险,进而造成农民权益的流失或弱化,以及农民权益流失或弱化时又可能产生某些社会风险,导致社会不稳定因素集中、放大。同时,结合一些典型案例,运用制度变迁、风险社会、农民权益保护等理论,逐个分析农民的土地承包经营权、收益权、处分权、司法救济权和民主管理权等五项权利在农地流转中的保护现状与缺失或弱化原因,从政治稳定的高度提出针对性的风险化解方案,进而使保障农民权益和公平正义在农村以看得见的方式实现,以维护农村及全社会政治、经济与社会的和谐稳定。

1.3 相关概念与理论基础

1.3.1 相关概念界定

1.3.1.1 农地流转

农村土地流转是农村经济发展到一定阶段的产物,只有通过土地流转,才能为农业产业化经营提供规模经济条件,为家庭农场的快速发展提供要素基础。农村土地流转是指农村家庭承包的土地通过合法的形式，保留承包权，将经营权转让给其他农民或其他经济主体的行为。目前，我国农村土地包括耕地、林地、宅基地、集体建设用地、自留地五种类型。相关法律规定，国家出于公共利益目的可以征收、征用农村集体土地，由于其公益性质和流转主体的特殊性，因此，不作为本研究的重点。在五种农村土地类型中，自留地一般是边角地，不规则、面积极小，流转价值不大；林地除非是经济适用林，否则业主一般不介入；宅基地的使用，法律有明文规定，即不能流转，即使可以流转也是作为土地整理成果，构成集体建设用地的一部分。因而，本研究中只涉及可以用于流转的耕地和集体建设用地，而且以租赁流转为主，不涉及农村土地所有权的变更。

1. 农村土地流转类型

一是耕地流转。《农村土地承包经营权流转管理办法》第6条规定："承包方有权依法自主决定承包土地是否流转、流转的对象和方式。任何单位和个人不得强迫或者阻碍承包方依法流转其承包土地。"农户作为耕地流转的直接主体，在很长一段时期内推动了耕地流转进程，加速了农业现代化。山东省最早出现了"两田制"和"龙头企业＋基地＋农户"的农业产业化经营模式，允许耕地流转，将其承包给个人或集体。由于"两田制"给予地方政府较大的土地支配权，损害了部分农民的利益，1997后被国务院禁止，而"龙头企业＋基地（专合组织）＋农户"的产业化经营模式自1993年诞生后就逐渐形成燎原之势，这种自下而上的制度变迁被很多农业企业和地方政府效仿，至今仍是土地流转的主要实现载体。随着人均收入增加、非农产业发展和教育水平的提高，农村流转土地呈倒U曲线，即先升后降，尽管经济欠发达地区的农民有较高的流转意愿，但囿于信息不畅、交易费用高等而未变成现实。

二是集体建设用地流转。集体建设用地流转是基于现实集体土地使用权的流转,产权主体仍然是集体,它不同于转让、征收、征用,也不等同于规划中的建设用地。从学术界的研究结论和基层政府的实践来看,通常把产权主体变更的征收、征用和规划中的建设用地看成是土地流转。例如,四川省江油市四个镇总体规划确定的集体土地建设用地在两年后,实际已使用集体土地建设用地占土地利用总体规划的79.24%;而已使用的集体建设用地中实际发生流转行为的土地仅占已使用集体建设用地的18.4%[①]。其中,发生流转行为的土地既可能是集体建设用地也有可能就是耕地流转后被变更用途,这也是很多地方政府解决建设用地不足、实行土地财政的惯用手段。针对农地流转中的诸多问题,有些基层政府创新性地建立了土地合作社,把村子里的集体建设用地和耕地以股份的形式组建股份公司,村民共同决定农地流转形式、租金、年限、面积、收益分配,如金堂县竹篙镇红观音村,成立村土地资产管理公司,将全村集体建设土地流转,由企业保证每年最低分红1200元;福建安溪县举源村农民将茶园作价入股茶叶专业合作社,合作社再以流转、租赁、入股等形式整合土地,农民每年在合作社的工资收益近3万元,每股分红近10万元,远远高出没有加入合作社的茶农收入。由此使"村集体经济组织""村民委员会""乡人民政府"的模糊概念具体化,明确了集体土地所有权主体身份,较大程度地减少了集体建设用地流转纠纷。

2. 农地流转特点

一是流转主体多元化。20世纪八九十年代,农地流转主要在农户之间进行,社区性流转较为明显。随着城镇化、工业化进

---

① 周友贵. 直面"流转"——四川省江油市集体建设用地流转的调查[N]. 中国国土资源报,2003-12-04

程的推进，农民进城就业与定居比例越来越高，"空心村"不仅常住人口减少，而且闲置土地增加。城镇居民、科技人员、农大毕业生、机关干部、企业等社会主体广泛参与农业生产经营，尤其是企业和农大毕业生越来越成为农地流转的主体。从调研结果（图1-1）来看，农地流转类型仍以农户间流转为主，流转形式以转包和出租为主。[①] 笔者在调研过程中发现一个现象，即不具有土地产权，也不直接从事一线农业生产经营的基层政府竟是农民和业主双方认可的农地流转主体。很多土地以基层政府的名义与农民签订流转合同，再流转给业主，尽管农民手里没任何凭证，却绝对信赖政府。截至2014年6月底，全国家庭承包经营耕地流转面积3.8亿亩，占家庭承包耕地总面积的28.8%。对于社会关注的工商资本流转土地情况，农业部的数据显示，到2014年6月底，流入企业的承包地面积已达到3864.7万亩，呈逐年上升趋势。[②]

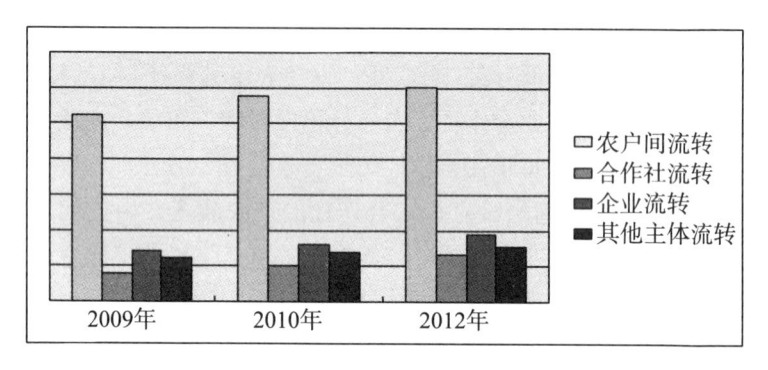

图1-1 农地流转类型

[①] 据农业部统计，截至2013年6月底，采用转让方式流转的土地仅占流转总面积的3.8%，转包、出租这两种主流形式占比将近80%。

[②] 农业部部长韩长赋．"三权分置"是重大制度创新［N］．人民日报，2014-12-22

二是流转地域分布差异化明显。发达地区农地流转比重高，且向规模化方向发展。截至 2010 年底，耕地流转面积占耕地承包面积比重较大的省份为上海 49.3%、北京 46.3%、浙江 38.9%、重庆 36.2%、江苏 34.2%、黑龙江 24.8%、广东 23.4%、湖南 21.4%等。发达地区的农地流转给农户的最大经营面积平均 86.32 亩，转入公司的最大经营面积平均 317.79 亩，转入农民专业合作社的最大经营面积超过 100 亩。[①] 在经济发展水平趋中等状态的地区，政府为发展地方经济，成为农地流转的主体，甚至替业主承担了农地流转租金，如南充市义兴镇政府，以每亩地 300 元、每亩田 400 元的租金流转了几个村子的土地，租期为 30 年，并承担了前三年的全部租金。这些区域流转的农地以田为主，旱地、林地、坡地在流转中所占比例较低，乡政府等基层组织既是农地流转的代理人又是委托人，尽管农民自主性较小，但农地流转效率较高。经济欠发达地区，流转规模、流转对象变化不大，流转收益却呈现"倒挂"现象，即只要有人愿意种，农户多数以零收益形式，以血缘、地缘为基础和纽带在农户间自行流转农地。在经济发达地区，土地作为一种稀缺资源，流转双方既按照市场机制对农地使用权进行配置，又通过中介机构按市场规则进行流转，农地流转效率非常高。

三是流转动机发生变化。农业税取消前，外出务工农户为了完成上交的粮款或避免土地撂荒的惩罚，主动在农户间流转土地，甚至"倒贴"也要转包给别人，土地使用权成为一种负担。但是，随着农业税、费的取消，粮食、农机补贴政策出台，以及农业综合开发、土地整理、高标准农田建设、中低产田改造、农田水利设施、机耕作业道路建设等农业项目优先安排在新型农业经营主体成片规模经营区域内实施，农业产业结构调整和土地流

[①] 张云华. 我国农地流转的情况与对策 [J]. 中国国情国力，2012 (7).

转步伐的加快，土地收益增加，农户土地流转由"被迫"转为"主动"。如蓬溪县天宫堂村，214户农户主动将其承包的627亩承包地集中流转给遂宁中通公司建设现代农业产业化园区，外出务工者不仅可以获得长期稳定的土地流转收益，还能安心外出务工增加劳务收入，留守农民除流转土地收益外，还能获得分红、劳务、餐饮、商品销售等收入；南充市义兴镇政府所在村子将耕地流转给百科园农业科技公司后，当地村民收益大幅度增加，紧接着周边几个村子也成立了土地合作社，将土地流转给百科园公司，然后再返租，4年多时间里，农民收益在2008年基础上翻了番。

四是流转的综合收益较为明显。首先，农民收入明显增加。调研地方的农民均表示，如果自己经营土地，不会有任何净收益，但流转后，不管价格的高低，收益均为正数，而且还增加了务工收入，尤其是长年在外务工的农民更把土地流转收益看作是"天降馅饼"。其次，提高了土地资源利用率。鉴于第一产业与第二三产业的比较收益差异，很多农民纷纷选择"逃离"农业，致使荒芜地很多，而一些种田能手和其他资本又因各种原因没有规模经营所需的土地，使稀缺的土地资源得不到充分合理的利用。土地使用权流转机制建立后，恰好缓解了这个矛盾。第三，推进了农业现代化进程。农业现代化的前提就是规模化、集约化、专业化、技术化，从全国各地统计的流转数据来看，1000亩以上的大户不再"门可罗雀"，400亩以上的大户越来越多，200亩以上的大户更是普遍，甚至在有些地方，40亩以上才定义为规模经营。第四，提高了农业劳动者素质，加快了农村剩余劳力的转移。南充市搬罾镇农业合作社由一个2006年毕业于四川农业大学的学生组建，他流转了400亩优质耕地种植大棚蔬菜，由于效益较好，当地外出务工农民将农地流转给他并返乡返租土地，一方面获得种植收益，另一方面又掌握了许多新的实用技术和经营管理技术，极大地提高了农民素质。同时，分离了部分农业劳动者从事其他产业,加快了农业现代化、城镇化进程。

五是流转纠纷大幅度增加。有统计显示,截至2010年底,全国除西藏外30个省的(区、市)村民委员会、乡镇人民政府和农村土地承包仲裁委员会共受理土地承包及流转纠纷22.24万件,其中农地流转纠纷6.44万件,占纠纷总量的28.9%,比2009年上升0.8个百分点。[①] 笔者在蓬溪县调研时,有位镇长谈到,2006年全镇发生的土地承包纠纷多达300起,而土地流转纠纷则超过一半,到目前为止仍没有多少改观。在全国性的调查问卷分析结果(表1-1)中显示,土地流转纠纷达到土地流转总量的57%。由于调研对象遍及全国不同经济发展水平的地区,而且多位农民可能与一位业主发生纠纷,因此,实际发生的流转纠纷比例远远低于该数据,但仍呈逐年上升趋势。其主要原因在于农地流转过程中,流转双方的信息是不完备的。一方面,一旦业主流入的农地存在质量、产量等方面的预期差异时,往往会违约,或以此为理由延期甚至是拒绝支付租金,或进入双方的再次博弈过程。另一方面,国际国内农产品市场并不像预期的那样一成不变,市场风险具有不确定性,这也成为业主违约的理由之一。还有一个更为重要的因素,那就是国家对三农问题的关注,相关优惠政策不断出台,比如农业税免除、农机具补贴、耕保基金发放等,这些政策也是业主与农民事先没有考虑到的。对于这些额外收入的分配,农地流转双方存在分歧,协商不成功,也会导致契约风险。若上述风险同时发生,因农地流转问题而产生的群体性事件则有可能爆发,引起农村社会风险,破坏社会的和谐安定。

---

① 张云华. 我国农地流转的情况与对策[J]. 中国国情国力, 2012 (7).

表1-1　在土地流转中是否发生过纠纷？

		频率	百分比（%）	有效百分比（%）	累积百分比（%）
有效	有	379	56.47	57.20	57.20
	没有	285	42.10	42.80	100.0
	合计	654	98.68	100.0	
缺失	系统	9	1.31		
合计		663	100.0		

1.3.1.2　农地流转风险

农村土地流转有利于提高土地产出率、资源利用率和农业劳动生产率，但也会在粮食安全生产、政府公信力、涉农纠纷和矛盾、社会稳定等方面存在着风险（郭晓莉，2009）；即使在已经实现了城乡统筹的成都市和重庆市，仍然存在着流转农户生计转型困境风险、流转农地转为建设用地并造成耕地不可逆的远期权益受损风险、流转过程和流转程序不规范影响流转户收益保障实现的风险、流转农户的土地流转收益不确定性风险等（沈茂英，2008）。上述风险既可能是农地流转前就已经埋下隐患，也可能是流转后才出现的，尽管对业主和基层政府产生一定的影响，但结果却有很大的差异，更多的是农民权益的流失。周玉（2009）认为土地流转中面临质量降低风险、抵押风险、市场风险，一旦国家的耕地补贴政策正式出台，就会发生契约风险，引发农民与业主的矛盾，进而影响农村社会的和谐稳定。

著名风险管理学家艾瓦尔德（1991）认为，"任何事情本身都不是风险，世界上也本无风险。但是在另一方面，任何事情都能成为风险，这依赖于人们如何分析危险，考虑事件。"因此，风险是与风险的附着对象——人有关。因为人自身的行为，人类才开始走向一条充满风险与不确定性的不归路。农地流转风险与农业经营风险和农业产业化经营风险存在较大差异，它更多的是因为流转主体的博弈行为才使农地流转充满不确定性与风险。由此可见，农地流转风险是指农地流转的相关利益方为了获取经济的或政治的收益最大化，在流转农地时囿于知识、经验、政策等的局限，难以对农地流转风险因素、风险事件等风险构成要素及其相互作用对农民权益产生的非预期损害进行大致准确的测度和防范而付出的代价。

从农地流转风险概念的界定中可以看出，它包含了以下五个方面的内涵：一是农地流转主体除了与土地有直接关系的农民和业主外，还有一个重要的利益相关者——基层政府与干部，多数时候他们甚至是土地流转的直接推动者、参与者、流出方与流入方。二是流转主体获得的不仅是经济利益，有时还有社会效益。三是风险是客观存在的，风险源是多方面的，既有农民的道德风险也有流转中的逆向选择，既有双方的知识经验局限也有政策变动等因素的影响。四是农地流转风险及其叠加后对农民权益产生的损害是非预期的和未知的。

农村土地流转风险对农民权益的影响首先是农民的社会福利权，即农地承包经营权。农村土地不仅是生产资料，更是农民的生存保障资料，享有长期的承包经营权，即保障了农民的基本福利。然而，目前的农村土地流转市场不健全、土地流转信息闭塞、流转程序不规范、流转价格缺乏统一标准，被动流转和口头约定流转较为普遍，为农地流转埋下纠纷和冲突隐患。在市场经济条件下，农民才是真正的农地市场主体，才有权决定农地的使用与否。相关研究表明，由政府出面流转的农地约为40%，由村社出面流转的农地约为44%，农地流转主体恰恰为基层政府和村集体而不是农民。① 这种越俎代庖行为无一例外地侵犯了农户合法的土地承包经营权，特别是拥有承包经营权但已经从事非农产业的农民福利。

其次是农民的土地收益权。农地流入者利用基层政府急于招商引资和建设现代农业示范园的心理，以较低的价格取得较长的租期。虽然从短期来看，农民得到了实惠，现代农业得到发展。但从长期来看，业主的收益在政策环境越来越稳定和良性的情况下将会大幅度增长，而农民收益却维持在合约初期的市场价格水平上。如双流县三星镇，部分林地在20世纪90年代初签订了50年的流转合同，每亩200元。如今，该镇全部纳入天府新区范畴，而且是核心区域，与天府新区管委会直线距离不超过15公里，2016年流转的林地价格已经上升到1000元/亩以上。显然，较长的合同期限并没有保障农民在政策变化后的增值收益分享权。另外，业主支付的租金多为一年一付（很多地方为租用期满一年后再付租金），而农业生产经营面临的自然风险和市场风险的概率较大，一旦业主经营失利，往往不能兑现农地租金。更有部分业主擅自改变土地用途，如建设厂房等，从根本上改变了土地使用性质，合约到期后，农地复耕成本较大，农民长期收益受损。还有一种情况就是，土地被征收后，农民仅获取征地补偿，政府获取包括因自然增值、政府价格扭曲、工农产品价格"剪刀差"以及市场失灵带来的所有增值收益。

第三是农民的土地财产权。根据相关法律规定，农村土地为集体所有，是"我们的"而不是"我的"，抽象的权利主体无法自主地决定和有效监管土地去向。以土地征用为例，某些地方不仅出于公共事业的需要，还出于招商引资的需要大面积征用土

---

① 衡霞. 农地流转中的社会管理体制障碍与创新［J］. 云南社会科学，2012（3）.

地，用于房地产开发等其他商业用途，如重庆的"博士科技园"。集体土地所有权主体的"虚置"，使集体成员对集体用地的去向不闻不问和对承包土地的强烈关注，导致农民之间、农民与村社之间因土地流转和租金分配而产生矛盾。科斯的产权理论表明，只有产权界定清晰，交易双方才能节约交易费用，实现资源的最优配置。但是农村集体土地产权主体的抽象化，导致了农民土地财产权的流失，以及较高的农村土地流转风险和较低的农地流转效率。

第四是农民的社会管理权，即流转土地的知情权、参与权、监督权、管理权等。社会管理权是公民的一项基本权利，是其他权利得以实现的基础。在现实中，农民的社会管理权往往流于形式，对村集体的项目立项、集体收益处分以被告知的方式接受安排。在某些赶超经济、快速发展经济愿望非常强烈的一些地方，基层干部往往借助集体土地所有者代表的身份和行政权力，强行流转村社农地，或越俎代庖流转外出务工农民的荒芜地。另外，有些村社干部不经过公开招标程序就与业主达成私下协议，中饱私囊，蒙骗群众，损害了农民的合法权益。在这一农地流转过程中，农户既不知道自己的土地为什么被流转了，也不清楚流转后的用途与收益怎样，也就谈不上农地流转决策中的知情权、参与权与监督管理权。

1.3.1.3 农民权益保障

新中国成立以来，农民生活水平随着社会经济发展水平的提高而不断提高。农民只有丰衣足食，才能安心发展生产，农业才能留住人才，农村才能繁荣稳定。实施了新农村建设和城乡统筹发展战略，制定或正在制定一些法律法规保障农民的权益，不仅保护农民的生存权也促进农民发展权的实现，不仅维护农村的社会公平与正义，也促进农民对发展成果的共享。

1. 农民权益

(1) 农民权益的内涵。

农民权益是权利与利益的结合,权利是一个法律概念,是指公民依法享有的权利和利益,即自身拥有作出一定行为和要求他人作出相应行为,以维护自己合法利益的权利。由此可见,所有权利都与利益密切相关。利益即"好处",是个人或组织在利益追求中寻求保护的请求与愿望,是权利的动力之源,构成权利内涵的核心要素。随着社会发展进程的加快,适者要生存,不适者也要生存,个体更需要发展,因此农民权益保护是不可或缺的基本制度保证与安排。李长健(2004)认为农民权益包括政治权益与经济权益,它是作为社会主体存在的条件,以经济利益为中心,是人类社会其他主体存在的前提条件。学术界较早对农民权益作清晰界定的是任大鹏(2004),他认为农民权益是其应当享有宪法和法律所确认或赋予的一切权益,包括财产权利、人身权利、民主政治权利以及参与社会经济事务的权利,也涵盖了获得司法救助等程序性权利。这些界定基本上是从法学的角度,以农民权益的内涵出发对农民权益进行解读。笔者认为,农民权益是一个内涵十分丰富的概念,是法律法规赋予农民的一切合法权利和直接与间接收益的总和,是农民行为的原动力与农业发展、农村和谐稳定的前提。

(2) 农民权益、市民权益、公民权益的关系。

一是农民权益与公民权益。农民权益是基于农民这个职业而产生的法律法规赋予的一切权利与利益,而公民权益是指凡具有中华人民共和国国籍并根据法律规定享有权利和承担义务的公民在处理与国家的关系中的权利与利益。由此可见,二者的范畴不同。公民是一个法律概念,农民则是社会职业的的一个类型。其次,二者的指向不同。公民是一个个体的概念,公民权益是指特定个体在社会政治生活中所拥有的权益;而农民则是一个集合概念，是全体农民的集合，权益是针对全体农民所作出的制度性安排。最后，二者处理的关系不同。公民权益处理的是个体权益与国家权益的关系，一旦法律界定之后，国家无任何理由侵犯公民个人权益，否则有要求国家赔偿的权利；而农民权益则是需要国家从法律、政策、制度层面着手解决其长期缺失的问题，是公共部门的应有职责。在实际的社会经济生活中，公民权益能得到较好的法律维护，然而农民权益却经常受到侵害而流失。比如，农村土地流转中，污染企业的进驻，损害了农民的健康权益和生存权益；村社引进的产业化经营业主改变土地经营用途，损害了农民的承包经营权、使用权、自主决策权和远期收益权；国家惠农政策贯彻实施过程中本应享有的权益被截留，损害了农民的知情权等。

二是农民权益与市民权益。市民首先是公民，他们具有城市的户口，并居住在城市从事非农业生产。从市民概念的发展演变来看，市民与农民是一组相对的概念，他们分别从事不同的职业，生活并居住在不同的自然空间里。但是，由于我国特殊的历史原因，二者成为两种不同身份的公民，前者享有较好的公共基础设施、医疗卫生、教育、社会保障等基本公共服务，后者却只能依附于土地获得生存与发展的机会。尤其是城市化、工业化进程快速推进的今天，"农民"成为市民鄙视其他群体的代言词，"农民工"更是城市的边缘群体，尽管部分人改变了身份成为市民，职业也为非农业，但他们依然没有平等地享有市民所有的基本公共服务。随着社会经济的发展，农民生活水平的不断提高，农民权利意识不断增长和对权益的争取，促进了农民向公民的转变和农民权益与市民权益的平等化趋势。

农民权益、公民权益、市民权益保护的相关法律制度除宪法外，存在一定的差异。农民权益保障的法律法规相对较少，在民商法领域主要有《民法通则》《农业法》和《土地管理法》，在社会保障领域有《社会保障法》和《劳动法》，在诉讼仲裁领域有《农民权益保护法》和《法律援助法》；在行政和经济领域也有相关的法律法规，如《村民委员会组织法》《农民专业合作社法》。市民权益保障也有相关的法律，如《城市居民委员会组织法》等，但大多与公民权益保障的相关法律法规一致。

（3）农地流转风险中的农民权益。

农村经营体制的变革、现代农业的发展、家庭农场的繁荣昌盛等，均要以自由流转的农村土地为前提。目前的社会、经济发展趋势为这种前提提供了可能。一是随着城镇化进程的推进，更多的农民和"农二代"定居城市、就业于城市，大量农村土地闲置，影响了土地使用效率，却给土地流转腾出了空间。二是随着市场经济体制的全面确立，农村土地作为重要的生产要素，不可避免地要加入市场交易大军中来，根据市场需要进行配置。三是我国传统农业正向现代农业转型，现代农业需要有规模经营的土地、先进的农业技术，分散的、小规模的家庭承包制度必然要变迁以适应现代农业经营需要。由此可见，农村土地流转既有必然性也有必要性，既能促进农业现代化也能促进农民增收和农业增效。有研究表明，近10多年来，农村2/3的群体性事件是由土地问题引起，这表明农民在土地流转中的权益流失值得高度重视。农民权益缺乏保障正是农村群体性事件的重要根源之一。若要分析农地流转中农民的哪些权益流失和弱化，首先就要对农民在农地流转中的权益的内涵与外延进行界定。

百科全书将所有权界定为"个人或集体以自己的权利和利益支配生产资料和产品的权利"。显然，所有权是产权的重要组成部分。从理论上讲，农村土地流转中的所有权、使用权、经营权、处分权、收益权均可以流转，由于我国法律规定农村土地归集体所有。因而农村土地流转权仅限于土地使用权、经营权及承包地收益权的流转，农民不能流转土地的所有权、处分权。王毅

(2004)等人将农民权利分为劳动权利、消费权利、经营权利、民主政治权利四种;任大鹏(2004)将农民权利分为民主政治权利、人身权利、财产权利、参与社会经济事务的权利、司法救助等程序性权利;宋菊香(2010)认为土地流转中农民的合法权益指是农民在土地流转中应该得到的各种合理利益及依法享有的各种权利的总称,包括很多方面的内容,主要指农民经济权利、政治权利和发展权利三方面内容。

基于此,本书认为农村土地流转风险中的农民权益是在符合国家相关法律法规的前提下,以一定的方式和手段对特定区域内享有承包经营权的土地资源进行合理有效配置过程中的农地流转主体自主决定流转面积、方式、收益分配和风险防范的权利,以保证土地使用效率、农民增收及农村稳定。它包括物权、土地承包经营权、民主管理权、集体行动权、收益权、劳动报酬权、司法救济权、社会保障权等。

从内涵上来看,它包含了三层含义:一是农村土地流转的主体包括农民、村集体、业主和基层政府。农民和村集体作为农村土地流转的流出方,在农村土地承包经营权的有效期内,农民享有承包地包括耕地和林地使用权的流转,村集体享有村内的集体耕地、林地、建设用地和荒山滩涂等使用权的流转权利,但村集体不能"为民做主""代民流转";村内外农民、企业和市民均可以合同约定方式流转农村土地;基层政府作为法律界定的农村集体土地所有权主体之一,同村集体一样享有集体农地流转权利,对于农民集体所有的土地流转则必须要以法律法规规定的指导责任为主和尊重农民与村集体经济组织意见为前提。二是农村土地流转前提是以法律法规为依据进行的非永久性土地流转。农村耕地的承包期限一般为30年至70年,农民对土地只拥有承包经营权而不是所有权,因此土地流转的期限只能是土地承包经营合同约定的期限,而且流转土地的用途必须符合法律规定,比如耕地流转后只能用于农业，而不能用于工业，更不能用于修建小产权房。三是农村土地流转目的不仅在于有效转移剩余劳动力，更在于调整农业结构、提高农业现代化水平，使农民权益在改变生产经营模式情况下得到有力保障，并能持续增加收入，促进农村繁荣稳定。

2. 农民权益保障

长期以来，有关农民权益遭受损害的新闻报道层出不穷，到目前为止，我们仍然在呼吁要关注农民权益、保护农民权益。这就说明，农民权益保障仍然是一个较为重要的社会问题。农村土地流转对流出方和流入方，甚至国家来讲，都是一件好事情，但在流转进程中却产生了许多社会风险，如道德风险、契约风险、粮食安全风险、农民权益保障风险。究其原因：

一是制度缺失导致农民在土地流转中的权益受损。相关法律中关于土地流转中的农民权益保护问题主要是政策的表述，缺乏实质性内容，造成农民权益保护在法律上的缺位。农村推行的医疗保险或养老补贴制度，以及有些地区还在城乡统筹发展试点过程中进行了创新，建立了城乡一体的养老保障制度。但是在农民连基本的生存需要都满足不了时，是不会购买这类保险的。那么农民流转土地后，年轻人可以外出务工，但 40~60 岁及以上群体面临疾病、养老支出等，较低的流转收益根本不足以支付上述开销，很多人可能因此再次陷入贫困境地。

二是市场缺位导致农民权益受损。农村土地的健康流转，农民获得合理的流转收益完全取决于健全的市场体系。但是，目前农村土地流转市场缺乏中介组织，大多靠农民自发流转，或由镇、村、组干部组织流转，导致流转价格的随意性、流转合同的不规范性，村集体"为民做主"现象较为突出。

三是监管缺失导致农民权益受损。近年来，国家对三农的扶持力度较大，尤其是对农业的集约化、规模化、产业化支持力度较大,许多基层政府为了完成任务,或者获取国家的财政资金支持,或取得较好的农业政绩,在没有完善的土地流转程序与农民权益保障的具体细则的情况下,低价流转了大量的农村土地,有些地方甚至对招商引资项目变更土地用途的行为睁一只眼闭一只眼,给农民和国家利益造成巨大损失。

保障农民政治、经济、文化、社会权益,促进农民全面发展,是农村改革必须遵循的五大原则之一,这是在党的十八届三中全会上明确提出的。农地流转风险中的农民权益问题不仅是土地经济学问题,更是涉及农民权益、关系农村稳定的社会问题。关注民生,就必须正视农民权益问题。因此,农民权益保障是以农民增收为核心,以农业结构调整为关键,以新农村建设为载体,以农民与市民地位平等为目标,以完善的法律体系为保障,促进农民在农村土地流转中的政治、经济、社会、文化权益的全方位保障。

1.3.2 理论基础

1.3.2.1 农村土地流转的相关理论。

1. 土地制度理论

人类依靠土地繁衍生息,人类社会则依靠改变人地关系,寻求个体与群体的平衡点,从而维系人类社会的和谐稳定。这种改变的过程就是确立制度的过程,包括生产力范畴耕作制度的法权制度和生产关系范畴的人与人及人与地之间经济制度。马克思通过对东方社会的考察,认为东方社会的土地制度具有公私二重性,私人即使拥有土地也只是对土地的占有、使用和具体支配的权利,但国家对土地有绝对的所有权,因为"率土之滨莫非王地"。新中国成立后,我国的农村土地制度经历了土地完全私有、集体合作、完全公有、家庭承包四个阶段,但没有从根本上改变土地的国家所有实质。包括土地归谁所有、怎样使用和保护、怎么征收征用等一系列制度，均由国家有关部门分别制定相应的法律法规进行规制。土地流转制度作为土地制度的重要内容之一，村、社虽然不再作为产权主体出现，但它作为农村土地制度中各种非正式制度的载体同样是不可忽视的[①]，它代表国家对土地行使规划权和管理权。

2. 地租理论

西方经济学理论认为地租并不等于租金，它是产权主体将土地及其附属物、其他任何财产因为产量差异或质量差异租给他人生产所产生的报酬，因而有契约地租和经济地租之分。现实中，人们一般认为地租单指经济地租，这就是土地产生收益后扣除成本后的剩余部分。如威廉·配第在《赋税论》中提出，地租是劳动产品扣除生产投入、维护劳动者生活必须后的余额；亚当·斯密和保罗·萨缪尔森均认为，地租是使用土地的代价，是佃农支付给地主的价格。马克思则认为，地租是佃农因租用土地而支付给地主超过土地平均利润以上的剩余价值。由于地租的形成原因、产生过程、计算方法的不同，可将地租分为级差地租、绝对地租和垄断地租三种形式，认为前两种是资本主义地租的普遍形式，后一种是特定条件下出现的特殊形式。社会主义国家实行农村土地所有权与使用权分离的政策，因此，级差地租和绝对地租形成的客观物质条件仍然存在。土地租赁者在租期内会对土地进行各种改良，其最终收益为土地所有者拥有，因此级差地租最终会成为土地出租方的全部收入。这样将影响业主对土地的投入，转而寻求收益更高的项目，如发展观光农业，或以农业之名建设小产权房，对农业和农村经济发展造成损害，对农民权益、社会和谐等造成损害。

---

① 石莹，赵昊鲁. 马克思主义土地理论与中国农村土地制度变迁［M］. 北京：经济科学出版社，2007.

3. 土地价格理论

土地作为一种稀缺的生产要素，历经数代人的精耕细作，包含了大量的物化劳动和活劳动，土地所有者没有将土地无偿交给他人使用的义务，需要有价格来衡量其价值。即使在社会主义社会，土地所有权的垄断性依然存在，这也意味着部分劳动者必须支付一定的费用来购买土地使用权。另一方面，尽管科技进步可以提高土地的单位产出，但是土地资源仍然有限，而且伴随着不断增加的人口和城市的扩张，土地的供给与人们的无限需求相比仍然有限，因而土地必须用价格来标识其价值。从理论上来讲，土地价格包含了所有者、经营者和消费者从土地上获得的纯收益的总和，而非单纯的土地出让总金额，这就是土地产权在经济上的实现。根据不同的分类标准，土地价格被分为城市与农村地价、住宅与生产经营性地价、工业与商业地价等，正是因为土地价格的差异，导致农民的权益在土地征收中出现受损情况。对于流转的土地而言，与中心城市的距离、土质状况、地貌特征、自然生产条件等均会影响土地的流转价格。

4. 产权理论

"产权"（Property）这个词从它诞生之日起，就为日后学者们的广泛争论埋下了伏笔。首先，Property 一词本身就有财产、所有物、所有权等多种解释，在学术界，学者们更是直接把它理解为产权。其次，科斯在文章《企业的性质》和《社会成本问题》中提出了"产权"的概念，却常常是经济学含义与法律含义不分，以至于后来的学者们对它的理解也有所不同。如皮建才（2007）认为，有一定稳定性的所有制状态下，所有权结构可以不同，产权的形式可以多样化；廖春（1999）等人认为，当市场失灵（外部性）时，必须要界定产权，只有产权明晰，才可能使私人成本（收益）等于社会成本（收益），才能实现社会经济的有效增长，并使整个社会经济运行达到帕累托最优状态。

笔者认为，在社会主义市场经济体制下，产权是包括占有权、使用权、收益权、处分权等财产性权利在内的、有一定期限的一组权利束。在完整的产权结构中，产权主体没有占有权就没有使用权和附着在占有权上的收益权、处分权，农村集体土地属于集体经济组织所有，集体经济组织才有权决定农地的承包经营权、收益权、处分权等。清晰的使用权和收益权并不一定意味着农地可以自由转让，在我国，产权与使用权、收益权相分离，农地处分权也分为法律赋予与承包经营期限内的合同赋予；产权主体没有农地经营承包权就没有收益权和处分权（包括流转）的话，土地的收益与处分权利只能属于占有者。显然，农民的各项土地权利构成了农地产权，但并不是简单的叠加各项土地权利，而是相互制衡、相互影响。

2010年中央1号文件提出，"加快农村集体土地所有权、宅基地使用权、集体建设用地使用权等确权登记颁证工作，工作经费纳入财政预算。力争用三年时间把农村集体土地所有权证确认到每个具有所有权的农民集体经济组织"。为此，各地在开展工作中，遵循文件中提出的依法依规、便民高效、因地制宜和急需优先等原则，在确定了农村集体土地所有权后，又对农村耕地、宅基地、林地进行确权，并将产权颁发给每个家庭。由此可见，农村土地产权是指附着在土地上的各种权利的总和，产权主体可以分离使用每种权利，未经产权主体许可，他人无权干涉或转移农地产权。

农地产权不仅是法律规范规定的，更是农民获得相应权益的资格。但有几个问题需要进一步明确：一是农地产权与所有权之间的关系。我国是社会主义市场经济国家，土地属于国家所有与集体所有，国家和集体有权依法调整土地归属。因此，农地产权是一种相对权利，是在国家所有前提下公民依法享有一定期限的财产权。二是在法定承包期内，农民可以实现或不实现产权收益，即农民有权决定确权土地的流转、被征收或征用，但必须依法保护土地且不得变更耕地的用途。农民自主决定农地竞争与合作的条件与方式，从而影响农地资源的配置效率、农地的产出结构与收益分配。三是农民合法取得农地特定期限产权后，有权获得农地确权期内的损害、征收征用的补偿权利，补偿金额取决于土地的级差地租和绝对地租。对于正在快速城镇化和农业现代化的中国来说，农地产权变更将更为频繁，农地的价格补偿将直接关系到农村社会的和谐稳定。

1.3.2.2 风险社会理论

德国学者贝克认为，随着工业化的急剧扩张，在经济与社会领域取得前所未有成绩的同时，人们也将不得不面对各种各样"有组织的不负责任"所造成的危机和风险，"犹如置身于朝向四方急驰狂奔的不可驾驭的力量之中，而不像处于一辆被小心翼翼控制并熟练驾驶的小车之中"。[①] "现代社会凭借其内在活力暗中削弱着阶级、阶层、职业、性别角色、核心家庭、工厂和商业部门在社会中的形成，当然也削弱着自然的技术经济进步的先决条件和连续形态。在这个新阶段中，进步可能会转化为自我毁灭，一种现代化削弱并改变另一种现代化，这便是我所说的自反性现代化阶段。"[②] 自反性现代化是西方现代化的成果，贝克在分析自反性现代化时引入了风险社会这一概念，进而把风险社会与自反性现代化相对应，认为风险社会是现代社会继工业社会之后的新发展阶段。在这样的阶段里，技术先进、工业文明，"风险的来源不是基于无知的、鲁莽的行为，而是基于理性的规定、判断、分析、推论、区别、比较等认知能力，它不是对自然缺乏控

---

① 安东尼·吉登斯. 现代性的后果 [M]. 田禾译. 南京：译林出版社, 2000.
② 贝克, 吉登斯, 拉什. 自反性现代化：现代社会秩序中的政治、传统与美学 [M]. 赵文书译. 北京：商务印书馆, 2001.

制，而是期望于对自然的控制能够日趋完美"。① 吉登斯认为，现代性具有双刃性，现代社会制度的发展以及在全球范围内的扩张：一是现代化为人类创造了数不胜数的享受安全的和有成就的生活的机会；一是现代化却制造了难以估量的危险，"我们今天生活于其中的世界是一个可怕而危险的世界"。比如人们所面临的核武器威胁和实际的军事冲突，构成了现代性在当今世界最主要的阴暗面。② 由此可见，风险是现代性内部成熟的产物。

在分析现代社会风险源时，贝克和吉登斯均将其归结于现代性和人为性的结果，进而纵观全球，从宏观社会结构的角度出发，提出科学有效的社会风险治理策略。不过相较而言，前者更强调对技术理性的控制，后者更凸显对制度理性的反思。随后英国学者斯科特·拉什等人对上述风险社会理论提出了质疑，他们认为，"风险社会的时代终将过去，而且风险社会现在可能正在走向衰落，……我们将迎来的是风险文化的时代"。③ 他们还指出，当今的社会风险并没有因现代化增加或加剧，而在于人们对风险的认识程度提高了，共享的文化价值观、惯例和期望将能积极地治理风险。针对贝克、吉登斯对风险社会不利的客观性批判，德国社会学家尼古拉斯·卢曼也不认同，他指出风险是因人们行为不确定性累积改变社会结构而引发的，它具有时间上的偶然性。

目前，我国的社会经济正在经历改革开放后的高速发展时期，随之而来的各类风险也大量涌现。毫无疑问，我们不能消极

---

① 薛晓源，刘国良. 全球风险世界：现在与未来——德国著名社会学家、风险社会理论创始人乌尔里希·贝克教授访谈录 [J]. 马克思主义与现实，2005（1）
② 闫顺利，吴晓梅. 论风险社会及其困境——基于吉登斯、贝克风险社会理论视角 [J]. 前沿，2011（9）
③ 周战超. 当代西方风险社会理论研究引论 [M]. 全球化与风险社会，北京：社会科学文献出版社，2005.

地对待风险。"每一个利益集团都试图通过风险的界定来保护自己,并通过这种方式去规避可能影响到他们利益的风险",[①] 农民也不例外。风险社会中的农民在经历了思想解放、社会稳定性丧失和权益重新整合后,本体性安全就会缺失,例行化的惯例也会受到挑战,农民对其自身生存、发展就会产生焦虑、担忧,在无法获得有效的正式制度安排对社会安全的支持时,个体的生活经验和非制度化方式成为应对风险的主要手段,增加了社会不稳定性。

随着工业化、城镇化的快速发展,农村剩余劳动力大量向城镇转移,而城市空间又不断向周边农村拓展。国土资源部对1987年至2001年全国非农建设占地情况统计显示,有超过3390万亩耕地被征用,[②] 但是绝大部分土地以农产品实际价格进行有期限的补偿。随着农民文化水平提高、信息获得途径的改善,他们不再完全认同以己安身立命之本去支援城镇扩张的做法,而是在寻求体制内解决方案遭遇困境时,选择非制度化、非理性化的方式维护自身的合法权益,这也是近年来因土地问题直接爆发群体性事件,或因其他个别事件而发泄不满,致使群体性事件呈现复杂性特征。

由于家庭承包的分散经营和农村劳动力大量向城镇转移,农村土地生产效率较低,闲置土地也比较多,国家鼓励农民以多种形式流转土地承包经营权,从而优化农业资源配置,促进农业现代化,加快农业科技推广,增加农民收入。农地的流转意味着农民的土地权益将部分或全部让渡,权益转移的过程对土地流出方和流入方来讲,既能获得收益但也会存在相应的风险,即农民可

[①] [德] 乌尔里希·贝克. 风险社会 [M]. 何博闻译. 南京:译林出版社,2004.

[②] GDP 诱惑与失地农民 http://news.sohu.com/2003/12/26/50/news217465077.shtml2003-12-16

能丧失土地物权、承包经营权、收益权、社会保障权等经济与社会的权益；流入方则可能面临自然风险、契约风险和市场风险等。

1.3.2.3 社会保障理论

1. 西方社会保障理论

当代西方社会保障理论发端于边沁的"最大多数的最大福利"，庇古等人运用边际效用递减规律提出了养老金制度和失业救助制度，从而确保社会总效用的增加。1936年凯恩斯在《就业、利息和货币通论》里提出，一个国家的经济和就业状况取决于社会的有效需求。即若要实现经济的快速增长和较高就业率，那么政府就要扩大财政支出，甚至是赤字财政政策，加快基础设施建设，刺激有效需求，实现充分就业，从而扩大社会公共福利和居民的生活福利。他还提出了累进税制、最低工资等制度，为社会保障理论奠定了基础。英国经济学家贝弗里奇根据英国在"二战"前后的社会保险现状提出了《社会保险与相关服务报告书》，主张实施一种从"摇篮到坟墓"的社会保障政策，并在英国得到践行，使有关社会保障的法律法规纷纷出台，并形成了完整的社会保障体系。

马克思和恩格斯分别从社会产品分配原理和社会再生产原理与社会保障的关系出发，对社会保障体系的建立进行了设想。恩格斯在《共产党在德国的要求》一文中提出要保证所有工人都有生产资料，并且照顾丧失劳动能力者。马克思在《哥达纲领批判》中提出，社会总产品在分配时要预留应付自然灾害、生产事故等的保险基金，全体社会成员在医疗卫生、失业保险、养老和公共福利等方面共同享有，同时也非常有必要设立专门的社会救济基金，以便及时救助那些丧失劳动能力的人。马克思还在《资本论》中提到，简单再生产时期，劳动者的保障主要依靠家庭保险；而扩大再生产时期，家庭保障功能弱化，劳动者的保障需要依靠社会。只有建立起完善的社会保障,才能保证劳动力投入再生产,才能保证社会的和谐稳定与协调发展。

2. 中国的社会保障理论

社会保障是国家履行社会管理职能的重要内容,是保障社会成员生活下去的应尽义务。面对我国人多地少、经济基础薄弱等不足,邓小平提出,我国社会主义最根本的社会保障就是解决全国人民的吃饭就业问题。于是在改革开放初期提出"解放生产力、发展生产力",鼓励全民创业,实现了社会经济的巨大飞跃与人民生活水平的快速提高。这种先富带动后富的社会保障观从根本上扭转了"宁要贫穷的社会主义也不要富裕的资本主义"观念,促使我国逐渐建立起了包括社会保险、社会救济、优抚安置、社会互助、个人与单位共筹的多层次社会保障体系。

随着市场经济体制的确立和国有企业改制,越来越多的农民向城市迈进。邓小平指出,"中国的问题,压倒一切的是需要稳定。没有稳定的环境,什么都搞不成,已经取得的成果也会失掉"。[1] 对此,我们一方面要大力推进城镇化,实现农村剩余劳动力向城市的有序转移;另一方面要通过收入分配制度改革,建立起"兼顾公平"的社会保障体系。当经济发展时,国家可以把巨额的社会保障资金用于基础设施建设和民生工程,促进经济增长;当经济萧条时,社会保障资金则要支付给广大低收入者,有利于刺激消费需求,确保社会经济的稳定增长,从而实现国民经济发展的动态平衡与社会的和谐稳定。不难看出,当代社会保障理论研究的核心是公平与效率问题。农村土地流转实现土地资源的配置效率,但需要稳定的社会保障作支撑。社会保障是社会经济稳定协调发展的"安全网"与"稳定器",政府有责任通过税

---

[1] 徐久刚. 邓小平改革思想的当代价值 [N]. 人民网-中国共产党新闻网, 2014-09-28.

收来解决国民的社会保障问题。

1.3.2.4 经济发展阶段理论

随着生产力水平的持续提高，生产力发展阶段的不断更替，各个区域的经济也相应地从一个阶段发展到另一个阶段。英国经济学家詹姆斯·斯图亚特将经济发展阶段分为原始农业阶段、城市化阶段和制造业阶段；德国经济学家李斯特认为各国的经济发展都要经历原始未开化时期、畜牧时期、农业时期、农工业时期、农工商时期五个阶段；胡佛和费雪将经济发展分为自给自足经济阶段、乡村工业兴起阶段、农业生产结构转移阶段、工业化阶段、服务业阶段；美国经济学家罗斯托提出了世界各国经济发展的五阶段论，即传统社会阶段、起飞阶段、向成熟推进阶段、高额群众消费阶段、追求生活质量阶段；美国学者刘易斯等人又提出了传统农业占主体的阶段和现代工业为主导的阶段。由此可见，学术界并未对经济发展阶段的划分达成共识。在国内，人们比较认同的经济发展一般要经过农业社会阶段、工业社会阶段、信息社会（知识经济）阶段。

新中国成立之初，面临严重的国民经济衰退和萎缩的严峻形势，毛泽东提出"谁忽视了农民和农业，谁就是犯错误"，要求不得加重农民负担，还要救济无以为生的农民[①]。一直到1952年，全国农村土地改革工作基本结束。再加上当时实施的农业"三定"[②]方案，农民基本解决了吃饭问题，由衷地感叹"共产党真是好"。然而，"大跃进"、全民大炼钢铁、赶超英美等和"城乡二元户籍管理制度"的实行，加大了之前一直在缩小的工农业产品价格剪刀差比例，截至1978年，工农业产品价格比

---

① 新中国成立以来重要文献选编（第1册）[M]. 北京：中央文献出版社，1992.

② "三定"即定产、定购、定销。

112.7%，剪刀差总额约为 6000－8000 亿元①，较低的农民收入削弱了农村经济的积累功能，此时的农村经济几乎处于崩溃的边缘。

改革开放后，中国经济实现了从封闭半封闭经济到全方位开放的伟大历史转折，尤其是家庭联产承包责任制的实行和乡镇企业的蓬勃发展，极大地解放了生产力，调动了人民的生产积极性，人们生活水平得到极大改善，农民权益基本得到保障。这一阶段出台了多项政策和法规：《中共中央关于加快农业发展若干问题的决定》（1979）和《关于进一步活跃农村经济的十项政策》（1984）等，并以中央粮食批发市场、地方粮食批发市场和国家粮食储备局（1990 年）的相继建立为标志，进行了农产品流通体制改革，提高了农民生产与土地投入的积极性；1986 年实行的《民法通则》和 1987 年实行的《村民委员会组织法》等在一定程度上保障了农民的权益。在这样一个特殊的历史时期，从发展城镇经济需要出发，中央逐步放宽了农民流动就业的限制，"廉价"的农村劳动力为我国的工业化、城镇化节约了大量的资本投入。但这一时期出现了乱收费、乱摊派、乱罚款等一些现象，致使农民的权益弱化。

1993 年，中国特色社会主义市场经济体制的建立，标志着中国经济新一轮腾飞的开始。经济增长速度加快，但能源、资源和环境的制约性也随之增强，城乡居民间的收入差距持续扩大，社会利益格局调整进入到关键阶段。《土地管理法》《农业法》《中共中央关于推进农村改革发展若干重大问题的决定》等法律法规和政策先后出台，均强调农民权益保障的重要性，表明农村所有工作的出发点和落脚点都在于农民权益的实现、维护与发展。但是城镇化、工业化、农业现代化进程不可避免地要以农村

---

① 温铁军. 中国农村基本经济制度研究 [M]. 北京：中国经济出版社，2001.

土地的征收、征用、流转为前提，农民农村土地产权所有者的虚拟身份致使大量农地以"剪刀差"形式低价改变用途，土地收益增长数十倍甚至上百倍，农民仅拿到土地在农业用途上的价格，土地改变用途而发生的增值并没有进入农民的口袋[①]。特别是2003年以来，许多地方政府以城乡统筹发展的名义，以农村集体土地使用权流转为载体达到统筹农村土地资源目的，因而出现农民被迫"上楼"和"市民化"的情况，导致农民土地物权虚化、土地收益权受损、民主管理权弱化、社会保障权缺失。

周弘（2006）认为，福利国家里的公民权不再依赖于公民个人纳税情况，因此公民的社会权利显得尤为重要。中国农民的经济权益和社会权益同等重要，任何权益的流失都将导致农村人口的生存困境、生活质量下降和农村社会的不稳定。对此，地方政府探索了农业产业化经营模式、农村土地产权制度改革；专家学者倡导农地流转要以不损害农民土地承包权益为基础，在公共政策中要更多地反映农民的利益诉求，逐步让农民享有公民应有的公平的政治、经济、社会权利。

农民权益的内容、构成、层次及制度保护既有融合性又有较大差异性。因此，保护农民权益既要考虑农民内生的权益保护需求，也要考虑当前我国城乡经济所处的发展阶段，在已经实现工业化的省市要大力推行城市反哺农村、工业反哺农村，推动城乡公共服务均等化，纠正权利与权益分配的城市倾向，保障农民共享改革发展成果，为农民权益保障提供良好的制度安排和政策价值取向，实现社会和谐稳定。

---

① 孔祥智，何安华. 新中国成立60年来农民对国家建设的贡献分析[J]. 教学与研究，2009（9）.

1.4 研究方法与研究思路

1.4.1 研究方法

1.4.1.1 理论分析与实证分析相结合

理论分析是实证分析的基础,如果没有理论分析为基础,实证分析只能流于对研究对象的一般归纳;实证分析同时也是对理论分析的验证。本书既对农地流转风险中的农民权益保障进行理论研究,又对农地流转风险与农民权益保障的相关性进行实证分析,并运用大量的一手调研资料加以辅证,形成理论与实证分析的有机结合。

1.4.1.2 宏观的总体分析与微观的个案分析相结合

农地流转风险中的农民权益保障是国家的宏观战略,但受到基层政府职能导向、政策落实力度、流转双方的信息优势等因素的微观影响。因此,本书在深入研究国家的各项法律法规和政策的基础上,结合微观案例分析农地流转中存在的风险、风险对农民权益的影响和农民土地权益流失可能导致的风险,从而提出防范农地流转风险以保障农民权益的具体措施。

1.4.1.3 定性分析与定量分析相结合

定性分析与定量分析二者互为依赖、相辅相成。本书对农地流转风险中的农民权益保障的基础理论、政策缺陷等侧重定性分析,以期提示农地流转风险与农民权益保障的内在规律和农民权益保障的逻辑起点;同时对影响农民权益流失的风险类型采用德尔菲法等方法进行识别,对农民权益流失的评估采用层次分析进行定量分析,旨在根据风险类型和风险与农民权益相关性的大小构建农民权益保障的创新性风险管理体制。

1.4.2 样本选择与主要资料来源

(1) 样本选择。为了了解农地流转、农民权益流失或弱化的背景、形成机理、相关性等，本书按以下基本条件选择样本调查和研究地区：第一，作为国家性课题研究，地区选择一定要涉及发达地区、中等地区、欠发达地区，既要有北方省份也要有南方省份，既有东部省份也要有西部省份；第二，鉴于农民流动性较强，从事农业生产的农村劳动力中中青年劳动力较少的现状，要适当选取部分农民工群体作为调研对象；第三，由于大学生户籍的开放性，许多农村大学生并没有迁移户口，他们对自己所拥有的承包经营权的土地权益的认知与传统农民之间有较大的差异，因而他们也是本书的重要调研对象。基于上述条件，课题组选择了江苏、浙江、山东、广东、广西、四川、重庆、新疆等省区作为样本地，对调研中的农民采取现场访谈和问卷调查的方式随机进行；对农民工的访谈以深入工厂车间和建筑工地的形式进行直接调查；对户籍仍为农民的农村大学生采取网络问卷填写的方式进行；对村社干部和地方政府工作人员采取直接访谈的形式获得相关的政策法规出台背景及农民权益保障的现有措施。最终，通过上述的随机抽样调查方法，共发出了 665 份问卷（其中网络问卷 200 份），获得有效问卷 653 份，获得了丰富的第一手调研资料，在整理、归纳的基础上找到研究主题的共性规律。

(2) 数据来源。以农地流转风险中的农民权益保障为对象进行的研究，需要深入了解农民权益与土地的关系、农地流转风险与农民权益的关系，这就要求掌握国家有关的政策、地方性规章、农地流转与农民权益保护现状的大量数据信息。因此，本书的数据主要来源于文献、统计年鉴、网络数据、地方政府工作总结、调查研究所得等，在通过 SPSS 等软件对数据进行处理、分析后形成重要的参考资料。

1.4.3 研究思路

本书试图在前人研究和已有成果基础上,首先对农村土地流转风险及农民权益保障的概念进行梳理,然后通过头脑风暴法、专家调查法等识别农村土地流转造成农民权益流失的风险类型,并对这些风险进行归类、排序,识别影响农民权益流失或弱化的风险类型,并深入分析这些风险的形成机理。其次,运用层次分析方法构建农民权益流失的风险评估指标,定量与定性相结合地评估农地流转风险对农民权益造成的损害程度。最后,以正确处理农村土地流转风险与农民权益的关系为构建中国农村和谐社会的关键,以科学发展促进农地有序流转和农村的和谐稳定是化解风险和保障农民权益的根本出路为本研究的落脚点。具体路径见图1-2:

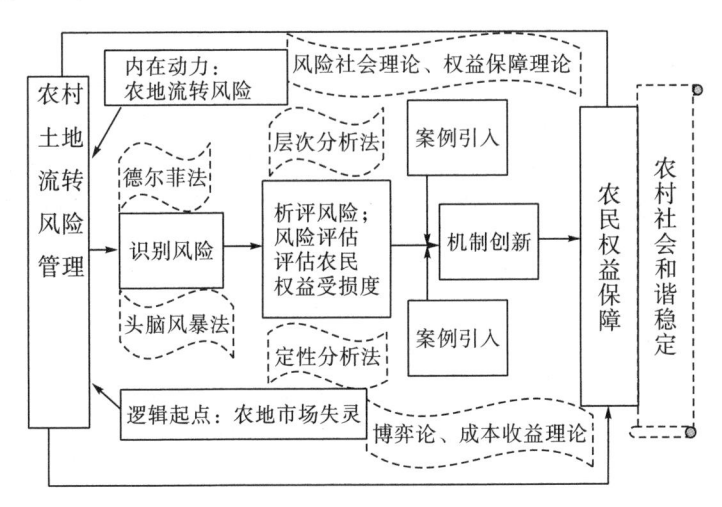

图1-2 研究思路示意图

1.5 研究的创新与不足

1.5.1 可能的创新点

第一,选取农村土地流转的战略背景来探讨农民权益保障问题。本研究将农民权益保障放在国家鼓励农村土地流转与和谐社会构建的大背景框架下,以农地流转风险防范为手段,以农民权益保障为目标,同时在一定程度上融合其他学科,为农地流转风险中的农民权益保障研究提供分析平台。

第二,构建了研究农地流转风险中农民权益保障的新视角。本研究将农民权益保障放在风险社会理论、博弈论等指导下进行研究,试图厘清农地流转风险与农民权益保障的内在关系,揭示农民权益保障的内在动力、核心内容与关键环节,同时也拓展了上述理论的应用范围。

第三,研究框架与研究方法有特色。本研究并没有按照传统思维的问题、现状、对策分析框架来分析研究对象,而是紧紧围绕农民权益保障的动力机制、逻辑起点、核心内容、关键环节等方面开展研究,创新性地运用层次分析法来揭示农民权益保障与农地流转风险的辩证关系。研究表明,不规范的农地流转在一定程度上使得农民土地承包经营权流失、收益权弱化、处分权流失、司法救济权缺失、民主管理权弱化,而上述权益的流失与弱化又会引发较为严重的社会风险,提示了两者的正相关关系,因而具有一定的创新性。

第四,研究得出了一些创新性观点。如基层组织主导下的农地流转是农民权益流失的重要原因,但不是唯一原因;农地流转风险的防范是农民权益保障的重要举措;农村社会的和谐稳定重在农民权益保障。

1.5.2 研究的不足

虽然课题组成员分散各地进行随机性的抽样调查，但地区差异较为明显，不能对每个省份的不同类型地区进行全面调查；另外，借助网络公司进行问卷调查，使得样本人群分布存在较为明显的特殊性，可能对本研究的最终结论有一定影响。同时，本研究的大多数数据来源于课题成员的一手资料，少数来源于其他学者的研究成果、国家的统计数据和网络资料，资料的差异性、非标准性可能会影响本研究的科学性。另外，课题组听取了开题时专家提出的"建议取消案例一章"的意见，没有对典型地区的典型案例进行专题剖析，而是仅仅作为观点支撑的论据，可能会影响本研究中的经验借鉴与启示。上述不足将是课题组成员在后续研究中需要进一步完善的地方。

2 农地流转中农民权益保障的内在动力：农地流转风险

农村土地流转是农村经济发展到一定阶段的产物，只有通过土地流转，才能为农业产业化经营提供规模经济条件，为家庭农场的快速发展提供要素基础。截至 2016 年 6 月底，全国土地流转面积约 4.6 亿亩，超家庭承包耕地面积的 1/3[①]，经营面积在 50 亩以上的规模经营农户超过 350 多万户，经营耕地面积超 3.5 亿亩。通过土地流转，实现了集中连片种植和集约化、规模化经营，节约了农业生产经营成本，促进了农业发展和农民增收。[②] 农民的土地权益也随着农地流转制度变迁经历了从全部权益自主处分到全部收益集体拥有阶段，并在集体产权背景下经历了从不受法律保护的土地使用权的私下流转到有法律为依据的规范流转的转变。然而，随着地方政府涉农绩效考核指标的变化，农村土地流转越来越成为一种政治任务而被层层分解，或成为城镇扩张的手段被"大挂钩"和"小挂钩"，农民的土地承包经营权、收益权和处分权等多项土地权益逐渐流失和弱化，导致农地的"非农化"与"非粮化"现象，甚至还引发了干群冲突，影响了农村社会的和谐稳定。因而，解决"三农问题"的关键不仅要通过推

---

① 农村土地经营权有序流转 流转面积超承包耕地总面积 1/3 [N]. 人民日报，2016－11－20，www. gov. cn/xinwen/2016－11/20/content5134752. htm

② 截至 2012 年底全国土地累计流转面积 2.7 亿亩 [N]. 人民日报，2013－03－05.

动土地流转来调整农业产业结构、增加农民收入，更要切实防范农地流转的各项风险，切实保障农民权益。特别是在农地流转越来越频繁、规模越来越大的背景下，更要加强农地流转的政策风险、契约风险、道德风险、生活水平下降等的防范，因为农村土地，不仅承载了农民生存、发展、养老的经济功能，承载了与市民均等社会保障的功能，更承载了农民精神寄托的社会功能，只有及时有效地防范农地流转风险，才能更好地保障农民的土地权益。

2.1 农业现代化与农民发展权

2.1.1 农民土地发展权的限制与抗争

土地发展权是农村土地产权权利中的一项基本权利，属于物权范畴。凯里·姆巴耶对人权概念的阐述和联合国大会《发展权利宣言》中对发展权的基本内容的全面阐述表明，发展权已经成为一项基本人权。农民发展权的实质并不在于一项项具体的经济、政治、社会和文化权利，而在于赋予农民与其他个人、群体同等地参与经济、政治、社会和文化发展并共享成果的发展权利[1]。由此可见，农民发展权不等于经济权，而是多项权利抽象和概括的结果。长期以来，我国实行城市土地国家所有和农村土地集体所有的二元土地所有制结构，在"公共利益"面前，两种所有制形式中的产权主体均要发生转移，从而实现更多群众的发展权需求。由于农村土地产权不明晰影响了农地流转效率与收益分配的公平性，由此产生了土地选择价值问题。对此，需要明确

---

[1] 周明，张晓路. 试论新农村建设中的农民发展权及其保障机制[J]. 农村经济，2008（7）.

农村土地的产权关系，完善流转的相关法律法规，有计划地在有条件的地区实施土地流转，从而产生农民的土地发展权。

　　改革开放以前，农村的一切资源属于国家所有、集体所有，行政命令和指令性计划是资源调配的重要依据，农村自留地、耕地、林地等土地均无商品属性，而为生产队所有，不能自由买卖，从而导致了土地利用率、土地产出率和农民生活水平的不断下降。农民作为理性的经济人，在其发展的权益被压抑或受到损害时，就会在条件许可的情况下以多种形式进行土地发展权的抗争性行动（如小岗村的土地承包经营），这促使家庭联产承包责任制的实行和土地使用权依法转让的法律法规的完善，农村土地的经济价值、生态价值逐步恢复。农民土地发展权的限制与抗争主要表现在：

　　一是退耕还林中的土地发展权问题。1999年实行退耕还林政策以来，生态脆弱地区农民的经济补偿和政策保障同步推进，在一定程度上改善了生态环境，部分退耕农户的收入水平也在短期内明显提高。但是，由于农业的自然风险和市场风险较大，农业的比较收益较低，退耕农户感觉实际生活水平总体在下降[①]，退耕农户为追求经济利益的反耕行为，又导致返耕毁林、盗伐林木行为出现。

　　二是生态移民的土地发展权问题。生态移民是我国政府为了改善贫困落后地区、自然条件恶劣地区群众的生产生活环境和恢复部分地区的生态环境而推行的一项基本国策。甘肃省张掖市肃

---

① 郭晓鸣等.退耕还林工程：问题、原因与政策建议——四川省天全县100户退耕还林农户的跟踪调查［J］.中国农村观察，2005（3）.

南裕固族自治县明花区①和四川省盐源县白乌镇长坪子村②的移民实践表明，移民的生活水平并未因迁徙而提高，反而出现生存困境与社会融入问题，缺乏可持续的自我发展能力，导致移民的再移民或再返回原住地现象不时出现。

三是土地征收征用中的土地发展权问题。随着城镇化进程的推进，城镇近郊的土地价值更加凸显，而土地往往以"公共利益"的名义被征收或征用，农民仅仅获得一定期限的土地产出物的折价款，溢价部分收归国有。农民在收益分配权谈判失利后，往往利用"集体"产权的模糊性，开始隐性流转，使自发的农地流转后变更用途的潜在可能成为事实。农民对集体土地发展权压抑的抗争行为在增加自身收入的同时，却导致粮食安全风险和土地管理秩序的混乱。

四是耕地流转中的土地发展权问题。改革开放以来，国家出台了《民法通则》《农业法》《土地管理法》《农村土地承包法》《农村土地承包经营权流转管理办法》等多部法律法规，均允许农民以转包、出租、互换、转让、股份合作等形式流转土地承包经营权，发展多种形式的适度规模经营。但是，由于"农村集体"这个概念的虚化和确权颁证工作推进的不扎实，致使农地产权主体长期缺位，基层组织往往"代民做主"，成为农地流转的实际决策者。正是农民土地承包经营权的弱化，使得流转合同不规范（43%的农民签订了规范合同却不持有原件）、流转价格低于农民的心理预期（占调查对象的17.5%）、缺乏农民权益保护的操作性条款等，导致业主在土地的生产经营过程中频频遭遇农民违约，引发干群冲突、流入方与流出方的冲突，以及因为部分

---

① 新吉乐图. 中国环境政策报告——生态移民 [M]. 呼和浩特：内蒙古大学出版社，2005，9：91-104

② 李星星等 长江上游四川横断山区生态移民研究 [M]. 北京：民族出版社，2008，6：48-69

业主出于政策利好的圈地行为引起的土地闲置和改变用途行为的屡禁不止,进而使得农民的土地收益权、处分权、社会保障权等受到损害。为了维护自己的权益,农民大多不会选择法律途径维权,而是以重大节日或活动为契机,通过集群行为进行抗争,给社会的和谐稳定带来一定负面影响。

2.1.2 现代农业兴起与农地经营权流转

2.1.2.1 现代农业的兴起。

相对于传统农业而言,现代农业广泛运用现代科技和现代工业装备,并运用现代组织管理方法,以提高劳动生产率、土地产出率和农产品商品率为途径,最终增加农民收入和社会产品供给量,促进社会的可持续发展。因而,农业产业化经营被看作是农业现代化的重要形式。从1980年北京黄土公社建立的"产供销"一体化经营模式到1993年山东潍坊地区广泛开展的农业产业化经营实践,我国逐渐形成了以国内外市场为导向、以提高经济效益为中心,对当地农业的支柱产业和主导产品实行区域化布局、专业化生产、一体化经营、社会化服务、企业化管理,把产供销、贸工农、经科教紧紧结合起来,形成一条龙的现代农业经营体制。[①] 对此,我国把"大力发展现代农业,建设社会主义新农村"作为"十一五"期间的重大历史使命来完成。2007年发布的《中共中央国务院关于积极发展现代农业 扎实推进社会主义新农村建设的若干意见》指出,实现新农村建设目标的重要手段就是发展现代农业,因此农业要依靠现代物质条件来装备、现代科技来改造、现代产业体系来提升、现代发展理念来引领、新型农民来发展,这样就需要有集中连片的规模经营土地。

农业产业化经营是相较于传统农业经营方式而言的,它是一

---

① 论农业产业化[N]. 人民日报,1995-12-11.

个升级转化、发展提升的过程，即实现农业产业组织变革、农业产业结构升级、农业生产方式（生产工具、生产技术和生产理念等）改变、农业生产布局调整和农业经营制度的创新。它的实现是一个动态发展的过程，是传统农业向现代农业逐步升级的过程，也是在市场经济条件下生产力（特别是农业生产力）大幅度提升的必然产物。"化"是彻底的变革，"化"更是一个进化的过程。[①] 不论是"公司＋农户""公司＋合作社＋基地"，还是"公司＋合作社＋基地＋农户"的农业产业化经营模式，均要以土地的集中、规模经营为基础，否则就谈不上农业的现代化，但是我国以家庭为单位的分散经营模式影响了土地的集中化、规模化。从西方国家现代农业发展现状来看，家庭是经营主体，其家庭经营土地的面积远远高于我国家庭亩均数，而且土地集中的程度还在进一步强化。资料显示，美国农场总数由1974年的230万个下降到2005年190万个，小规模农场减少了20%左右，每个农场的用地面积由147英亩增加到457英亩；农场从1955年的228.5万个减少到1997年的67.98万个；农场平均规模从1955年的16公顷增加到1997年的41.7公顷。42年间（1955—1997），农场数减少了70%，平均土地规模增加了157.5%。[②] 由此可见，农村土地的集中、规模经营是发展现代农业的基础，推动我国农村土地产权制度改革是发展现代农业的关键，实施农村集体土地经营权流转是发展现代农业的前提。

2.1.2.2 农村土地经营权流转

农户作为耕地流转的直接主体，在很长一段时期内推动了耕地流转进程，加速了农业现代化。山东省最早出现了"两田制"

---

① 衡霞.农业产业化经营风险防范机制研究[M].成都：四川大学出版社，2011.

② 朱博文.国外家庭农场发展的经验与启示[J].新疆农垦经济，2005（2）.

和"龙头企业＋基地＋农户"的农业产业化经营模式，允许耕地流转，承包给个人或集体。由于"两田制"给予地方政府较大的土地支配权，损害了部分农民的利益，1997后被国务院禁止，而"龙头企业＋基地（专合组织）＋农户"的产业化经营模式自1993年诞生后就逐渐形成燎原之势，这种自下而上的制度变迁被很多农业企业和地方政府效仿，至今仍是土地流转的主要实现载体。随着人均收入增加、非农产业发展和教育水平的提高，农村流转土地发展趋势呈"M"曲线，即从先升后降到再升再降的不断循环。尽管经济欠发达地区的农民有较高的土地流转意愿，但囿于信息不畅、交易费用高等限制而未转化为行动。由于农户、农业企业的风险决策使传统的农业产业化经营模式产生了诸多风险，影响了农业结构调整和现代化进程，于是更多的地方政府从规范农地流转市场出发，提出了土地合作社和"地票"模式等方式以解决农地流转风险，保障农民权益。

1. 土地合作社

土地合作社是《农村土地承包经营权流转管理办法》等多项法律法规和政策的产物。村、社按照合作社成立初期的人口或面积为基数，将农民拥有土地的实际面积或土地产出物的年收入作价折股，成立集体土地管理公司或土地合作社，再以合作社的名义经营、流转土地，或入股招商引资的企业，按经营效益分配租金与红利。由此可见，土地合作社模式中，虽然农民的土地承包经营权再次收归集体所有，但收益权改由经营效益决定，实现了土地流转与农村剩余劳动力转移的有效结合、流转收益稳定性增加和土地利用效率显著提高，为农业现代化奠定了基础。

（1）实现土地流转与劳动力转移的有效结合。随着我国农业向低投入、高产出、高收益的现代农业发展，"面朝黄土、背朝天"的传统劳动力在农业生产中所占比重将逐渐减少，而具有较高专业技术和市场拓展能力的高素质人才的需求将逐步增加，这

2 农地流转中农民权益保障的内在动力:农地流转风险

样,农业所需的传统劳动力进一步减少,剩余劳动力进一步增加。尤其是农地流转后,使一大批隐性闲置的农村剩余劳动力变成显性闲置。那么,怎样才能将农地流转与剩余劳动力转移相结合呢?河南金城农机合作社、四川竹篙集体土地合作社等地方的实践经验表明:只有流转土地,才能扩大社会资本对当地农业的投入,降低土地经营成本,提高土地经营收入,间接提高农民的"大礼包",即分红收入,从而彻底地解决农民的兼业化状态,并推进城镇化建设。

2013年中央提出要加快城镇化建设,其关键就是人口如何集中化。农民土地流转后,必然要在城市(城镇)寻找新工作,甚至定居,这刚好可解决"人"的问题。课题组的调查显示(见表2-1、2-2、2-3),无论年龄大小、学历高低,农村户籍的劳动力均愿意到城镇居住,并从事非农产业(除学历低的老龄劳动力以外)。以四川省为例,12.2%的农民愿意到县城以上的区域居住,14%的农民愿意到乡镇居住,15.9%的农民愿意到本县以外的区域居住,还有58%的农民愿意到新农村综合体居住。事实上,四川省灾后重建过程中,几乎每个乡镇都有多个新农村综合体建成,这些新农村综合体一般兴建在交通要道或经济发展基础较好的村、社,除了有集中居住的前庭后院的院落式民居外,还有基本与城市社区相同的"6+1"公共服务配套体系。因而,农民愿意在脱离农业生产后仍居住在有农业氛围的农村新型社区里。由此可见,农村土地流转不仅能促进农民收入增加、素质提高和职业专门化,还将推动农村剩余劳动力的转移和加快城镇化建设步伐。

表2-1 学历与农民转变意愿

学历＼未来打算	城镇居民（%）	产业工人（%）	农业业主（%）	务农（%）	三产业（经营）从业者（%）
小学及以下	34.0	21.3	5.4	42.1	7.8
初中	39.7	31.4	5.7	21.7	13.9
高中	42.5	31.2	5.4	14.0	19.8
大专及以上	44.9	33.0	4.8	7.6	24.0

表2-2 年龄与农民转变意愿

年龄＼未来打算	城镇居民（%）	产业工人（%）	农业业主（%）	务农（%）	三产业（经营）从业者（%）
16-30岁	43.3	34.6	4.6	14.6	16.5
30-40岁	39.6	32.7	5.8	19.3	15.4
40-50岁	37.8	28.7	6.2	26.4	13.0
50岁以上	35.1	17.6	5.3	43.5	7.8

表2-3 未来居住地选择意愿与宅基地权益置换（四川省）

权益置换＼居住地	市、县城区	集镇	新农村综合体	其他
住房（%）	12.2	14.0	58.0	15.9
商铺（%）	33.2	32.6	28.2	6.0
股权（%）	17.5	18.2	55.1	9.1
现金（%）	22.3	20.4	43.7	13.6
其他（%）	9.6	9.5	20.8	60.1

（2）农民组织化程度提升促进了农民权益保障。在利益驱动背景下，基层政府、村集体经济组织和业主等主体与农民争利现

象较为突出，分散的小农缺乏承担风险的勇气和用法律手段维护自身利益的能力，使其在农地流转中的权益屡屡被侵害。虽然村民委员会是农民的自治组织，但发挥的作用有限，使得农民权益缺乏组织保障。上述情况表明，农民组织化是保护农民权益的重要渠道。村民委员会作为农民与基层政府的中介与桥梁，只是一个自治机构，而不是具备经济职能的社会组织。

1990年，我国颁布了《中华人民共和国乡村集体所有制企业条例》，规定乡、村的企业财产归全乡、村的农民集体所有，而且只有乡、村的农民大会及其代表机构才能行使企业的财产所有权。这就表明只有代表全体农民的集体经济组织才是农村集体土地的所有者代表，而不是以管理者身份出现的村委会。因此，土地合作社代表全体农民行使土地权利，从而保证了合作社与农民的土地利益的一致性。农民通过土地合作社参与谈判、监督合同的执行和权益维护，解决了分散流转中的"搭便车"和寻租问题，使单个农民与业主合作的高额交易费用内部化；避免了农民的土地流转收益与流转前收益以及流转后业主经营收益比较后进行的零和博弈行为，从而减少了农地流转纠纷，降低群体性事件发生概率，较好地保护了农民的短期收益权和远期收益权。

（3）农民土地流转收益更加稳定。利益是促使一个人行动的内驱力，也是制度变迁的有效推动力。河南省博爱农机合作社在土地流转过程中注重保障农民的利益，同时也能够使承租方受益，避免了多数地方实践中流转双方零和博弈行为的出现。课题组成员在多地调研中均发现一个共同特点，即条件较差的乡镇为了完成农地流转任务，或促进当地现代农业的发展，盲目引进工商资本或"经营能手"等业主，在其传统种养殖收益低于成本时，往往改变土地用途，进行掠夺式开发，造成土地复耕困境；再加上区位劣势，导致业主投入最终失败，农民不但收不到租金，面对硬化的土地更是欲哭无泪。土地信托、土地股份合作制作为有效的组织化制度安排，可以有效避免此类问题。农民通过土地信托或入股：当选择在流转农地上打工时，既能就近就业又能照顾家庭，既增加了收入又监督了土地的使用性质，保障了远期收益权不被侵害；当选择外出就业时，既有稳定的租金收益还有打工收益，当农地收益权被侵犯时，还有信托公司或土地股份合作社可以帮助维权。

（4）土地利用效率显著提高。由规模经济理论可知，农村土地进行规模经营具有十分重要的意义，既可以提高农业机械的使用率，实现集约化、规模化经营，还能提高土地的利用率和产出物的商品化程度，增加土地收入。农村土地合作社把分散经营的农地集中起来，统一整理、规划，统一经营或流转，改变了过去每户家庭农地不多、各户各干各的现象，通过标准化种植、规范化管理，实现土地由单纯的种植向经营的土地理念转变。笔者曾经在《农业产业化经营风险防范机制》一书中，对一亩土地种植水稻和修建圈舍进行生猪养殖的成本收益作过详细的比较：一亩地若种水稻，其最大化收益为1648.3元，但没有扣除农民的人工成本；若修建圈舍进行生猪养殖，扣除人工等成本后的最大化收益达到18.9万元。由于缺乏信息、资金、技术以及风险承担能力，农民对传统农业以外的生产经营没有足够信心，但有了类似博爱农机合作社和绍兴土地信托机构等土地合作社的组织保障后，农民可以放心地把土地交给合作社，自己可获取租金收益和二次分红。合作社不仅保障了农民的土地收益权，还调整了当地的农业产业结构，提高了土地利用效率。

2. 地票

2008年重庆被批准为城乡统筹发展改革试验区后，以国土资源部颁布的《城乡建设用地增减挂钩试点管理办法》为基础，出台了《重庆市农村土地交易所管理暂行办法》，地票成为交易所的主要标的。地票的实质是把农村宅基地及其附属设施、废弃的乡镇企业用地、农村公益用地等集体建设用地，通过复垦并验收合格后，由国土部门依法对土地再次流转的资格进行审核，并对土地使用权人发给相应面积的"地票"，既增加了农民收入，减少了农村土地闲置和浪费，还促进了土地要素的优化配置，解决了城镇建设的土地供应不足问题。仅 2009 年一年，重庆市农村土地交易所就进行了 7 次地票交易会，成交地票 48 宗，总计 12300 亩，成交金额达 11.26 亿元，成交均价为 9.14 万元/亩[①]，极大地提高了偏远地区的土地使用效率和效益。此后，该制度被一些地方政府借鉴。

（1）有利于农村土地流转，提高农地利用效率。根据相关法律规定，农村集体所有土地的所有权不能转让，因而农地流转的是土地承包经营权，并且经营权流转的前提为不能转让、转租或出租于非农业用途。法律同时也规定，在规划范围内的流转，需要持有相关批准文件，涉及占用农用地的流转，要按照《土地管理法》第 44 条的规定办理相关的审批手续。显然，农村集体建设用地的使用权可以转让，但必须满足相应的前置条件，形成其禁止转让的事实，使得农村集体建设用地的增值收益不能由农村集体所有权人拥有。地票的出现，既避免了农村集体建设用地不能转让的状况，还促进了城乡统一的土地市场的建立，解决了城镇建设的土地资源瓶颈，提高了土地利用效率。

（2）有利于增加农民收入，保护耕地。根据重庆市的多项文件规定，地票交易纯收入的 85% 归农民个人，15% 归村集体，这样农民可以在乡镇就地转户，以土地换户籍，较少的土地不仅能在城镇换取较大面积的住房，还能有一定的结余，提高了农民进入城镇后的生活保障与未来的发展保障。与此同时，地票制度

---

① 重庆农村土地交易所1年成交地票12300亩 [N]. 重庆日报，2010-05-30.

下的"先补后占"模式,弥补了传统模式"先占后补"和"先占不补"的缺陷。地方政府要通过增减挂钩办法使用农村的集体建设用地指标,就必须先把农村闲置的集体建设用地复垦为耕地之后才能使用,由此对耕地的保护力度和效果才更好。

(3) 有利于城市反哺农村,推进农民权益的保护。地票制度的建立,使城乡集体建设用地的转换超越距离和范围的限制,促进了土地要素的城乡自由流动,大幅度地提升了农村土地的价值,尤其是偏远地区的土地价值,使得利益分配中的"大头给退地农民",其余的收益转化为城市反哺农村的资金来源。对于反哺资金的安排,重庆市探索并建立健全了利益分配机制、耕地保护、地票的交易方式和规模、地票的融资功能等,以此调动了农民、农村集体和社会资金参与农村土地综合整治的积极性,还有效地遏制了集体建设用地流转价值分配不公的弊端,保证了农民的合法收益权。

2.2 农地流转风险与农民权益保障的相关性分析

"十二五"以来,国民经济建设步伐更快,农地流转更加活跃,农地流转风险也呈加大趋势,农民权益也易受损。全国各地农地流转中的风险防范实践表明,更加向流转合同标准化、法律法规完善化发展。更为关键的是,许多地方政府积极推动农村土地的确权颁证工作,从源头上保障了农民的土地承包经营权,有效地遏制了农地流转中的不规范行为,减少了农地流转风险。但我们注意到有的基层组织没有充分尊重农民意愿,行政干预较多,"为民做主"的现象仍然严重,同时流转信息不畅、流转手续不健全、流转合同不规范、流转保障机制不完善、流转后土地"非粮化"和"非农化"倾向严重以及个别地方土地流转方不依规履约拖欠租金等问题依旧存在。这就导致农民权益受到损害,使农地流转纠纷案件居高不下,尤其是农民与政府及政府引进业主的纠纷案件较多,部分流转农户在春节大规模返乡时,集聚到村干部家里或基层政府讨要说法,有的甚至演变为群体性事件。农民权益流失导致农地流转风险的堆积和暴发,农地流转风险的发生又进一步削弱农民权益的保障力度,进而严重阻碍了农村土地流转的正常、有序推进。

2.2.1 农地流转风险是农民权益弱化的根源

著名风险管理学家艾瓦尔德认为,"任何事情本身都不是风险,世界上也本无风险。但是在另一方面,任何事情都能成为风险,这依赖于人们如何分析危险,考虑事件"。因此,风险是与风险的附着对象——人有关。因为人类自身的行为,人类才开始走向一条充满风险与不确定性的不归路。农地流转风险与农业经营风险和农业产业化经营风险存在较大差异,它更多的是因为流转主体的博弈行为才使农地流转充满不确定性与风险性。农村土地流转过程中,由于各种原因,致使农村土地流转存在政策风险、制度风险、合同风险、管理风险、市场风险和经营风险,直接影响了农民权益[1]。目前的农地流转更多的是体现土地作为生产资料的功能,忽视了土地承载的其他复杂功能,因而表现出流转态度差异化、日常生活货币化、代际失衡显性化、社区管理简单化、资本下乡强势化等社会风险问题。[2]

2.2.1.1 契约风险导致农民权益弱化

在土地承包经营权期内,农民才是土地流转的直接利益主体。然而,流转双方的信息不对称影响了流转合同的完备性,导

---

[1] 穆瑞丽. 农村土地流转中农民权益保障的风险分析与规避对策 [J]. 农村经济与科技, 2010 (1).

[2] 刘勤. 土地流转的社会风险: 皖中宋村调查 [J]. 安徽农业科学, 2010 (7).

致契约风险不断。农村土地广袤，业主仅凭自己的经验、农产品的市场价格和农地的区位优势等分析租赁土地的所有价值，较少考虑农业生产的自然风险、市场风险和当地的人文环境；农民不论是因为种地辛苦和收入较低的主动流转，还是基层组织引导下的被动流转，均缺乏对业主资金能力和生产经营技术的了解，使得双方签订不完备合同。从而，直接导致农民在外出务工困难或权衡农业比较收益较高时的强行收回农地，以及业主在各种农业风险影响下拖欠租金、撂荒土地或变更农地用途。不论是农民违约还是业主违约，因道德风险和逆向选择行为所致的契约风险在所难免，农民的土地收益权、司法救济权和社会保障权都会受到不同程度地削弱。

2.2.1.2 市场风险导致农民权益弱化

农村土地流转有利于提高农地利用率，调整农业产业结构，增强农业抗风险能力，增加农民收入。但是，对于变化的社会环境来说，农民与业主均处于厚厚的"无知之幕"的幕布之后，没有人能知道走出幕布后将会是怎样一种情况，正因为如此，经济主体在某一时刻的决定取决于个体理性，尤其是农民的理性使其更加关注短期利益，更容易叠加并引发市场风险。目前，许多地方的农地流转都是由基层组织推动，甚至进行了目标任务的分解，为了快速地把农地流转出去，基层组织在招商引资中往往以强制性的非市场价格和非地租的不等价补偿方式吸引业主，以当期的传统农业产出效益为基数确定不变的长期租赁价格。当农民对流转价格进行横向比较后，认为显失公允，进而实施影响农地流转合同履行的行为来保障受损的土地承包经营权、收益权和处分权。

2.2.1.3 社会风险导致农民权益弱化

社会风险是人与对象的一种关系性存在，当政治、经济、文化等领域的不确定性增加时，对人的生存实践构成威胁与损害，从而构成引发社会动荡和不安的因素。任何社会风险都不是一种独立的社会存在，而是各种因素综合促成的产物。合理的收入分配是社会公平的重要体现，只有社会公正实现了，才能化解社会风险，促进和谐社会的构建。无论农民的土地流转是自愿还是被自愿，只要流转了就可能无法在城市谋得一份体面的，或是至少能够维持家庭生存与发展保障的职业，将面临失地失业的双重困境。尤其是城郊的"富农"瞬间转变为城市的"雇工"，一方面因为收入的激增而降低工作积极性，另一方面又因身份的落差和社会保障的缺失而引发农地流转纠纷，影响农村的和谐安定局面。由此可见，农村土地流转的社会风险可能导致农民民主管理意识弱化和社会保障权流失。

2.2.1.4 农地流转风险的叠加效应

农村土地流转中的契约风险、市场风险和社会风险并不是单一发生作用，通常情况下，其具有一定的结构性与传递性，叠加后放大风险损失。三者的关系可以通过下图来进行说明。

从图 2-1 可以看出，处于核心圈层的风险类型为契约风险，契约是连接农户与业主的纽带。契约关系贯穿农地流转全过程，是农地流转的基石。因为不论是政府的征收征用还是农户的自发流转，都必须由流转双方达成一致，即形成某种形式的合约才能实现农地的流转。而合约的签订与执行如图 2-1 所示，它建立在一块"黑箱"（契约方框，下同）之上。这个"黑箱"是农民与业主在签约过程中利用各自优势信息（对对方来说，这个信息也是无法预见的）预设的，同时也有信息不完备和对未来预期的不可及性，从而导致农户与业主的逆向选择和道德风险发生，构成契约风险。契约风险处于农地流转风险的核心层，其原因在于：一是当契约风险出现后，农户与业主退出合作，并承担之前签订合约的所有交易成本；二是当其他风险出现，却没有造成契约风险的出现，那么农地流转关系仍然得以维持。三是农地流转要成功实现，关键在于农户与业主合约的最低交易费用、最高执行效率。无论是农户还是业主都必须面临契约风险。

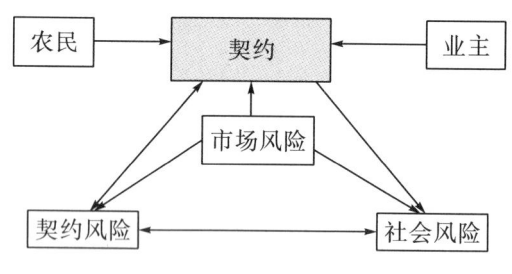

图 2-1　农地流转风险关系

中间圈层的风险为市场风险。因为农地流转后，土地价格、预期收益等随着市场和国家政策的变化而具有不确定性，在一定条件下便转化为市场风险，但它先于农户与业主间的契约。所以农地流转的市场风险必须要通过契约风险产生作用，它构成"黑箱"的组成内容之一。市场风险的出现并不必然导致社会风险的发生，它需要契约风险作为媒介，从而影响农户与业主的决定。当市场风险过大时，农户和业主都会选择承担契约风险；反之会导致单方违约，一旦违约不成，就容易出现矛盾和冲突，甚至是群体性事件，即社会风险。

外围圈层的风险为社会风险。社会风险是指农地流转后可能导致农民与业主、地方政府的冲突，进而危及农村社会稳定和社会秩序。社会风险外在于农户和业主，是农地流转时根本无法预见和控制的，既可能通过市场风险间接作用于合约，也可能通过契约风险直接作用于合约，使农地流转合同终止。社会风险之所以处于农地流转风险的外围是因为它表现为一种结果状态，其累积越多，对农民的土地和农村社会稳定以及社会秩序构成的威胁越大。

2.2.2 农民权益弱化是农地流转风险的集中显现

首先是农民社会福利权的弱化，即农地承包经营权弱化。农村土地不仅是生产资料，更是农民的生存保障资料，享有长期的承包经营权，即保障了缺乏社会福利的农民的社会福利。然而，目前的农村土地流转市场不健全，土地流转信息闭塞，流转程序不规范，流转价格缺乏统一标准，被动流转和口头约定流转较为普遍，为农地流转埋下纠纷和冲突隐患。在市场经济条件下，农民才是真正的农地流转市场主体，才有权决定农地承包经营权流转与否。相关研究表明，由政府出面流转的农地约为40%，由村社出面流转的农地约为44%，[①] 农地流转主体实际上为基层政府和村集体而不是农民。这种越俎代庖的行为侵犯了农户合法的土地承包经营权，特别是拥有承包经营权但已经从事非农产业的农民的福利。

其次是农民土地收益权的流失。农地流入者利用基层地方政府急于招商引资和建设现代农业示范园的心理，以较低的价格取得较长的租期。虽然从短期来看，农民得到了实惠，现代农业得到发展。但从长期来看，业主的收益会大幅度增长，而农民收益却维持在合约初期的市场价格水平上。另外，业主支付的租金多为一年一付，而农业生产经营面临的自然风险和市场风险的概率较大，一旦业主经营失利，往往不能兑现农地租金。更有部分业主擅自改变土地用途，如建设厂房等，从根本上改变了土地性质，合约到期后，农地复耕成本较大，农民长期收益受损。还有一种情况就是，土地被征收后，农民仅获取征地补偿，政府获取包括因自然增值、政府价格扭曲、工农产品价格"剪刀差"以及

---

① 于建嵘. 地权是农民最基本的权利[J]. 民主与科学, 2008 (5).

市场失灵带来的所有增值,[①] 损害了农民的土地增值收益权。

第三是农民的土地财产权。根据相关法律规定,农村土地为集体所有,是"我们的"而不是"我的",抽象的权利主体无法自主地决定和有效监管土地去向。以土地征用为例,某些地方不仅出于公共事业的需要,还出于招商引资的需要无条件或低条件地征用大面积土地,用于房地产开发和作为其他商业用途,仅象征性地对农民进行补偿。集体土地所有权主体的"虚置",使集体成员对集体用地的去向不闻不问和对自身承包土地的强烈关注,导致农民之间、农民与村集体经济组织之间因土地流转对象、流转价格、收益分配而产生争端和纠纷,然而农民缺乏司法救济渠道主张自己合法的权益。科斯第一产权理论表明,只要物品的产权明晰,经产权主体和产权交易对象谈判、交易,就可以优化配置社会闲置资源,从而节约交易双方的信息搜寻费用,避免一轮接一轮的谈判成本,甚至能够规避产权不明晰的社会风险。

第四是农民的管理权缺失,即农民的知情权、参与权、监督权、管理权等。社会管理权是公民的一项基本权利,是其他权利的前提。在现实中,农民的社会管理权往往流于形式,对村集体的项目立项、集体收益分配以被告知的方式接受安排。在一些地方,村社干部往往就是集体土地所有者的代言人,从而借助其拥有的代表身份和行政权力,强行流转村、社农地,甚至未经农地承包经营权者的同意就越俎代庖流转其荒芜地。另外,有些基层组织干部在没有召开村民代表大会的情况下,就私自与业主达成土地流转协议;或者默许业主串通他人的假招标行为,从而中饱私囊,蒙骗群众,损害了农民的合法权益。在这一农地流转过程

[①] 肖屹,曲福田,钱忠好等. 土地征用中农民土地权益受损程度研究 [J].《农业经济问题》, 2008 (3).

中，农户既不完全清楚农地流转的必要性、自己的收益状况、补偿金额和流转后的用途等，也不清楚征地的公共性到底有多大，更谈不上保障农地流转决策中的知情权、参与权与监督管理权。

农村土地流转中的农民权益是在符合国家相关法律法规的大环境下，通过有效的方式和手段对特定区域内享有承包经营权的土地资源进行科学、合理、有效配置过程中的农地流转主体自主决定流转面积、方式、收益分配、风险防范的权利，以保证土地使用效率、农民增收、农村稳定。它包含了三层含义：一是农村土地流转的主体包括农民、村集体、业主、基层政府。农民和村集体经济组织作为农村土地流转的流出方，在农村土地承包经营权的有效期内，农民享有承包地包括耕地和林地使用权流转；村集体享有村内非承包且集体所有的耕地、林地、建设用地、荒山滩涂等使用权的流转权利；村内外农民、企业和市民均可以合同约定方式流转农村土地；基层政府如乡镇政府作为法律界定的农村集体土地所有权主体之一，同村集体一样享有农地流转权利，要以法律法规的指导为主和尊重农民与村集体经济组织意见为前提。二是农村土地流转前提是以法律法规为依据进行的非永久性土地流转。农村耕地的承包期限一般为30年至70年，农民对土地只拥有承包经营权而不是所有权，因此土地流转的期限只能是土地承包合同约定的期限，而且流转土地的用途必须符合法律规定，比如耕地流转后只能用于农业，而不能用于工业，更不能用于修建小产权房。三是农村土地流转目的不仅在于有效转移剩余劳动力，更在于调整农业结构、提高农业现代化水平，使农民权益在改变生产经营模式情况下得到有力保障，并能持续增加收入，促进农村繁荣稳定。显然，上述农民土地权益的弱化和流失是农地流转的契约风险、市场风险和社会风险的集中体现。

2.3 传统农地流转风险防御战略对农民权益保障的成效分析

2.3.1 法律法规体系对农民权益保障的制度安排

2.3.1.1 农民土地承包经营权的制度保障

我国 1986 年颁布的《民法通则》明确规定土地承包经营权受法律保护。《民法通则》第 80 条第 2 款规定："公民、集体依法对集体所有的或者国家所有由集体使用的土地的承包经营权受法律保护。承包双方的权利和义务，依照法律由承包合同规定。"这里明确指出土地承包经营权作为一项民事权利是受法律保护的，其标的为集体所有的土地或国家所有而由集体使用的土地。

1988 年颁布宪法修正案以前，农村集体土地的所有权和使用权在宪法里也是禁止流转。第七届全国人民代表大会第一次会议通过的宪法修正案第 2 条将宪法中的第 10 条第 4 款补充为，"土地的使用权可以依照法律的规定转让"。由此，农村集体土地流转的合法地位得到宪法保障。

我国 1993 年颁布的《农业法》从农业生产方面将土地承包经营权具体化。第 71 条规定，"国家依法征收农民集体所有的土地，应当保护农民和农村集体经济组织的合法权益，依法给予农民和农村集体经济组织征地补偿，任何单位和个人不得截留、挪用征地补偿费用"；[①] 第 72 条规定，"各级人民政府、农村集体经济组织或者村民委员会在农业和农村经济结构调整、农业产业化经营和土地承包经营权流转等过程中，不得侵犯农民的土地承

[①] 《农业法》第 71 条，http://www.china.com.cn/chinese/MATERIAL/254232.htm

2 农地流转中农民权益保障的内在动力：农地流转风险

包经营权";① 第 77 条规定，"农民或者农业生产经营组织为维护自身的合法权益，有向各级人民政府及其有关部门反映情况和提出合法要求的权利，人民政府及其有关部门对农民或者农业生产经营组织提出的合理要求，应当按照国家规定及时给予答复。"② 显然，农民才是农村集体土地的使用者、监督者，才是农地流转的法律主体，而相关政府部门负有保障农民土地权益的义务。

我国 1998 年第四次修订的《土地管理法》明确规定了土地承包经营权的主体、内容和期限。如第 14 条规定："农民集体所有的土地由本集体经济组织的成员承包经营，从事种植业、林业、畜牧业、渔业生产。农地承包经营期限为三十年。发包方和承包方应当订立承包合同，约定双方的权利和义务。承包经营土地的农民有保护和按照承包合同约定的用途合理利用土地的义务。农民的土地承包经营权受法律保护。"③

我国 2003 年施行的《农村土地承包法》，详细具体地规定了承包方的权利和义务、土地承包经营权的保护以及流转等相关问题。在总则中规定："国家保护承包方依法、自愿、有偿地进行土地承包经营权流转。"并对家庭承包和其他方式的承包与流转问题进行了区分。同年出台的《中华人民共和国农村土地承包法实施细则》和 2004 年出台的《农村土地承包经营权流转管理办法》，都有类似的规定。

2004 年实行的《农村土地承包经营权流转管理办法》第 6

---

① 《农业法》第 72 条，http://www.china.com.cn/chinese/MATERIAL/254232.htm

② 《农业法》第 77 条，http://www.china.com.cn/chinese/MATERIAL/254232.htm

③ 《土地管理法》第 14 条，http://www.china.com.cn/chinese/law/647616.htm

条规定:"承包方有权依法自主决定承包土地是否流转、流转的对象和方式。任何单位和个人不得强迫或者阻碍承包方依法流转其承包土地。"[1] 赋予了农民对承包土地经营权流转的自主决定权;第8条规定:"承包方自愿委托发包方或中介组织流转其承包土地的,应当由承包方出具土地流转委托书,委托书应当载明委托的事项、权限和期限等,并有委托人的签名或盖章。没有承包方的书面委托,任何组织和个人无权以任何方式决定流转农户的承包土地,"[2] 从而避免了村、社违背农民意愿擅自将农村土地流转他人的做法,有效地保障了农民的承包的土地主体地位。

我国2007年颁布的《物权法》依据民法物权制度的基本原则,明确界定土地承包经营权的用益物权性质、内容,明确农村农地所有权人、使用权人的法律地位。《物权法》关于土地流转的内容安排在"土地承包经营权"一章中,这说明所谓的"土地流转"并不包括宅基地使用权和集体建设用地使用权的流转,而是特指农村土地承包经营权的流转,相关条款与《农村土地承包法》中的规定完全一致。《物权法》第128条规定:"土地承包经营权人依照农村土地承包法的规定,有权将土地承包经营权采取转包、互换、转让等方式流转。流转的期限不得超过承包期的剩余期限。未经依法批准,不得将承包地用于非农建设。"[3] 第133条规定:"通过招标、拍卖、公开协商等方式承包荒地等农村土地,依照农村土地承包法等法律和国务院的有关规定,其土地承包经营权可以转让、入股、抵押或者以其他方式流转。"[4]

---

[1] 《农村土地承包经营权流转管理办法》,http://www.dffy.com/faguixiazai/msf/200502/20050227085314.htm
[2] 《农村土地承包经营权流转管理办法》,http://www.dffy.com/faguixiazai/msf/200502/20050227085314.htm
[3] 《物权法》第128条,http://www.wyfwgw.com/laws/29.html
[4] 《物权法》第133条,http://www.wyfwgw.com/laws/29.html

2 农地流转中农民权益保障的内在动力：农地流转风险

2008年颁布的《中共中央关于推进农村改革发展若干重大问题的决定》（以下简称《决定》）明确规定，"赋予农民更加充分而有保障的土地承包经营权，现有土地承包关系要保持稳定并长久不变"[①]。同时，《决定》肯定了改革开放30年来广大农民对农村土地承包经营权流转的有益探索，要求"加强土地承包经营权流转管理和服务，建立健全土地承包经营权流转市场，按照依法自愿有偿原则，允许农民以转包、出租、互换、转让、股份合作等形式流转土地承包经营权，发展多种形式的适度规模经营。有条件的地方可以发展专业大户、家庭农场、农民专业合作社等规模经营主体"。[②]

2009年中央一号文件《中共中央国务院关于2009年促进农业稳定发展农民持续增收的若干意见》第四方面第17条提出："稳定农村土地承包关系。抓紧修订、完善相关法律法规和政策，赋予农民更加充分而有保障的土地承包经营权，现有土地承包关系保持稳定并长久不变。强化对土地承包经营权的物权保护，做好集体土地所有权确权登记颁证工作，将权属落实到法定行使所有权的集体组织；稳步开展土地承包经营权登记试点，把承包地块的面积、空间位置和权属证书落实到户，严禁借机调整土地承包关系，坚决禁止和纠正违法收回农民承包地的行为。"第18条提出："建立健全土地承包经营权流转市场。土地承包经营权流转，不得改变土地集体所有性质，不得改变土地用途，不得损害农民土地承包权益。坚持依法自愿有偿原则，尊重农民的土地流转主体地位，任何组织和个人不得强迫流转，也不能妨碍自主流转。按照完善管理、加强服务的要求，规范土地承包经营权流

---

① 《中共中央关于推进农村改革发展若干重大问题的决定》，http://cpc.people.com.cn/GB/64093/64094/8194418.html

② 《中共中央关于推进农村改革发展若干重大问题的决定》，http://cpc.people.com.cn/GB/64093/64094/8194418.html

转。鼓励有条件的地方发展流转服务组织，为流转双方提供信息沟通、法规咨询、价格评估、合同签订、纠纷调处等服务。"

2010年中央一号文件《中共中央国务院关于加大统筹城乡发展力度进一步夯实农业农村发展基础的若干意见》指出："加强土地承包经营权流转管理和服务，健全流转市场，在依法自愿有偿流转的基础上发展多种形式的适度规模经营。"意见还指出，要有序推进农村土地管理制度改革，"有序开展农村土地整治，城乡建设用地增减挂钩要严格限定在试点范围内，周转指标纳入年度土地利用计划统一管理，农村宅基地和村庄整理后节约的土地仍属农民集体所有，确保城乡建设用地总规模不突破，确保复垦耕地质量，确保维护农民利益……加快修改土地管理法"。

2013年党的十八届三中全会提出，要"扩大国有土地有偿使用范围，减少非公益性用地划拨。建立兼顾国家、集体、个人的土地增值收益分配机制，合理提高个人收益。完善土地租赁、转让、抵押二级市场"。同时提出，要"稳定农村土地承包关系并保持长久不变，在坚持和完善最严格的耕地保护制度前提下，赋予农民对承包地占有、使用、收益、流转及承包经营权抵押、担保权能，允许农民以承包经营权入股发展农业产业化经营。鼓励承包经营权在公开市场上向专业大户、家庭农场、农民合作社、农业企业流转，发展多种形式规模经营"。

2014年中央一号文件（《中共中央国务院关于全国深化农村改革加快推进农业现代化的若干意见》）提出，"在落实农村土地集体所有权的基础上，稳定农户承包权、放活土地经营权，允许承包土地的经营权向金融机构抵押融资。""鼓励有条件的农户流转承包土地的经营权，加快健全土地经营权流转市场，完善县乡村三级服务和管理网络。探索建立工商企业流转农业用地风险保障金制度，严禁农用地非农化。有条件的地方，可对流转土地给予奖补。土地流转和适度规模经营要尊重农民意愿，不能强制推动。""推动农村集体产权股份合作制改革,保障农民集体经济组织成员权利,赋予农民对落实到户的集体资产股份占有、收益、有偿退出及抵押、担保、继承权,建立农村产权流转交易市场,加强农村集体资金、资产、资源管理,提高集体经济组织资产运营管理水平,发展壮大农村集体经济"。

除了中央政府层面的各项法律法规外,全国各省市也出台了相应的地方性法规和配套政策,如 2002 年安徽省出台了《安徽省集体建设用地有偿使用和使用权流转试行办法》、2004 年广东省出台了《广东省集体建设用地使用权流转管理办法》、2009 年四川省出台了《关于进一步规范有序进行农村土地承包经营权流转的意见》和《关于开展农村土地承包经营权登记试点工作的通知》等,从而更好地保障了农民权益。

农民权益以农民权利为基础,农民既享有公民应有的一般权利,还享有与农民特殊身份相关的权利,如土地所赋予的使用权与收益权、自主经营权等。土地权利转移与否,取决于农民意愿,否则将会损害农民权益。保障农民权益的法律法规的出台和不断完善体现了社会进步和人的全面发展的要求。博登海默曾经说过,法律在增进人与人之间的平等、群体与群体之间的平等方面起到了显著的作用,与此同时,它也维护并认可了许多不平等的现象[1],即以法律的名义将不平等的事务制度化、合法化,因此,在农民权益保障中,平等是重要法理之一,这也是完善各类法规和出台农民权益保障法的动力所在。农村土地流转中的农民劳动权和社会保障权等的保护更多的是强调国家的责任与义务,在农民诸多权益中,土地权益是农业现代化、城镇化、工业化进程中排在首位的权益,前面提到的多部法律法规的规定就是佐

---

[1] [美]博登海默. 法律哲学与法律方法[M]. 邓正来译. 中国政法大学出版社,1999.

证，因而土地权益保护具有优先性。

2.3.1.2 农民土地承包经营权保障的制度缺陷

我国 1982 年宪法第 33 条至第 48 条对公民的基本权利作出了详细规定，农民作为公民的一员有劳动权、人身权、社会保障权等基本权利；并在第 17 条中对农民集体财产所有权的保护也做出了规定，为农民权益保障提供了法律依据。宪法通过对公权力的调整来实现对社会成员利益的调整，从而保障公民权利。随着社会主义新农村建设的推进，农民权利意识不断提高，农村社会结构、利益主体关系、分配结构均发生着深刻变化，树立宪法权威，使法律成为保护农民权利的保障书。

我国《物权法》从集体土地所有权、承包经营权、宅基地使用权以及征收制度等方面加强了对农民土地权益的保护。第 59 条明确规定："农民集体所有的不动产和动产，属于本集体成员集体所有，"该条款弥补了《民法通则》《土地管理法》和《土地承包法》中所有权主体模糊的缺陷，避免了集体组织负责人滥用职权造成农民权益流失的问题。第 49 条第 2 款专门对农民承包地的调整、流转、收益处分等民主管理权做出具体规定。对于集体组织违反农民意愿流转土地的情况可以依第 63 条第 2 款规定予以撤销。显然，各级政府和村集体经济组织广泛听取农民的利益诉求、维护农民的利益表达权和农地流转决策权是受到法律保护的。但《物权法》还有待进一步完善，需对集体经济组织的法律地位作出明确界定，明确规定宅基地使用权的取得、行使和转让。

《中共中央关于推进农村改革发展若干重大问题的决定》强调"完善土地承包经营权权能，依法保障农民对承包土地的占有、使用、收益等权利"。①《民法通则》和《土地管理法》在界定农村集体土地所有权主体时分别用了乡农民集体、村农民集体和村民小组等三个概念,很显然对"农民集体"的界定是模糊的,没有明确规定"农民集体"作为土地所有权主体的构成要素和运行原则;没有明确产权代表和执行主体的界限和地位;没有解决"农民集体"与农民个人的利益关系②。主体边界的模糊使实践中农村集体土地所有权的具体归属虚化,必然导致农民集体土地所有权与个体土地使用权之间的边界不清,加之目前一些地方尚未开展农村土地所有权与使用权的确权登记颁证工作,使农村土地使用权流转中农民主体地位很难明确,一些地方基层政府或集体组织以"集体"的名义"代民做主",违背农民真实意愿擅自决定土地流转的相关事宜,导致农民对集体土地的自主经营权、自愿处置权和使用收益权"被代表",土地物权虚化。③

《民法通则》第80条第2款和《土地管理法》第14条均明确规定"土地承包经营权受法律保护"。在社会主义新农村建设的全面进程中,集体土地使用权流转对于优化土地资源配置、解决工业化、城镇化进程中的土地供给问题发挥着重要作用。《土地管理法》第63条规定,农民集体所有的土地使用权不得出让、转让或者出租用于非农业建设。但有的地方政府为了推动城市化与发展经济,非法流转农用土地,使农民权益受损。

2.3.1.3 农民土地承包经营权制度变迁分析

戴维斯和诺思认为,制度变迁是一个渐进过程。只有制度选

---

① 《中共中央关于推进农村改革发展若干重大问题的决定》,http://cpc.people.com.cn/GB/64093/64094/8194418.html
② 蔡继明,邝梅.论中国土地制度改革[M].北京:中国财政经济出版社,2009.
③ 姜晓萍,衡霞.农村土地使用权流转中农民权利保障机制研究[J].政治学研究,2011(11).

择集合和制度环境发生变化，以及不确定性因素共同作用下，旧制度才会逐渐变得合理，新制度才会在政府或民众的努力下获得强制性或诱致性变迁。中国农村土地承包经营权的第一次产生，是小岗村农民努力的结果，是一次诱致性的制度变迁；从1982年宪法到2010年出台的中央一号文件，表明了农民土地承包经营权经历了由上而下的制度变迁。

任何制度变迁均会按一定边界进行，既要遵循经济学中的边界演进理论，又要取决于政府的制度供给能力和意识形态的变化。舒尔茨认为，只有制度创新的收益大于制度创新成本时，制度创设主体才有创新动力。桤泉镇的调研显示，2009年确权颁证以前，农地流转纠纷较多，由此引发的群体性事件也居高不下；但确权颁证以后，几乎没有一件纠纷和群体性事件发生。这表明中央要求三年内完成农村土地确权颁证的制度安排，更好地消解了农村土地流转风险，体现了经济学的成本收益理论。更为重要的是，决策层基于产权理论，推动了农地流转的发展与实践。确权颁证的制度表明，减少了土地流转的交易费用，减少了社会风险，促进了社会和谐稳定。

诺思认为，创新性制度一旦占据社会的主导地位后，它就会沿着既定的道路前行，并不断强化，从而陷入"Lock-in"状态。从农民土地承包经营权制度实践来看，乡规民约对其起到了强化作用。基层政府和农村集体经济组织通过承包期内不变更经营权利，以及"增人不减地"等乡规民约来保证农民土地承包经营权不受侵犯。正是农民对保障土地权益的诉求和政府的积极响应与供给，实现了农民与政府两方博弈的双赢局面，使得农村土地承包经营权制度在变迁中实现动态均衡。

2.3.2 农地流转合同对农民权益的保障现状

2.3.2.1 土地流转合同对农民权益保障的效果分析

各级地方政府从以下几方面着手推动农地流转：一是出台了《关于切实做好农户承包地使用权流转过程中农民权益保护工作的通知》，要求土地流转双方在平等互利的基础上签订书面的土地流转合同，明确双方的权利和义务，乡镇农业承包合同管理机构应对合同的合法性予以审查监督，保护好农民的利益；业主要依照合同规定按时足额缴纳土地流转费；对流转土地不得擅自改变用途，不得使其荒芜；对流转的耕地进行有效保护，保证合同到期后能复耕。如《四川省农业厅关于切实做好农户承包地使用权流转过程中农民权益保护工作的通知》（川农业发 [2002] 109 号）。二是印发了"农村土地使用权流转合同"，要求农户与农业开发业主之间的土地流转，必须按照范本提供的基本内容和格式，结合当地实际和流转土地的类型、用途，增补相应的约定条款，订立正式书面合同，明确流转双方的权利、义务和违约责任。农户和业主之间原来签订的土地流转合同，若不符合法律和政策规定的，应重新签订；不完善的，应当逐步补充和规范，没有签订土地流转合同的，要及时签补。如《四川省农业厅关于印发〈四川省农村土地使用权流转合同〉（范本）的通知》（川农业发 [2003] 52 号）。三是出台了《关于进一步规范有序进行农村土地承包经营权流转的意见》，要求土地流转合同须在乡镇农村土地承包管理机构监督下，土地流转双方依法签订，并报行业行政主管部门备案，建立台账，整理归档。如《四川省人民政府办公厅关于进一步规范有序进行农村土地承包经营权流转的意见》（川办发 [2009] 39 号）。四是要求各级地方政府及其相关部门要把指导合同签订，同开展土地流转法律政策宣传、流转咨询、流转价格评估等多项服务结合起来，指导土地流转双方在充分自主协商的基础上，依法建立合理的流转关系和利益关系，签订规范的土地流转合同；同时要积极开展土地流转合同鉴定，对提出鉴证申请的，要及时给予办理，通过合同鉴定，纠正土地流转双方违反法律政策的约定。如《四川省农业厅关于认真贯彻省政府办公厅〈关于进一步规范有序进行农村土地承包经营权流转的意见〉》（川农业［2009］150号）。

上述政策规章对农地流转双方的权利和义务做出了明确的规定，在合同中主要强调了农民的收益权和流转合同终止后的土地承包经营权，并就土地流转程序和合同签订中潜在侵犯农民权益的一些可能情况采取了相关防范措施。第一，通过及时补签和重新签订土地流转合同，解决没有签订土地流转合同和不符合法律、政策规定的土地流转合同问题，为土地流转农户保障权益提供具有法律效力的要件，有利于保障农民的司法救济权；第二，制定了合同文本，明确规定了合同中农地流转双方的权利和义务，以法律形式确定了土地流转中农户享有的收益权、处分权和土地承包经营权；第三，把指导合同签订同开展土地流转法律政策宣传、流转咨询、流转价格评估等多项服务结合起来，指导土地流转双方在充分自主协商的基础上，依法建立合理的流转关系和利益关系，签订规范的土地流转合同。调研资料显示，农村土地流转确立凭证的方式主要为签订合同、第三方证明（8%）和口头协议（12%）等，存在隐患的契约形式逐渐减少。

2.3.2.2　土地流转合同在农民权益保障方面存在的问题

第一，没有涉及在合同终止时因土地肥力、等级、质量下降损害农民权益的问题。在"公司+农户"型的农业产业化经营模式下，农户流转出的土地被企业用于种植经济作物或搞养殖等，这些土地的使用方式改变了土地原来的用途。客观上造成了土地肥力、等级、质量下降等问题，为农户收回土地后的复垦带来破坏性影响。合同中只提出业主有义务对流转的耕地进行有效保护，保证合同到期后能复耕。但并未考虑到现实情况，流转后的土地在某些使用方式下势必会导致复垦困难，农民权益受到损害将不可避免。因此，急需相关鉴定组织，在第一时间对土地质量和土地质量做出鉴定，确定土地受损度，并事先拟定好赔偿措施。

第二，对于以何种形式归还土地，各级政府还没有做出一个规范性指导。土地流转后，农户原本零散、纷乱的土地被业主进行大规模的重整、区划，势必改变了土地原有承包界线的格局。合同终止归还土地时，这种模糊了土地界线的情况易引发相邻土地承包者之间争夺土地，破坏邻里关系。因此需事先设想到是按流转合同前的原格局归还土地，还是按照新的模式：一户"一块田、一块地"的方式归还土地。

第三，大部分土地流转后农户未持有土地流转合同。目前，许多农地流转的合同签订，大都是基层政府或者村集体组织代替农民与业主签订土地流转合同，也没有《农村土地承包经营权流转管理办法》中规定的"农民委托农地流转的书面材料"，合同由基层政府或者村集体组织和业主持有，农民未持有合同原件以及复印件。

2.3.3 农村社会保障体系对土地流转农民的权益保障

调研地区的实践表明，适合本地区的农地流转模式将更能有效地保障农民的土地权益。目前，各地的农地流转模式大致有以下三种：一是以土地换社保的形式来代替土地对农民的社会保障功能，即农民自愿出让原先承包经营的土地和宅基地使用权以换取社会保障，也可申报为城镇居民，享有同等的社保和子女入学政策并给予适当补助和就业扶持。二是用宅基地换住房，农户将自己的土地承包经营权通过入股、联营、出租或租赁、转包、转让等方式实现一定程度的集中化。此类农户在购买经济适用房或商品房时，政府除给予补偿外，还用土地出让金等收益对农民购房进行补贴。三是以股份合作制将集体土地和农民土地承包经营权折价入股，组建股份经济合作组织，经营集体资产，农民可进入股份合作社务工。这三种模式将之前一家一户分散经营的土地流转给公司、龙头企业或村集体合作经济组织，尽管农民不直接经营土地，却有三种可能的收入来源：一是土地租金，二是土地入股的年终分红，三是进入公司或龙头企业工作的工资，三份收入之和远高于之前农民分散种田的收入。

上述农地流转模式从农民的收入方面保障了农民权益，但是农民在流转土地后还面临诸多其他的社会保障问题，如养老、医疗、教育等。农村基本社会保障具有纯公共产品性质，需要政府来主导，否则，个人和社会将受基本保障绩优品特性限制和局部供给失效的影响，产生较大负外部性。农村基本社会保障的目的在于确保农民失去土地后能够继续生存，包括提供长期可靠的生活保障和就业与创业空间和条件。目前中央制定了被征地农民社会保险工作流程和管理规范、资金管理办法、资金会计制度等，各级政府在失地农民的养老、就业、医疗等方面开展了积极探索。

关于养老保险政策。根据党的十七大和十七届三中全会精神，国务院做出明确决定，从2009年起开展新型农村社会养老保险（以下简称新农保）试点，对参保人群、手续、流程、标准等作了详细规定。年满60周岁未享受城镇职工基本养老保险待遇并有农村户籍的老年人，可以按月领取养老金；对于已经年满60周岁参加了老农保且已领取老农保养老金的老年人，可直接转换享受新农保基础养老金；同时对已参加老农保还未满60周岁且未领取养老金的老年人，将老农保个人账户资金注入新农保账户，继续按新农保缴费标准缴费，待符合规定条件要求时可享受相应待遇。在第十二届全国人民代表大会第一次会议上，吴邦国在全国人大常委会工作报告中提到，截至 2012 年底，新农保参保人数从 2010 年初的 3326 万人增加到 2012 年底的 4.6 亿人，这表明养老保险的相关政策已经得到广大农民的认同。但对流转土地的农民来说，参保情况并没有发生显著变化（见图 2-2）。课题组在广元市开展调研时发现，苍溪县在 2009 年时对农民的社会保障进行了创新性探索，实施了农民与市民一样的保险政策，但该政策却在目前推进的全国养老保险并轨中出现了问题。因为全国的养老保险系统中，农民仍然属于新农保系统，该县涉及的 40 多万农民的居民养老保险却进入不了全国性的社保系统。

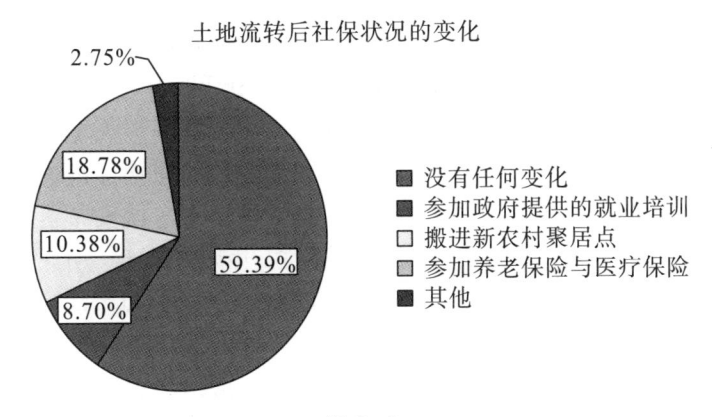

土地流转后社保状况的变化

- 没有任何变化 59.39%
- 参加政府提供的就业培训 8.70%
- 搬进新农村聚居点 10.38%
- 参加养老保险与医疗保险 18.78%
- 其他 2.75%

图 2-2

关于就业政策。2006 年，国务院办公厅转发了劳动和社会保障部的《关于做好被征地农民就业培训和社会保障工作指导意见的通知》，为此各级地方政府也出台相应的配套政策。在这些政策法规实施过程中，基层组织还创新性地建设了"农家书屋""新型农民图片展览室"等学习平台，帮助失地农民树立再就业创业的新观念；宣传推介身边的创业典型，用榜样的创业精神感染并带动他们积极谋发展；制定订单式培训方案，增加实现再就业创业的概率；出台税收等优惠政策扶持、鼓励自主就业创业；

办理再就业优惠证，使其可享受与企业下岗职工同等的再就业优惠政策等，促进失地农民再就业、创业。课题组在多地调查后发现，农民流转土地后，多数农村为空心村，村里的农民多以老弱病残为主。而来自各个系统的培训非常多，各部门为了按时完成当年的培训任务，没有考虑到留守人员的实际情况就盲目地开展培训业务，导致重复培训、培训与需求不对应，以及出现培训空白等现象。

关于合作医疗。在20世纪80年代初，我国基本建立起了覆盖85%左右农村人口的合作医疗制度，但在随后的市场化医改中被中断。1993年，中共中央在《关于建立社会主义市场经济体制若干问题的决定》中提出要"发展和完善农村合作医疗制度"；1994年在全国七个省的十四个县市中开展中国农村合作医疗制度改革试点；1997年，中共中央、国务院在《关于卫生改革与发展的决定》中提出要积极稳妥地发展和完善合作医疗制度，并在1998年得到国务院批复；2002年，国务院发布建立农村新型合作医疗制度的决定，提出要推行由政府组织、引导、支持，农民自愿参加，个人、集体和政府多方筹资，以大病统筹为主的农民医疗互助共济制度。从2003年起，该制度在全国21%的县市中进行试点，2010年完成全覆盖，减轻了农民因疾病带来的经济负担，提高了农民健康水平。

2.3.4 农村基层组织对农民权益的保障

2.3.4.1 村民小组在农民权益保障中的行为选择

村民小组是全体小组成员结成的利益共同体。奥尔森认为，个人能够分离一个集团的总收益，其份额取决于集团的人数以及与集团中的其他人相比他能够从那一物品获益多少，还取决于某一集体物品对集团中每个人的价值。① 由此可见，农村集体土地是村民小组成员共同维护的集体利益，只要全体成员同意而不是法律许可，就可以用"乡规民约"对本小组内的权益进行分割和支配。当小组利益与其他小组或上级部门利益发生冲突时，多数成员会联合起来与其对抗，从而捍卫自己的权益，这也是目前部分地方出现全体村民小组成员有组织上访的原因之一。尽管如此，以村民小组为单位的利益维护方式仍然存在诸多缺陷。首先，农民也是理性的经济人。农地流转与否并不取决于本小组多数成员利益，而是自己的比较收益，即使自己的土地权益受到侵犯，也会因为"枪打出头鸟"心理，选择沉默或"搭便车"，从而退出权益保护的集体性抗争。其次，成本收益比是其选择集体行动的重要动因。通常情况下，农民认为村民小组长或村干部会代表成员去向村、镇表达自己的利益诉求，自己没必要去冒险。即使自己去打官司或采取其他形式维护了自己的权益，其他人却并不支付任何成本也能获得同等的权利，就更不愿意去维护大家都会遭受的"小损失"了，也导致小组成员的集体行动困境。

2.3.4.2 村民委员会在农民权益保障中的角色定位存在制度性矛盾

村委会是随着人民公社的解体和部分农村地区为巩固农民与原有集体组织的联系而进行的制度创新，在 1982 年的《宪法》中赋予了村民委员会的权力，如处理本村公共事务、向政府反馈意见并提出建议；在 1987 年颁布的《村民委员会组织法（试行）》中正式将村民委员会定义为准行政组织。因而，村民委员会也逐渐成为多部法律中的农村集体土地所有者之一，尤其是村集体经济组织缺乏的情况下，村民委员会更成为事实上的唯一产

---

① [美] 曼瑟尔·奥尔森. 集体行动的逻辑 [M]. 陈郁、郭宇峰、李崇新（译）. 上海：格致出版社、上海三联书店、上海人民出版社，2009.

权拥有者。如《土地管理法》第 10 条规定，"农民集体所有的土地依法属于村农民集体所有的，由村集体经济组织或者村民委员会经营、管理"。

显然，村民委员会扮演了三种角色：政府代理人、集体财产法定代理人、农村公共事务管理者，[①] 多重身份使其拥有土地发包权，如《村民委员会组织法（试行）》第 24 条规定，村民委员会拥有土地经营承包方案选择权及集体经济所得收益的使用权，成为农村集体土地的唯一发包方。另外，村民委员会还拥有土地调整权，尽管多部法律中明确规定，发包人在承包期内不得调整土地和收回土地，但村民委员会的实际产权主体身份使其出于多数农民的公平地权需要而调整各个家庭的土地数量，以此消除由于人口、职业的变化引起的土地使用不均问题；[②] 另一方面，村民委员会也会基于自身利益需要进行土地调整，如本村土地在城市化进程中大幅升值，对本村村民的土地行使支配权。当然，土地管理权是村民员委会依法必须要行使的权力。比如，在农地流转中，村民委员会要对农地的流转行为进行指导、备案和监督，从而保障农民权益，对违反法律法规的行为进行及时纠正。然而，有的地方的村民委员会在农村土地流转中扮演了代理人角色，"代民做主"或强制性地集中本村土地，转租给工商资本从事非农生产或开发，以"理性"的方式谋取自身利益最大化而损害农民的土地权益。

村委会的准行政身份需要上级赋予其权威性与合法性，因而村委会只能是基层政府的公共行政代言人，而不是村民利益的代理人。同样，村委会成员的干部角色也使其处于两难境地，一方

---

① 高林远，黄善明，祁晓玲等. 制度变迁中的农民土地权益问题研究［M］. 北京：科学出版社，2010.

② 张静. 基层政权：乡村制度诸问题［M］. 杭州：浙江人民出版社，2000.

面，他们是村民选举出来的代表，必须要维护农民的利益，但是若真正这样做了，又会在较大利益分配中得不到上级政府的重视，其因"不忠"行为将很难获得提拔；另一方面，若与上级利益主体结盟，而非对抗，在获得上级信任与提携的同时也会失去村民的信任与支持。正是村干部的尴尬处境，使得仍然还在农村务农的"精英"怯于村民自治，导致充满私利的个别农民成为村民委员会的权力主体，甚至长期以"村民自治代表"的身份执掌农村公共利益的分配权。当然，这并不意味着村庄会陷入无序和"流痞化"状态，因为这些村干部毕竟还要受到国家法律、上级政府以及村民监督的约束，[①] 但农民的土地权益缺乏村民委员会的有效保护却是不争的事实。

2.4 城乡统筹背景下农民权益保障的农地流转风险防范制度创新

城乡统筹发展是国家区域协调发展战略的重要内容，其目的就是通过构建城乡一体的就业制度、社会保障体系、义务教育体系、户籍制度等，改变过去"重城市、轻农村"及"城乡分治"的做法，实施以城带乡、城乡互动的双赢发展格局，跳出就"三农"解决"三农"的传统路径，缩小城乡差距，实现城乡经济和谐发展、城乡社会和谐发展。统筹城乡发展，不仅要重视发展的规模与效率，更要高度关注发展的公平与质量问题。也就是说我们一方面要积极谋划"怎样发展"的路径选择问题，同时更要深刻反思"为谁发展"的价值诉求问题。《中共中央关于推进农村改革发展若干重大问题的决定》指出："必须切实保障农民权益，

---

① 李丁. 过程背后的"结构"——透过一个征地案例看农村基层社会结构及其发展 [J]. 研究生法学，2007（2）.

始终把实现好、维护好、发展好广大农民根本利益作为农村一切工作的出发点和落脚点。"[①] 然而，一些地方在推动城乡统筹的进程中过度强调通过农村土地使用权的流转实现对农村土地资源统筹，从而出现农民"被上楼""被市民化"等现象，严重影响了农村社会的和谐发展与基层政权的稳定。调查显示，目前，因农民在土地使用权的流转中合法权利受损而诱发的集体性维权事件频频发生，约占农村群体性维权事件的70%以上，这就迫切需要政府构建农村土地流转中的农民权利保障机制，维护社会的和谐与稳定。[②]

2.4.1 土地确权颁证的有效性分析

2.4.1.1 土地确权颁证对农民权益保障的积极作用

长期以来，人们形成一种共识，那就是农村集体土地产权不明晰是导致农民土地权益缺失的重要原因。为此，部分地方政府积极探索农地产权制度改革，促进农村土地的规模化和机械化经营，推动农业的现代化进程和农民权益的保护。如成都市国土资源局在2007年出台了《成都市集体建设用地使用权确权、登记暂行规定》，成都市政府在2008年初出台了《关于加强耕地保护进一步改革完善农村土地和房屋产权制度的意见（试行）》，实施了一系列的农村土地和房屋产权的确权、登记、颁证工作。课题组成员在成都市多个区县的调研结果也表明，农村集体土地确权颁证后，农地流转纠纷几乎没有了。

科斯认为，清晰的产权使自愿交易的资源配置成本为零。虽然在现实条件下，即使有清晰的产权也不可能使交易成本为零，

---

① 《中共中央关于推进农村改革发展若干重大问题的决定》http://cpc.people.com.cn/GB/64093/64094/8194418.html
② 姜晓萍，衡霞. 农地使用权流转中农民权利保障机制研究[J]. 政治学研究，2011（6）.

但至少农地确权后，土地成为农民法定资产，并具有可流转的市场化资本，农民也成为土地流转的权力主体，使农民合法权益得到保障，为真正稳定农村经济社会关系、加快推进土地流转的顺利进行创造了条件。课题组在成都市崇州市等地调研时发现，土地的确权颁证工作开展以后，桤泉镇确权之前全镇耕地是1万9千亩，2008年至2011年底完成土地确权颁证工作，确定耕地2万2千亩，耕地、建设用地都有所增加。并且权证具有长久不变性，保证了农民土地"增人不增地、减人不减地"。农村土地确权后，农地流转纠纷基本消失，保障了农民合法的财产权。更为重要的是，农地确权不仅有利于解决历史遗留问题、打破琐碎土地分散经营问题、推进农业的现代化，还有利于避免"虚拟产权主体"强制农地流转所产生的侵害农民权益的社会风险，以及非农集体用地流转所产生的风险等所导致的农民对土地处分权等权益的流失问题。

2.4.1.2 土地确权颁证对农民权益保障的有限性分析

农村土地流转，说到底是农民土地经营使用权的流转，是一种物权的流转。因此，其必要的前提条件便是物权的确定问题。虽然法律规定，我国农村土地归集体所有，但是包括宪法在内的许多法律法规都没有明确界定农村集体具体指是谁。目前我国的农村土地制度不健全，土地所有权归属不明确，土地产权关系不明晰，使得土地流转不畅，土地流转后的司法救济权益得不到保障。土地确权之后，土地经营使用权归属变得清楚，土地产权关系得以明晰，减少了由于产权不明而造成的冲突，进而使得农村土地流转得以顺利进行，保障了农民在土地流转过程中的合法权益，进一步激发农民土地流转的积极性。

要优化利用土地，公平调整土地权属是一个根本前提，这也是充分保障土地权利人合法利益的根本机制，是继续深化农村土地制度改革的根本方向。而确权、登记、颁证，正是实现这"三个根本"转变的重要根源。因此,在土地流转中,如果不实现土地产权的明晰,就根本谈不上"还权、赋能",也就很难有效维护广大农民的土地权益,难以促进农民、农村、农业的长远发展。农村土地确权工作开展以来,虽然部分地方的确权工作顺利完成,取得了良好的成效,但长期以来,由于农村地区缺乏正式的产权制度安排,加上农村土地制度的多次变革,导致农村的财产关系错综复杂,历史遗留问题众多,且村组一级大多没有系统、连续、可靠的财产变动记录,使得各级地方政府难以全面推开、落实、完成农地承包关系的确权颁证工作,此外,多数土地未经测量、勘界,使得农村土地的确权颁证工作流于形式,因此不能真正保障农民的土地流转权益。

在调研中我们发现:(1)除了部分经济发达地区(如成都市)率先完成了土地确权工作外,其他地区的农村土地确权工作进展缓慢。因而,2013年12月25日,农业部部长韩长赋在全国农业工作会议上再次提出要在未来5年内完成农村土地的确权颁证工作。这表明2010年中央一号文件提出的3年完成农地产权确权颁证工作的目标并没有得到较好的贯彻落实,农地流转因产权主体虚置而引发矛盾纠纷的现状没有得到有效遏制。土地确权工作是一项耗时耗力的庞大的系统的工作,从宣传动员开始到入户调查,并进行实地的测量到最后的评议与公示、颁证、合同签署与耕保金发放等,每一个环节都十分繁琐又是必不可少。因此许多市、县在开展确权工作时进展十分缓慢。课题组从四川省农业厅经管处获得的《四川省农村土地经营及管理情况统计报表》数据显示,2009年全省颁发的土地承包经营权证份数为17676020份,2010年为17741921份,增长仅为0.4%,而到2011年颁发的土地承包经营权证增长率为0%。确权工作的缓慢推行,不仅使得土地的集体所有权难以明确界定,而且也使得农村耕地、山林、建设用地与宅基地的农户使用权或经营权,以及住宅的农户所有权难以明确界定。因此，如果不以确权为基础，贸然推行大规模的土地流转，那就与城乡统筹的初衷完全相悖离。

（2）农村土地确权中出现土地超量的归属权问题。在包产到户时，农村土地的丈量尺寸有地区差异，出现部分地区在单位"亩"的换算上标准不一致，但共同的结果是：农户家庭承包的土地面积大多大于标准的换算面积，这就导致近年来土地确权颁证时，通过卫星定位所丈量的土地面积远远大于之前核定的承包面积。对于多出来的土地产权归属，不同的村社所采取的措施也不相同。有的村社仍然按照前两轮承包时核实的土地面积确权、颁证，集体流转时，多余土地的收益则平均分配；有的村社则根据卫星定位的实测面积确权颁证，导致不同农户的土地承包面积差异较大。另外，第一轮农地承包经营权均是按照人口与土壤肥力分配的，第二轮则是第一轮的延续，这样，土地肥力较好和位置较好的农户所承包的土地面积也相应较少，因而在土地流转、征收中能够分配的收益也较低，再加上耕保基金、粮食补贴等政策的出台，致使部分农民要求在确权颁证时重新分配农地的承包面积，这都增加了确权难度。

（3）证—地不符。我国农村土地在20世纪80年代初进行了第一轮土地承包，2004年前后又进行了第二轮土地承包，承包期限为30年。但是，在第二轮土地承包中，由于少数村社干部对承包政策执行的不规范和婚丧嫁娶时对承包地的小调整等，出现了有证无地、一证多地，或有地无证和无地无证的现象。如江西南昌县两千多个村民小组有300多个村民小组进行过婚丧嫁娶的土地调整，出现了土地的实际承包情况与权、证不符，并引发了不少土地纠纷；广东省南盛镇作为全国试点的确权颁证地区，土地流转率达到73%以上，出现了一地多次流转的现象。在一些条件较好的城镇村社中，有证无地的现象尤为突出。比如，北京市海淀区苏家坨镇周家巷村,共有集体土地3000亩,在2004年进行第二轮承包时,村里的每位村民确定有1.3亩土地的权利,但是这1.3亩地具体是哪块地不确定。以此计算,全村确权土地只有1430亩,其承包经营情况大致为:全村40多户村民承包到了总计约三四百亩的土地;有1000多亩由村委会对外出租;另有400多亩土地由村里的两三个生产组集体承包耕作;应剩余土地1000多亩(既没确权,也没有相关的收益分配)。从而,导致村民对剩余土地流向及其收益分配情况产生怀疑,要求收回已经流转的土地,并向法院递交了诉状。由此可见,证一地不符现象也是农民权益流失的原因之一。

2.4.2 农村土地托管合作社的风险防范功能[①]

2.4.2.1 农村土地托管合作社解析

1. 农村土地托管合作社的利益共同体。

土地托管模式随着农地流转市场的兴起而逐渐形成,一般分为半托、全托、合作租赁和土地入股等形式,支持参与土地托管各经济主体的基本力量是各自的经济利益。作为一种松散型的经济组织,其运行的基本原则是"进退自由、服务自选",即在农民与托管组织之间建立起一种互惠互利的利益关系,它是农民将所拥有的承包地委托给一定的组织或个人进行经营管理的一种过程和状态。因此,(1)多元主体是组织特征。农民因其家庭劳动力不足或技术较为缺乏,加入托管社寻求农地种植技术支持,或是在明确双方权利义务基础上由托管社统一生产经营;托管社的理事长既有新型的现代农民和农机户,也有村集体或企业。农民与托管社共同成为推动农地规范流转的基本主体,初步形成了风险共担与利益共享的合作理念。此外,基层政府和部分社会人士

---

① 注:本内容已经于2014年3月刊发在《农村经济》杂志上。

在农地托管组织的建立健全中发挥了重要作用，共同推动了农民权益的有效保障。(2) 渐进性是其演进特征。农民与其他利益相关者在权衡参与托管组织的成本收益中不断地促进托管社的组织形式、分配机制、运行机制和保障机制的建立健全。由于市场的不完备、信息的不对称等制约，托管社运行机制的完善是一个不断探索与反复博弈的过程。(3) 成本最小是其运行特征。帕累托改进表明，一部分人受益但不会使另一部分人受损。土地托管社中的经济主体基于比较利益最大化原则合作，实践表明，并没有因为某一方参与者的收益增加而使另一方收益的减少。同时，各参与主体仅需要支付维持托管社组织运行的极少部分费用，而且该费用本身也是农民经营土地的成本之一。(4) 诱致性是其产生与演进的重要特征。相关法律规定，农地流转分为出租、转包等五种形式，土地托管并不是政府部门的主观设计，而是农村土地市场完善的内在需要，利益相关方以此获得收益最大化、风险最小化。

2. 土地托管组织的利益动力机制。

每一既定社会的经济关系首先表现为利益，[1] 利益激励人们从事各种谋利活动。农民为了把无力经营的闲置土地利用起来，业主为了从扩大的经营面积中获得种子、肥料、农药、产品销售等方面的多种利益，从而双方以契约、市场、土地资源等建立起利益联结关系。新型的合作组织为农户提供机耕、机播、机收服务；为农户提供田间管理、农业新品种的引进、推广等技术服务；合作社与大型农资、厂商联系统一购进生产资料，降低了生产成本；为农户提供各种劳务服务；合作社购买或租赁植保器

---

[1] 《马克思恩格斯选集》第3卷 [M]. 人民出版社，1995.

械,为广大农户提供统一的农作物病虫害防治,实行统防统治。[1] 除此以外,有的托管社直接租赁农民的土地单独经营,或农民把土地直接入股,交由合作社或业主经营,并定期获得收益。由此可见,土地托管组织的利益分配方式大致分为三种:一是市场保护价。即托管社为合作成员提供优质服务以赚取农资供应和农产品销售的价差;农民以低于社会平均成本的价格获得原料和服务,以及高于社会平均收益的利润。二是合同保证价格。相对于不稳定的市场价格,这是组织内部的非市场价格机制,确保了农民在合作中较小分担的风险,而合作社从长远利益考虑,适当较多地分担风险是可以接受的。如竹篙镇的土地股份有限公司。三是租赁租金。不论是托管社租赁还是托管社将土地对外招租,农民均能收到以现金或以实物的市场价折算的租金,其中,托管社承担拖欠租金的追收义务。

3. 土地托管模式的运行约束机制。

农户和托管组织在托管土地之初会签订土地托管合同或者是相关的协议书,合同中注明托管土地地块名称、土地类别、地界、数量、托管期限、所需服务及其价格和付款方式、双方的权利和义务以及违反合同的处理方法等其他相关事项。若农户未履行相应的义务,如转移相应的土地经营权利、及时足额支付土地托管所需费用或者是在合同约定期限内收回土地等所造成的损失均由农户自己承担;若土地托管组织在合同期限内未能及时、有效提供农户所需服务,或由于自身技术、方法等原因造成农地产量降低以及擅自改变土地的用途则要承担相应的法律责任。同时,市场作为"看不见的手"也能够在一定程度上对二者的行为起到一定的约束作用,农户和托管组织都要遵守诚信原则,切实

---

[1] 陈建华,杨丽. 土地托管合作社:农村土地流转的新模式 [J]. 中国乡村发现,2011 (2).

履行自己应尽的职责，保证土地托管正常运行。

4. 土地托管模式的制度保障机制。

2008年颁布的《中共中央关于推进农村改革发展若干重大问题的决定》中提出，"按照服务农民、进退自由、权利平等、管理民主的要求，扶持农民专业合作社加快发展，使之成为引领农民参与国内外市场竞争的现代农业经营组织"，"在明确现有土地承包关系要保持稳定并长久不变的同时，按照依法自愿有偿原则，允许农民以转包、出租、互换、转让、股份合作等形式流转土地承包经营权，发展多种形式的适度规模经营"。这表明，土地托管组织作为专合组织的一种新型模式和土地流转主体之一，是得到法律保障和政策支持的。在权益保障方面，托管社与农民签订的托管协议中明确指出，粮食收获季节因下雨等原因导致机械无法统一进地作业时，农户有义务帮助合作社进行收获，降低了合作社的经营风险，如绍兴县的土地信托。同时国家有关部门也在一定程度上通过为其提供相应的技术支持等一系列优惠政策给予土地托管组织一定的制度保障和支持。

2.4.2.2 土地托管模式在农民权益保障方面存在的问题

尽管土地托管模式能够实现农户和土地托管组织的双赢，并实现一定的经济效益、社会效益和产业效益，且农户加入土地托管组织能够有效保障土地流转权益。但在土地托管组织的发展过程中存在一系列的问题阻碍了其作用的有效发挥，主要表现在以下几个方面：

1. 土地托管组织资源不足，无法实现农户的收益预期。

土地托管组织作为一个服务性的经济组织，向农民提供各种托管服务均离不开人力、物力以及财力资源的支持。然而，这些资源目前均面临短缺的困境。首先，人力资源的缺乏。现阶段大多数农村青年都外出务工，空心村大量出现，组织的发展面临工作人员缺乏的制约，懂技术和懂管理的新型农民的流失也加剧了托管组织人力资源缺乏的困境。大多数托管社的高级技艺师、农业技术人员以及农业机械师均十分缺乏，无法有效处理规模扩大后的生产经营活动。其次，财力资源的不足。托管组织的运营需要大量流动资金的支持，特别是托管社在成立初期大多都会存在资金不足的问题，用流转土地在银行获得贷款的可能性极小，导致托管社在购买农用物资和农业设备时面临一定的困难，妨碍了托管组织的正常运行。因而，尽管农民与托管社签订有提供多种服务的合同，但托管社囿于人才、资金的不足，使农民的土地收益并没有获得预期的高额利润。

2. 单一的服务主体，导致统一管理与农民多样化需求冲突。

土地托管社一方面是为农民提供服务的服务性组织，另一方面又是一个以保障一定盈利为目的的经济性组织。农民加入托管社的程度取决于家庭的劳动力供给状况和技术保障程度，如，有留守老人的家庭以选择半托为主，举家外出务工的家庭以选择全托为主，有青壮年劳动力的家庭则不愿意托管，这就使得托管社统一经营或统一对外租赁受到极大影响。若有较多的经济主体或工商资本介入到以确保农地的农业用途的土地托管业务中来，那么就可以在一定程度上缓解农民的多样化需求。但是，从目前托管社的组织形式、运行机制和保障机制来看，托管服务的发起者多为本地的种粮大户或者是由政府带头创办的专业合作社，缺少农业龙头企业以及外来工商资本企业的支持。由于服务主体技术和数量的限制，农户只能在本地所有的少数的土地托管组织中进行托管并选择相关的服务，无法有效满足农户多样化选择和多样化的需求。

3. 缺乏良好的政策环境，不能有效发挥其作用。

"制度变迁的过程就是新制度产生，并否定、扬弃或改变旧制度的过程,包括正式制度、非正式制度以及他们的实施。"[1]土地托管社的出现也是一种新制度产生的过程。土地托管涉及的标的是土地这一特殊的稀缺资源,托管组织的运行、发展在很大程度上受国家政策的影响。目前,我国已经出台的《农业法》《农地流转管理办法》和十七届三中全会的决定等为土地托管模式的健康运行提供了良好的政策环境。然而,与土地托管组织相关的法律只有《农民专业合作社法》,其中并未提到土地托管相关内容,亟待制定法律法规给予明确规定;对土地托管组织的一系列支持政策也仅限于部分地区的单行条例中,缺乏统一明确的政策文件。从而导致单靠市场力量获得生存空间的创新性制度安排难以快速成长,土地托管社更难以成长为引领农民参与国内外市场竞争的现代农业经营组织,更无法实现由农户土地托管而获得的一系列增值收益的目的。

4. 合作社定位不当,与农民存在利益冲突。

合作社的利润来源主要由三大块组成:一是向农民提供服务所收取的服务费用,二是农业生产资料成本价与卖给农民的低于市场价的价格之间的差价,三是农地所产粮食按约定交给农民之后的剩余。其中农民的收入主要就是按合约内容中确定的自己所托管土地的粮食销售收入,以及一些外出务工或者其他兼职收入再除去托管费用和购买生产资料后的剩余部分。由此可得,合作社的收益和农民的收益二者之间是相互依存、相互影响的。但在现实生活中,由于采用市场化的经营方式,在政府相关部门监管不到位以及相关法规缺乏的背景下,合作社在对自己的定位过程中存在一定的失误,为了自己的眼前利益,从"经济人"利益最大化的角度出发,收取托管费与市场价格差不多的农资成本费,却并未向农民返还利润,从中谋取较大的差额利润,使得农民加

---

[1] [美]康芒斯. 制度经济学[M]. 于树生译. 北京:商务印书馆,1983.

入合作社后生活水平并未显著提高，违背了农户加入合作社的权益维护初衷，变相地损害了农民的土地承包权益，从而减少了农户加入合作社的积极性。

5. 托管风险比较大，农户权利易受损。

"在发达的现代性中，财富的社会生产系统地伴随着风险的社会生产"[①]，乌尔里希·贝克将现代社会解释为风险社会，并提出现代社会面临着各种风险。农户将土地托付给合作社进行管理，同时也把农业经营风险"转嫁"给了合作社,[②] 而部分合作社因资金不足以及成立时间较短等原因导致其抗风险能力也比较弱。同时，在农产品大面积成熟并收获时，如遇到阴雨等无法控制的自然灾害，托管组织由于缺少人手等原因造成农作物无法及时收割，严重影响作物产量与品质，造成较大损失。托管社收益产生损失，进而导致农民收益和分红的减少，引发双方冲突。另外，土地承包经营权入股这一形式也存在一定的风险：首先，产权入股后，非农村集体成员也可以通过股权转让和购买等方式获得土地承包经营权，这与现行的土地承包制度发生冲突；其次，托管社流转的耕地可能会根据投资者的需求进行非农生产，破坏土壤结构，造成土壤肥力下降和复耕困难，侵害了农民土地的远期权益；最后，一旦入股企业破产，土地则可能被作为企业财产用于偿还债务，农民面临失地风险。[③]

---

① [德] 乌尔里希·贝克. 风险社会学 [M]. 何博闻译. 南京：译林出版社，2004.

② 邓建平，杨洪建，李杰. 兴化市土地全程托管种植模式的调查与思考 [J]. 中国农技推广，2013（1）.

③ 安琪，李天浩，李梦. 河北省鹿泉市土地托管现状调查与分析 [J]. 中共石家庄市委党校学报，2009（12）.

2.4.3 复耕基金对于农民权益保障的有限性

在经济学中,个人和集体都有一种阿马泰亚·森所说的内在一致性,即对自身偏好具有连续性,并按照类似于成本—收益原则的方法选择最有利于自己的行为方式去实现一定的目标。即理性行动者趋向于采取最优策略,以最小的代价取得最大的利益。[①] 农民对承包地的流转决策取决于流转收益的纵向与横向比较,以及由可能获得的机会收益的大小决定;基层组织对农村集体土地的流转决策则更多地取决于上级的目标任务;业主的流转决策则取决于土地的农业收益与配套扶持资金和非农收益的比例。正是农地流转中利益相关方的策略行为,使得农民与村集体间存在个体理性与集体理性的冲突,出现流转土地是否收取复耕基金的意见分歧。四川省广元市利州区大石镇分管农业的王姓领导认为,目前,国家层面还没有关于收取复耕基金的条款,而农村集体土地大多供大于求,当村委会面临业主"东家不行选西家"的决策时,往往会与业主达成不收复耕基金的共识,农民基于短期内较高的土地收益也忽略了复耕基金的重要性。然而,当业主经营不善或非农化开发后,农民承包地将面临地面硬化、土壤肥力下降、复耕后的前三年收益下降为流转前一半以下等困境。调研中发现,部分村社在农地流转时,按面积大小向业主收取 20%—30%的复耕保证金,以防止业主合同期满后"消失"。但是,通过与村干部和农民的座谈还发现,业主向村上交纳的复耕保证金多数包含于流转租金里面了,而村委会却以管理费用的名义截留后用于行政开支。显然,复耕基金对农民权益的保障作用并不明显。

---

① 衡霞. 农业产业化经营风险防范机制研究 [M]. 成都:四川大学出版社,2011.

3 农地流转中农民权益保障的逻辑起点：农地市场失灵

以马歇尔为代表的新古典自由主义经济学家认为，在生产要素市场和产品市场上，价格机制和竞争机制将会准确地反映出商品的稀缺性价值，从而使得生产、投资和消费能自动实现资源配置的帕累托效率；以哈耶克、凯恩斯等学者为代表的社会自由主义者认为，在不完全市场竞争结构状态下，市场会因为不完全信息、外部性、收入分配不公等问题而失灵，只有政府积极干预，才能增加劳动者的福利待遇。因而，到目前为止，人们均认为市场失灵是不完全竞争市场的必然，是当今社会的常态，政府的适当干预既能遏制市场失灵，又能防范政府失灵。

福利经济学认为，完全竞争市场的一般均衡能达到资源配置的"帕累托最优"。然而，在现实中，由于不完全信息、流转收入分配不公、外部性等原因，致使农地流转市场的均衡结果不能获得资源配置的最优交换、最优生产以及交换和生产同时最优，从而使农地流转市场陷入失灵状态。市场失灵与市场机制的成熟度呈"反比"关联，即市场机制越成熟，市场失灵度越低；市场机制越不成熟，市场失灵度越高。然而，"无论市场机制是否发达，都存在着自身的缺陷"，[1] 这表明市场失灵存在于市场本身

---

[1] 牟燕，郭忠. 农村土地流转市场失灵的博弈分析 [J]. 国土资源科技管理，2006 (1).

的普遍性与必然性之中。

在农村土地流转过程中,农地资源是一种有价值的商品,在市场条件下,市场机制能促进农村土地在城乡之间、农户之间的优化配置,提升农地流转效率,实现农地的供需均衡。但是,农村土地市场与其他资源市场一样,不可避免地"内嵌"着市场失灵这一缺陷,制约着农地资源的配置效率与优化程度,并妨碍在农地流转中农民权益保障的实现。

在农村土地流转市场上,由于流出方和流入方均有自己的信息优势,比如流出方对于土地的肥力和产出了如指掌,流入方对农地的区位优势、恰当的农业结构和产品销售有独到的理解,从而在农地流转决策中通过优势信息与利益相关方博弈,获得有利于己的合约。在这样的农地市场上,土地的价格调整机制、农村剩余劳动力的转移机制、农地流转风险的分担与利益分配机制和与之相关的准公共产品供给机制均会在一定程度上出现障碍,障碍进而导致农地流转市场失灵,使农民权益弱化或流失,影响农村社会的和谐稳定。

在土地用途上,私人最优决策与社会最优决策之间存在张力。土地资源的用途可分为农业用途和非农业用途两类。相较于土地的农业用途,非农业用途具有更高的直接经济收益。为了实现经济收益的最大化,只要条件许可,农民和业主(有时也会包含地方政府)一般都会把土地的非农业用途视作最优决策。但是,社会并不以经济收益为唯一考虑因素,而必须同时把土地的社会效益、政治效益、文化效益等纳入考虑范围。这样,便决定了社会最优决策在于寻求土地农业用途与非农业用途二者之间的某种平衡,同时也决定了私人最优决策与社会最优决策之间存在着不可消除的张力。

在土地利用上,私人收益或成本与社会收益或成本之间存在差异。在土地利用过程中,产生的直接和潜在收益,以及直接成本、机会成本、沉没成本等均由私人和社会共同分担，由此产生私人收益或成本和社会收益或成本。私人和社会在分担收益和成本时并非俨然区隔的，而是有着极强的内在关联。通常情况下，土地流转的社会收益等于农民的直接收益和外部收益的总和，土地流转的社会成本等于农民流转土地的直接成本与外部成本的总和。因而，在农村土地流转过程中，不仅要考量农民的直接收益和为此付出的成本，还要考虑到农地流转行为及其外部性。

在土地供需上，土地的外部性致使土地供给与需求之间不相匹配。农村土地的积极流转行为，表明利益相关者在其中所获得的各种收益大于所付出的成本，此时农地流转的外部性为正。在这种情况下，利益相关者的农地流转需求强烈，积极供给土地。但是，农地性质受制于相关管理法规，使供给数量小于需求，产生供需矛盾。从而，导致部分基层组织欺上瞒下，采取诸如以观光农业之名行房地产开发之实或"代民做主"流转土地，致使农民权益弱化和消失，人为加剧农地流转风险。反之亦然。可以说，这种或正或负的外部性恰恰成为影响农地流转中土地供给与需求的关键所在。

3.1 农地流转主体的风险决策分析

3.1.1 基于公平与效率的决策分析

公平与正义是人类社会的基本价值观，尤指国家治理者实施行政管理时，能够在政策决策与执行中促进社会的公平与正义，实现国富民安。《吕氏春秋·贵公》中提出"公则天下平，平得于公"，即只有做到公正，天下才会太平。《论语·季氏第十六篇》中提到，"丘也闻有国有家者，不患寡而患不均，不患贫而患不安。盖均无贫，和无寡，安无倾。夫如是，故远人不服，则修文德以来之；既来之，则安之"，它强调一个国家最担心的是分配不均而不是财富的多少，担心的是不安定而不是一时的贫困，政府只有做到分配公平才不会永久贫困，才不会失去百姓的支持，才能使国家安定团结。罗尔斯《正义论》的核心思想体现为两个原则，即平等自由原则和机会平等与差别原则，尽管由于自然的原因而产生差异，但也要使社会和经济地位中最不利的人能够获得最大利益，从而缩小居民间收入差距。由此可见，人们"不患寡而患不均"，公平正义是人们对一般秩序的理解和人们行为规范的普遍认识。

农村土地流转有利于实现农业生产经营的规模化、现代化和集约化，从农业中释放出大量的劳动力转移到二、三产业中，以弥补我国逐渐消失的人口红利。这样，农地流转就是要解决规模经济与效率提高的问题，但从近年来因为土地流转问题不断爆发的农村群体性事件来看，农地流转更关系到农村社会的稳定与公平问题。党和政府的主要领导人在很多场合均强调，我们目前的主要任务就是要做大经济蛋糕，只有经济总量越大，人们的福利才越大；在这样的条件下，政府才能通过转移支付的形式增加穷人收入，使穷人和富人的边际效用相等。如果一个社会缺乏公平正义，就会鼓励人们进行"分配性努力"，而不是努力为"蛋糕"的做大做强贡献自己的"生产性努力"。农地流转中的公平正义问题包括农地流转的公平与正义，以及农地流转后的经济福利在不同利益主体之间分配的公平与正义。对此，有学者提出，农地流转后，利益主体包括农民能获得更多的报酬，那么流转就是公平和有效率的。这种贡献标准的公平为大多数人所接受，但是也导致了农地尤其是耕地逐渐向收益更高的非农用地流转。这又引发人们对农地流转收益的二次分配公平的讨论，越来越多的人认为，农地流转对农村经济发展和农业产业结构调整的重大意义本身无可厚非，但农民应当获得土地流转期限内的全部价值补偿以及获得与市民同等的福利待遇，否则没有体现农民流转土地的内在需求。

根据帕累托最优原则，农地流转后，其他利益主体的福利要增强，而农民的福利不能有任何减少，这样的农地资源配置才提高了效率。然而，在实际的农地流转过程中，部分地方政府不断以公共利益等名义征收征用城市近郊的农村土地，但在收入分配上，农民并没有因此获得相应的好处，反而成为"三无"农民，陷入生存困境；部分基层政府在农地流转中，往往"代民做主"，低价或零价格流转农地，农地流转的非正义导致分配的非正义。正是上述不平等，使得农民在高速经济增长的过程中与市民的收入差距进一步扩大，呈现出典型的"库兹涅茨曲线"。

西方经济学者认为，公平与效率是一组矛盾的概念，经济效率与收入分配公平是成反比的。因而，改革开放后，我国提出了效率优先的发展理念。农地围绕经济增长目标流转，导致耕地的大面积减少与农民福利的恶化，损害了农民的生存与发展权益和农地的代际流转权益。针对这种现象，我们又提出"效率优先、兼顾公平"和"更加注重社会公平"的分配原则，表明公平与效率是相互依存关系：农地流转制度不公平会加剧农地流转价格的扭曲，使农地资源配置效率低下；农地资源配置效率低下将遮蔽流转农地的真实价格，加速农地的非农化，影响代际公平。缺乏高效率的农地流转，将降低利益主体的货币收入，影响政府建立健全覆盖全体社会成员的社会保障体系，使农地流转失去公平的物质基础；而公平公正的农地流转制度将促进"产出"的增加，能有效地保障利益相关者的基本权利，同时促进效率持续、快速地提高。

3.1.2 利益相关方的风险决策分析

3.1.2.1 农民参与农地流转的行为分析

美国人类学家S·塔克斯在分析危地马拉印第安人经济时认为农民对价格的反应与资本家一样敏感,舒尔茨在《改造传统农业》一书中也认为那些指责传统农业中的小农是愚昧无知以及农户行为缺乏经济理性指引的观点是完全错误的,事实上小农在考虑成本收益和风险时都是很会盘算的生意人。[①] 西爱琴(2007)等人采用农场风险决策模型——总绝对值偏差最小化(Minimization Of the Total Absolute Deviations Model)模型进行分析,认为不同地区、规模及生产习惯的农户农业生产的优化决策反应不仅取决于当地的自然、地理、经济、社会、文化环境,还取决于当地农业现代化程度,以及农户的风险偏好组合等。农民土地流转意愿与农民的年龄、文化、决策信息和风险偏好等密切相关。

从年龄来看,课题组调查显示,30-40岁年龄段的农民中,愿意继续从事农业生产的比例为19%;40-50岁年龄段的农民中,愿意继续从事农业生产的比例为26%;50岁以上的农民中愿意继续从事农业生产的比例高达43.5%。这表明农民的农业劳动意愿与年龄成反比,但是愿意流转农地的比例刚好相反。40岁以下的中青年农民具有更高的学历背景和社会经验背景,掌握了更多的法律和政策,看重的是土地的权利性质而非经济收益,尽管他们大多不愿意继续从事农业生产,致使土地荒芜、闲置,也不在乎农地肥力和收益下降。然而一旦农地流转,这部分群体却高度关注流转价值的公平感,因而也成为农村土地流转后产生

[①] 衡霞. 农业产业化经营风险防范机制研究 [M]. 成都:四川大学出版社,2011.

农地纠纷的主要主体。45岁以上的农民大多学历低、技术水平低，而农业劳动力缺乏、耕种辛苦、收入低，又使其农地流转意愿明显高于低年龄段的农民，虽然流转价格可能低于自己的耕种收入，但加上外出务工的收益或是闲暇时间增多的回报，流转农地是其最优选择。

从文化程度上来看。调查显示，小学及以下的农民所占比例为18%，初中达到68%，高中学历农民占11%，大专及以上学历接近3%。四个层次中愿意继续从事农业的农民占比最多的为小学及以下的农民，超过了56%，由于年龄、技术等原因，他们的农地流转率也最低，为17%左右；高中学历的农民大多有知识、有技术，在外务工状况较好，其农地流转意愿也较强，土地流转率超过了24%。调查显示，高中学历的农民的农地流转意愿却是基于减轻父母农业劳动压力。由此可见，高中学历的农民在农地流转意愿上处于矛盾状态，一方面既不在乎农地收益，另一方面却又斤斤计较流转收益，加剧了农地流转市场的失灵和农民远期权益的弱化。

从决策信息来看。农民间的自发流转对土地租赁价格并不看重，因为这部分农地大多地理位置偏僻，外出务工农民把土地交给其他农民耕种，一方面不使土地荒芜致其肥力下降和未来的产量下降，另一方面向他人宣示自己的土地权益。但对于多数农民来说，流转农地供大于求，且被动接受业主的挑选和政府的推荐，因而同时失去了价格决定权与调整权。他们唯一能做的就是在与业主签订合同时，尽量隐瞒土地的肥力与产量，以及农地的旱地与水田的亩数，并把农地间的沟渠和道路涵盖到合同中，以争取更多的水田亩数和更高的租金，从而增加收益。显然，决策信息劣势为流转合同埋下道德风险，增加了合约履行期内的逆向选择行为。

从决策理性来看。Howard N. Barnam 和 Lyn Squire 以家

庭为基础，结合生产、消费和劳动力供给等，建立了农户经济行为的数学模型。他们假定农户的效用函数为：

$$U = U(X_a, X_m, X_1)$$

其中 X_a 是农户自产自销的农产品，X_m 是农户的投资，X_1 是农户生产以外的消费，包括休闲娱乐等。

假定农户经济行为的约束函数为：

$$P_1^T + P_c Q_q + P_a Q_a - P_1^L - P_v^V + E = P_1 X_1 + P_m X_m + P_a X_a$$

其中 P_1^T 为农户从事农业生产的工资性收入，P_c 和 Q_c 为农产品销售价格与数量，P_a 和 Q_a 和为自产自销产品的价格与数量，L 是劳动投入，V 为可变投入，E 为农业生产以外的其他收入。最后他们由此推导出农户的经济纯收入为：(P_c, P_a, V, L, k)。因而农户的经济行为取决于 G，追求最终收益最大化是理所当然的。[①] 因此，"许多被用来证明小农行为不是理性的典型事例，通常都是具有城市偏向的人在对小农所处的环境缺乏全面了解的情况下作出的论断……如果能设身处地从小农的角度考虑问题，则可以发现这些被认为是不理性的行为却恰恰是外部条件限制下的理性表现"。[②]

从风险偏好来看。多数农村土地并未大规模流转，农民缺乏土地流转风险可能带来的收益与损失的具体比较。因而，在业主承诺将提供高于农地亩产值的租赁价格，特别是政府引进、推荐的业主承诺给予较长期的稳定收益时，农民忽略了潜在的不确定性而成为风险偏好者。显然，农民对眼前的短期利益关注胜过对农地流转后发生风险的可能性的关注，使得农民较少考虑业主流转农地的真实动机和农业生产经营的能力与可持续性，也没有把

[①] 衡霞. 农业产业化经营风险防范机制研究 [M]. 成都：四川大学出版社，2011.

[②] 林毅夫. 小农与经济理性 [J]. 农村经济与社会，1988 (3).

流转土地被变更用途的可能性纳入成本决策中。看似美好的农地流转价格和规划蓝图，让以风险规避著称的农民瞬间变为风险偏好者，加剧了农地流转市场的失灵和农民权益的流失。

3.1.2.2 业主参与农地流转的行为分析

业主与其他经济主体一样是理性的经济人，投资农业是想从中获得最高的比较收益，因而，流入农地后，不论是进行传统农业生产还是经济作物的种植，均要考虑经营过程中的成本与收益问题，这就会导致为了追求短期的经济利益而不惜改变耕地性质、破坏耕地结构，使得部分土地在流转期满之后难以恢复原有面貌。马克思在《资本论》中把工人的工资作为劳动力再生产的成本支出进行计算，在经济学的会计成本核算中，很少探讨产业成本问题。[①] 对于业主来说，从事农业生产的比较成本、沉没成本和机会成本与通过破坏耕地肥力而获得更多收益均是其参与农地流转的决策因素。

从机会成本来看。假设业主流转农地后，农业生产经营并不是其唯一经济活动，则农地净收益 V 为农业经营收益加兼业收入的和。即业主并不确定流转农地的经营收入一定高于投资其他领域的经营收入时，利用空闲时间发展兼业成为稳定收入的选择之一。事实上，多数业主均是以工商资本身份进驻农业领域，农业反而是其兼业。其中，机会成本是影响业主决策的重要因素。按照机会成本的定义，它是存在于决策者个人头脑中的舍弃其他投资的成本，是主观的，且仅存在于决策瞬间。业主投资于农业的机会成本 C 等于农业经营收益减去非农业收入的差。若 C 大于零，业主将继续从事农业生产经营，并在农业收入逐渐增加的情况下增加农业投资。同样，若 C 小于零，业主将减少农业投

---

① 潘晓成. 转型期农业风险与保障机制［M］. 北京：社会科学文献出版社，2007.

入，甚至提前撤出农业。

从农业与非农业的比较收益来看。对于加入农村土地流转市场的业主来说，他并不是发善心来帮助农民保有耕地的使用价值，也不是自觉地履行国家关于工商业反哺农业的政策号召，其目的主要是为了盈利，在自利性作用下间接促进上述两大目标的实现。正如 Bian 等人说的那样，经济理性和政治—社会利益是相互结合的，即使在资本主义市场经济的社会中也是如此。[①] 因而，业主进入农业领域从事生产经营，也要考虑农业与非农业的比较收益。假设业主在完全竞争市场条件下，只从事农业与非农业两种经济活动，且只考虑劳动力与资金两种生产要素，那么业主的投资收益与劳动力和资金的投入量呈正相关关系，并满足边际收益递减规律。此时，业主的农业收益 V 等于农产品价格 P 乘以劳动力与资金投入的函数，减去劳动力与资金投入成本的函数，即：

$$V_1 = P \cdot Qf(H_1, M_1) - f(H_1, M_1)$$

业主的非农业收益则为：

$$V_2 = [(H - H_1), (M - M_1)]$$

若 V_2 大于 V_1，那么业主投资农业的积极性将下降，并表现出两种决策，一是中止农地流转合同，将耕地（有可能已经是不可逆的）退还农民；二是直接"消失"，导致土地复耕困难、农民租金未收到等多种负面后果。

事实上，很多农村地区的业主均为本地的精英阶层，农民对其权威和权力的认同使其有机会大面积流转农地而成为名义上的大业主，田先红（2013）等人就提到某村的村干部既是当地的富

[①] Bian, Yanjie and John R. Logan, 1996, "Market Transi-tion and the Persistence of Power: The Changing Stratification Sys-tem in Urban China", American Sociological Review, (61), pp. 45～57.

商又是村干部，作为当地的精英人物先流转了本村数百亩土地，并转包他人，先后获得 400 多万元的农田基础设施配套资金，200 多万元的农业机械配套资金以及每亩 100 元的直接补贴款等等①。由此可见，农村社会转型过程中的精英阶层并没有失去往昔的地位和作用，而是利用市场体制实现了自身的再生产，② 获得预期的高收益。

从决策信息来看。新古典经济学认为，内生交易费用产生的根源主要是信息不对称下人们在交易中争夺分工的好处而产生的机会主义行为。③ 在信息对称和经济理性状态下，业主遵循投资收益最大化原则。劳动力、资金和其他生产要素遵循下列约束条件：

$$H = \sum H_i; M = \sum M_i; Q = \sum Q_i;$$

其中，H、M、Q 分别代表劳动力、资金和其他生产要素的总量。这样业主投资农业的最大化收入为：

$$\max \sum_i (P_i S_i - P_i^L H_i - P_i^M M_i - P_i^Q Q_i)$$

P_i 为业主投资农业后生产的产品的市场价格，$\max \sum$ 为总收入，P_i^H、P_i^M、P_i^Q 分别表示劳动力、资金和其他生产要素的单位土地投入成本。

3.1.2.3 基层政府多目标社会行为分析

在代议制民主政治制度下，政府官员追求预算最大化或效用最大化，而在我国特殊的政绩考核制度下，政府工作人员的行为

---

① 田先红，陈玲. 农地大规模流转中的风险分担机制研究 [J]. 中国农业大学学报，2013（4）.

② Victor Nee, 1989, "A Theory of Market Transition: From Redistribution to Markets in States Socialism", AmericanSociological Review, (54), pp. 28~35.

③ 杨小凯，张永生. 新古典经济学和超边际分析 [M]. 北京：中国人民大学出版社，1999.

目标就不仅仅是追求预算最大化了。根据尼斯坎南的官员效用最大化模型：

$$U = \alpha \gamma^\beta P^\gamma$$

（γ 为官员职位收入，P 为官员非货币收入），工资、公众声誉、管理机构难度、变革的难度等均有可能进入官员的效用函数。

现有政绩考核制度和职位晋升制度决定了地方政府官员追求自身利益最大化的同时，还非常在乎 P 值的大小，这又间接决定了地方政府及其政府官员在追求经济效用，但在多数时候，他们还是会将行政效用、政治效用放在重要地位，在某些时候还将居于首要位置。[①]

1. 基层政府特性分析

社会学相关理论认为，政府具有"掠夺"和"剥削"功能，作为少数统治阶级的代表，要追求本集体利益最大化；契约论认为，政府是全体公民通过签订契约，把本属于自己的一部分权利让渡后形成的共同体，需要保障让渡者的利益；公共管理学科在承认政府的政治特性前提下，提出政府同时也会防止潜在的竞争对手对自己形成的竞争，在履行公共管理职能时将平衡多方利益。长期以来，基层政府被看作是上级精神的传达者、地方民情的收发者，忽略了其具备的一线信息优势。基层政府的工作内容涉及党组织建设、民兵建设、群众团体活动、村民自治、农业生产服务、精神文明建设、法治建设等，却又受制于人少事多的局面，因此存在着决策水平与质量不断下降的困境，此外应对事务需要综合决策的"一言堂"，这又与中央的多元决策要求产生冲突。与此同时，基层政府与村民自治的二元治理结构中，乡镇政

[①] 衡霞. 农业产业化经营风险防范机制研究 [M]. 成都：四川大学出版社，2011.

府和村级组织对村社内部发生的事情处于可管可不管的境地，两者各干各的，以至于基层政府决策越来越封闭和滞后，农民利益诉求缺乏表达通道，相关权益得不到及时保障，这增加了公共政策实施的不确定性和风险性。

2. 基层政府行为边界的合理界定

在新社会自由主义学派和制度经济学派看来，纯粹的守夜人政府和计划经济的政府都有一定的局限性，只有政府干预社会经济活动的交易费用低于市场机制干预经济活动的费用时，政府的适当干预才是有效的，否则将导致经济效率的下降和无效，即政府与市场的边界需要合理界定。如图 3-1 所示，政府与市场的边界在 $F(P_K, Q_K)$ 点时，是最恰当的。如果政府干预过多，个人需要与社会需求将处于均衡点 F 以外或以内，导致社会资源不能实现帕累托最优配置。农村土地流转需要地方政府加以引导、规范和推动，否则，将影响耕地的使用效率与粮食安全。在农村土地自发流转时期，政府并没进行过多的干预，任由农地流转市场依靠市场机制自发调整。但是部分地方政府为了追求农业适度规模经营而分解农地流转指标，不尊重农民意愿强行流转农地，损害了农民的合法权益，激化了基层矛盾、加剧了对立情绪。不可否认，在农村空心化和留守老人耕种土地的背景下，地方政府在农地流转信息、价格等方面具有很大优势，在其主导下的农地流转将更加规范和有序，更容易实现地方政府的绩效考核目标。然而，地方政府并未认真履行由社会控制向社会服务的职能转变的规定，直接影响了农民的土地承包经营权、民主管理权的实现。

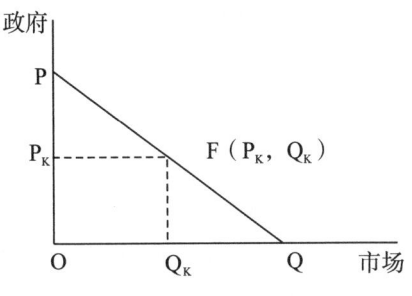

3 农地流转中农民权益保障的逻辑起点：农地市场失灵

图3-1 政府与市场边界示意图

3. 基层政府行为的行政人效用

传统经济学认为，政府与其他社会主体一样，也是理性的经济人，要追逐部门利益最大化。在农村土地流转中，尽管部分地方政府扮演了主导者角色，努力完成上级分派的流转指标，但在服务型政府建设的今天，各级地方政府更多的要实现其行政效用的最大化。

一是农地流转风险中农民权益保障制度的准公共产品属性决定了政府的"行政人"角色。若政府忽视耕地的18亿亩红线，任由城镇化扩张对农村土地的侵蚀，以及其他经济主体随意改变农地用途，那么，农地流转中的农民权益保障制度供给将与农民的需求相悖。因此，自20世纪80年代以来，我国陆续制定了《民法通则》《农业法》《土地管理法》《农村土地承包法》《农村土地承包经营权流转管理办法》和《物权法》等法律法规，明确将农村土地流转中的农民权益以法律的形式固化，最大限度地避免农民权益在土地流转中的弱化、流失和缺失。

二是多目标环境下的"行政人"无法掌握农地流转中利益相关者的全部信息。农村土地流转中，涉及农民、业主两个直接的农地流转方，另外还涉及农村集体土地产权的实际归属者村委会和村集体经济组织，还有上级任务分派下的乡镇政府，众多利益相关方的农地流转决策与流转合同执行依赖于各方的经济理性。

博登海默曾经说过，法律在增进人与人之间的平等、群体与群体之间的平等方面可以起到显著的作用，与此同时，它也维护并认可了许多不平等的现象[①]，即以法律的名义将不平等的事务制度化、合法化。因此，地方政府应把目标考核、绩效考核与农地流转多寡相挂钩，出台"关于进一步规范有序进行农村土地承包经营权流转的意见"等一些配套性的条例，以更好地保障基层政府多目标语境下的农民权益。

3.1.3 利益相关者的多元博弈分析

农村土地流转中，诸多利益相关方可能因为产权主体残缺、流转程序不规范、流转价格不合理而产生矛盾纠纷，但究其根源，制度、法律、技术和市场不成熟等并不是引发农地流转的根本原因，其关键在于利益相关方的多元利益协调与分配机制不健全。农民流动性的增加，使其开阔了眼界并具有远远超过市场经济体制建立初期的产权意识、公民意识和民主意识，会想方设法维护自己的土地权益；业主在各种利好政策刺激下，对陌生的农业领域产生了投资的欲望和冲动，希望参与农村的利益分配；地方政府出于经济发展、社会进步和农民生存生活环境改善等目的，主动介入农村土地流转和耕地非农化进程中。利益相关方的多元利益冲突导致农地流转市场失灵和风险不断。

一是农民与村委会（村集体经济组织）的博弈。尽管我国广大农村已经实现了村民自治，但多数村、社干部的权威仍然要以基层政府的公权力为支撑，因而在完成上级下达的任务和取得良好政绩的诱惑下，村、社干部在农地流转中的行为随意性较大，往往越俎代庖"代民做主"，代替农民与业主签订合同，甚至在

---

① ［美］博登海默. 法律哲学与法律方法［M］. 邓正来译. 北京：中国政法大学出版社，1999.

3 农地流转中农民权益保障的逻辑起点：农地市场失灵

流转费用中按流转亩数克扣管理费用。部分基层组织在成立的土地股份有限公司中，使集体股权远远大于农民的个体股权，出现集体利益大于私人利益总和的现象，从而引发农民的不满。

二是农民与业主的博弈。农村土地流转后，业主从利润最大化角度出发，往往使用现代化机械作业，减少当地劳动力的使用，或者从外地聘请农业劳动力（如蓬溪县），压缩当地农民的就业空间；部分业主在数年前流转农地的价格最低为20-30元/亩（如安远县），在调整产业结构后达到亩产产值5000元左右，但农民却不能从中分配增值收益，导致部分业主的破坏性行为（如双流县）；部分业主因资金不足却在利好政策引诱下仓促租赁农地，导致契约风险不断（如仁寿县）；更有部分业主不按照合同约定私自改变农地用途，在合同期满后，未支付任何复耕成本就撤走（如罗江县），导致农民怨气较大，增加了农村的不稳定因素。

三是农民与地方政府的博弈。在基层政府主导下的农村土地流转一般都比较规范，农地规模化、集中化程度较高，农业现代化特征较为明显。反之，农地流转显得较为无序和混乱。因而，多数地方的农民还是希望有地方政府的重视、扶持，从而减少农民与业主间的交易成本。但是，地方政府的行为目标往往又与农民的利益目标错位。地方政府一方面需要通过"经营土地"来发展区域经济，另一方面又要保持地区稳定，导致农民在拥有信息优势、资源优势的地方政府面前"自愿让出"部分土地权益，使得农地流转中的寻租、腐败现象较为突出。

四是农民与农民之间的博弈。农民间自发的流转土地成为我国农村土地流转的主要形式（如图3-2），这在一定程度上解决了农地撂荒和出租土地农民的农业税等问题。但正是这种基于"熟人"的自发土地流转频频遭遇道德风险，尤其在2006年开始免征农业税及随后的农业补贴政策出台和2008年金融危机后的

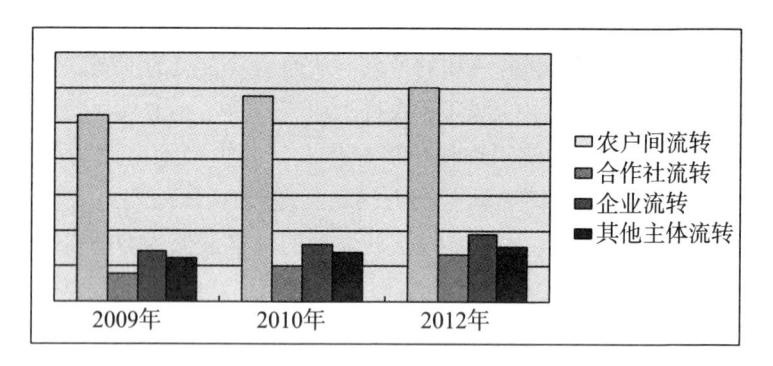

返乡索地等外部环境影响下产生了冲突。

图 3-2 农地流转类型

资料来源于课题组的调研。

五是地方政府与业主的博弈。农村土地流转过程中,部分地方政府往往以一定期限免租、小农水利配套、奖励或补贴等作为诱惑,大力招商,引进了诸多的工商资本参与农业现代化建设。社会资本进驻农业,可以带来资金、技术和先进的理念,以及较宽的销售市场,但在利润最大化目标支配下,往往又会倾向于非粮化和非农化使用土地,如北京的周家巷村、重庆的博士科技园等,危及国家的粮食安全。调研过程中还发现,某乡镇为了引进业主,帮助其向农民支付了三年的租金,到支付第四年租金时,业主以经营困难为由,希望政府继续承担较大比例的租金,地方政府置之不理,业主也不支付租金,导致农民在经过一个季度之后仍然没有收到租金时,向政府办公地集聚,最后政府只好支付了延付的租金,加重了地方财政负担。

为了将上述利益者相关的冲突进行清晰的阐述,这里借助博弈模型加以解释。

1. 参与人

在农村土地流转中,农民、业主、基层组织均是博弈中的决策主体，他们通过选择性行动或战略来获得自己的最大化效用。农民与业主通过土地收益的交换来获得最大化效用；基层组织通过土地流转任务的完成和农业现代化的实现来获得最大化效用。

2. 信息集

在完美的信息博弈模型中，参与主体均清楚知道对方的流转决策条件，即 A 有隐瞒农地本身信息和道德风险时，B 信息集为 {租} 或 {不租}；但在完全信息博弈模型中，参与主体则不清楚对方的流转决策条件，那么 A 的信息集则为 {租或不租}。

3. 行动空间

当农民在拥有信息 h 时，面对业主和基层组织，他可能有两种选择，一是听凭村、社安排，出租土地；二是重新寻求土地出租模式，如托管、信托、股份合作等，其行动集合为：$A_{农民} =$ {集体出租；其他方式流转}。业主针对农民既定的战略选择，其行动集合为：$A_{业主} =$ {直接租赁；委托租赁}。

4. 战略空间

农民与业主的行动和战略是等同的，即 $S_{农民} = S_{业主}$，但效用却不相同。农民的效用主要取决于土地的流转价格；业主的效用取决于流转农地的成本收益比、基层组织的奖励与配套、经营风险等；基层组织的效用取决于农业现代化程度和农村的综合发展，以及经济风险和政治风险。

在委托租赁条件下，基层组织利用集体所有者身份与业主签订合同，获得级差地租 I 和级差地租 II 的部分收益，其效用为：

$$U_{基层组织} = R_{基层组织} + \lambda_{(1-a)} R_{农民};$$

（R 为风险，λ 为级差地租的少部分收益）

农民获得土地流转收益，即大部分级差地租，其效用为：

$$U_{农民} = \lambda_a R_{农民} + R_0;$$

业主获得流转土地收益的同时，还要支付流转成本，其效用为：

$$U_{业主} = R_{业主} + R_{农民} - C_T$$

在业主与农民直接签订流转合同条件下，农民不仅能获得土地本身的产出价值，还能获得全部的级差地租，同时也要承担全部流转风险，发生风险的概率为 δ，其效用为：$U_{农民} = \lambda_a R_{农民} + R_0$，$g'$ 表示农民得到级差地租的的比重。

当 $U_{业主} = R_{业主} + R_{农民} - C_T$，$a > [g'(R_{农民} + R_{基层组织}) - \delta C_R]/R_{农民}$ 时，农民选择直接与业主签订合同，反之，则选择委托中介组织流转土地。对业主而言，当 δ 较低，且 g' 几乎为零时，将选择与农民直接签订合同，反之会寻求基层组织的帮助。对基层组织来说，δ 可以忽略不计，g' 能最大化，将积极说服农民，促使业主与其签订流转合同。在这样的多元博弈行为中，农地流转市场的失灵显得不可避免。

3.2　农村剩余劳动力转移的条件约束

3.2.1　农村剩余劳动力转移的户籍约束

2010年中国人力资源白皮书显示，全国外出就业和本地非农从业6个月以上的农村劳动力总数达到22978万人，其中外出农民工达到14533万人，就近到二、三产业实现就业的本地农民工达到8445万人。[①] 这表明，农村剩余劳动力在既定户籍政策下可以实现职业的自由流动，但并不表示上述劳动力均是农村土地流转后释放出来的富余劳动力。全国大多数地方的农民在农地流转后，户籍并未发生任何改变，使得他们进城务工后并不能均等地享受到城市居民应有的福利待遇。甘露（2007）等人认为，

---

① 数据来源：中华人民共和国国务院新闻办公室：《中国的人力资源状况》白皮书，2012-09-10.

二元户籍制度影响下，缺乏系统的政策对农民工进行保护和提供公共服务，当农民工权益遭到侵犯时，相关部门也没有积极履行查处职责，更没有事先建立预防机制，而是把进城务工农民排斥在城镇体制之外。

成渝城乡统筹试验区建设以来，两地均将户籍制度改革作为重点，分别形成了"成都模式"和"重庆模式"。成都市农民在明晰的产权制度保障下，流转农地后，仍然享有耕地、宅基地、林地等承包经营权益，在住房、就业、社会保险、政治权利和民主管理权利等方面与城镇居民待遇相同，在多年的城乡统筹发展中，城乡居民的公共服务差距缩小，减小了农民流转土地的后顾之忧和土地权益的保障。重庆模式中，农民流转土地分为三种情况，一是土地征收征用后，政府保障就业、社保、住房、教育、医疗等；二是土地权益换取就业、社保、住房、教育、医疗等公共服务；三是农民流转土地后，可登记为城镇居民，政府提供公租房解决住房保障问题，"地票"帮助农民解决转户后的承包地和宅基地的"退出"问题。显然，成渝两地作为全国城乡统筹综合配套改革试验区，有条件进行大幅度的制度变革，有足够的财政支持来保证失地农民的社会保障，但对于多数地方来说，其复制性较差。事实上，农村土地以农户间自发流转为主，地方政府没有主动供给的动力；即使地方政府主导的农地流转也是从增加农民收入和发展地方经济出发，同样缺乏创新户籍制度去推动人的城镇化。更为重要的是，在现行户籍制度下，即使地方政府提供了创新性的户籍制度安排，农民仍然不能对失去农村户籍及农村土地的未来生存有良好的预期，因而将不会因为户籍而主动放弃土地。

3.2.2 农村剩余劳动力转移的就业约束

就业权是公民的基本权利之一，是生存权与发展权得以实现的前提。黄玉捷（2004）认为，完善的就业制度应该能够实现规范、激励、配置和保障的功能，包括服务于就业者的劳动力市场进入制度、就业者与企业的劳动合同保障制度以及其他就业保障制度等。[①]但是，我国长期以来就以保证城市居民就业率为首要任务，通过体制性隔离政策保障城镇居民利益，导致农民工只能从事无法律保障和恶劣工作环境的脏累苦活。十六届三中全会以来，中央政府不断强调建立城乡一元就业制度的重要性，并付诸实践，有目的地引导农村剩余劳动力在城乡间和地区间的有序流动。

2013年3月至5月，笔者在眉山市农村工作委员会挂职期间，全程参与了眉山市"以农为主统筹城乡"的普及性调查。调查显示（如表3-1），转变为城镇居民是不同职业农民的共同选择；目前从事三产业的农民仍然期望在转变为城镇居民后从事原来的职业，这与多数人的"隔行如隔山"的传统观念密切相关；农民在未来的从业打算与目前从事的职业相比，总体呈下降趋势；目前在从事第三产业的农民，总体呈减少趋势，这与第三产业经营的前置许可条件，如消防、食品卫生等有关，多数农民经营者很难达到上述条件；从全市的调查对象来看，三产经营者比例总体呈上升趋势，这与目前各级政府给予的创业扶持政策有极强的关联。由此可见，保有农地产权，并流转农地是农民减轻劳动负担和放弃比较收益低下农业的最优选择；地方政府积极提供转移就业机会和创业扶持是农民流转农地后的可持续发展路径。

---

① 黄玉捷. 内生性制度的演进逻辑——理论框架及农民工就业制度研究[M]. 上海：上海社会科学院出版社，2004.

3 农地流转中农民权益保障的逻辑起点：农地市场失灵

表 3-1 农民转变意愿

现在职业	未来打算	城镇居民	产业工人	农业业主	务 农	三产业（经营）从业者
务农	人数	162101	61089	29424	283058	24908
	百分比	31.6	11.9	5.7	55.3	4.9
产业工人	人数	257675	350954	27784	54908	67369
	百分比	39.2	53.3	4.2	8.3	10.2
农业业主	人数	17001	6205	9281	6688	3828
	百分比	43.9	16.0	24.0	17.3	9.9
三产业经营者	人数	79620	20450	14077	10528	89235
	百分比	42.0	10.8	7.4	5.6	47.1
其他	人数	110166	35067	9605	33832	33742
	百分比	54.0	17.2	4.7	16.6	16.6

资料来源于课题组的调研所得。

需要注意的是，农民流转土地后转移就业面临的首要问题就是就业岗位不足。尽管多数村社在流转农地时均与业主签订了本村劳动力优先就业的附加条款，业主却在生产经营过程中有更多的选择权。农村劳动力市场从来都是供大于求的完全竞争市场，每个村社都有因各种原因滞留在家的劳动力，他们需要在本村、邻村、本镇或本县就近寻找临时就业机会，其劳动力价格可能比农地流转所在村劳动力更低，从而排挤掉了失地农民的就业机会。对于业主来说，流转土地的村社的农民因其对本村社农地的内外环境非常熟悉，可能因对业主延付租金或掠夺性开发活动不满而要求高工资，甚至破坏业主的生产经营活动，造成不必要的损失，因此业主更愿意到相邻劳动力市场寻求廉价且有技术的劳动力。课题组在遂宁市等地调研时发现，整村农地流转后，本村的农民仅有数十人得到就业机会，其余人员均要自谋职业。

其次，农民流转土地后的转移就业能力严重不足。眉山市的调查表明，86%以上的初中及以下学历者中，有35%的农民2012年在第二产业中就业，工作地点基本在建筑工地、餐饮业或工厂的流水线上，干的都是脏、苦、累、险的体力型工作，这显然与具备较强经营管理能力和技术的现代化大生产不相符。尽管眉山市有68所培训学校，但定点培训学校不足50%，在仁寿这样一个百万人口大县，却没有一所定点培训学校；各区县的培训经费完全依赖上级相关部门下拨款，培训经费严重不足；全市农民的技能培训囿于经费原因，每年的培训指标也有限，2012年全市技能培训人数也只有10683人，远远满足不了失地农民向产业工人转变的需求。

第三，农民流转土地后的地方政府就业公共服务平台建设滞后。许多乡镇的劳动就业和社会保障服务中心建设迟缓，没有达到省市的相关规定，既没场地，也没人员和经费，导致其没有及时向失地农民提供就业指导和培训，也没有及时提供有效的就业信息。调研显示，有74%的土地流转农民没有参加过政府组织的培训，而参加过培训的人亦对培训效果提出质疑（如图3-3，3-4）。由此可见，针对性的就业指导和培训对失地农民来说非常重要。

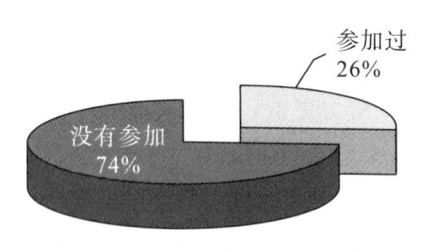

图3-3　农民参与就业培训

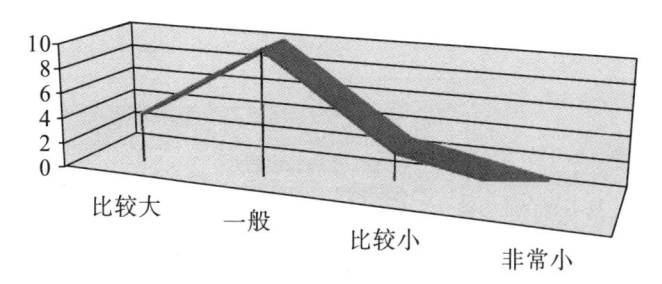

3 农地流转中农民权益保障的逻辑起点：农地市场失灵

图 3-4　农民参与培训的效果

3.2.3　农村剩余劳动力转移的社会保障约束

从《宪法》规定来看，城乡居民拥有法律上平等的社会保障权利。但是，由于新中国成立初期的工业化发展战略和国家现代化建设需要，形成了城乡二元分割的社会保障体系，即城镇职工拥有较为健全的养老、医疗、教育等社会保障制度，而农民只能依赖于土地这种非正规的社会保障，既没有养老、医疗保险，更没有工伤保险、失业保险等。农村流转土地往往被看作是农民增收的手段之一，因而，不管农民从事什么职业，在其承包经营期内的土地仍然承载了社会保障的功能，但有限的地方财政还没足够的实力"照顾"到这部分群体。即使部分地区的农民流转土地后实现了"农转居"或彻底"市民化"，但55.9%的人仍然认为自己还是农民，出现了农民"农转居"的制度性身份模糊，并影响其市场身份的自我认同。①

课题组调查显示（图3-5），农民流转土地后，医疗、社保、就业、基本公共服务是他们目前面临的最大困难，分别占87%、69%、58%、45%。另外，有16%的农民明确表示，土地流转后，他们的生活水平明显下降，农村贫富分化现象特别

---

① 转引自吴越，沈冬军，吴义茂等. 农村集体土地流转与农民土地权益保障的制度选择 [M]. 北京：法律出版社，2012.

严重。

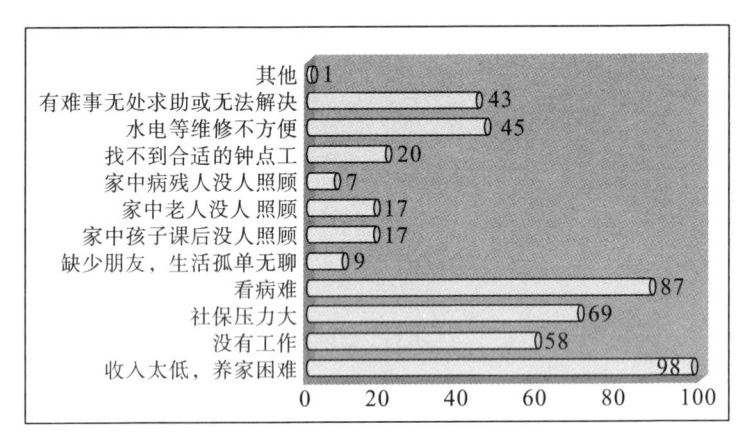

图 3-5 转非农民面临的最大困难统计

以区位条件和经济发展水平均处于中等水平的遂宁市为例，农地流转费用为每亩 700 斤黄谷，折合人民币 840 元/亩（随着市场价波动）。在人多地少的四川省，人均土地不足 1 亩，一个三口之家，年均租金收益远远低于 2420 元。对于一个家庭来说，微薄的租金收入往往只能保证农民最基本的生活开支，甚至连最基本的生活开支都难以维持，不用说满足农民日益增长的教育、医疗、养老、人际等的支出需要。在天宫堂村，多对 40 岁以上的夫妻认为自己无一技之长，外出就业困难，本村农业企业就业也没门路，除了微薄的租金外，只能靠打短工挣一点日常开销的费用，其中有两个家庭靠子女或亲戚接济度日。不难想象，一旦有重大变故时，这些家庭的处境将进一步恶化。当然，在农地流转中，有 34％的农民认为其生活水平明显改善，其主要原因在于，他们中有技术的则进入当地农业企业务工，或外出务工，或因土地被征用等，家庭年收入超过 3 万元，是无技术特长农民年收入的数倍。农民作为社会的弱势群体，本来就在很大程度上寄希望于政府的政策能改善他们的生活条件和社会地位，然而实际情况却使得部分没有社会保障的群体更加边缘化,加剧了社会矛盾。

3.2.4 农村剩余劳动力转移的"推拉"作用不明显

博格(D. J. Bogue)认为,人口因为资源、生产成本、劳动力过剩、对美好生活环境的向往而向外流动,这是迁出地的向外"推"力;而迁入地则因为较高的工资收入、较好的生活条件、较好的人文氛围等而对人口形成了较强的"拉"力。龚维斌(1998)认为,人口之所以迁移,转入地的"拉"力必定比"推"力更大,占有主导地位,否则人口将不会流动。[①] 长期以来,我国都在强调要大力推进城镇化建设,依靠城镇化推进农村的现代化、社会化,缩小城乡差距。各级地方政府积极响应,认真贯彻落实,纷纷提出要再建一个与城市同等规模的"新城",或打造百万人口城市,使得一批批新的小城镇拔地而起。2014年的中国家庭金融调查与研究中心发布《城镇家庭住房空置率及住房市场发展趋势2014》,报告指出2013年全国城镇家庭空房率高达22.4%,空置房4898万套。[②] 这表明,城市的"拉"力产生了偏移,它只集中了消费而没有集中人口,实现的是消费城镇化而不是人的城镇化。

在经济发达地区,农村土地流转主要指集体建设用地和承包地的流转,农民往往被集中安置在城镇周边,间接促进了小城镇建设。但是,对于大多数农村地区来说,农村土地的流转并不集中,流转数量小且分散,对农民的就业和迁徙意愿并不产生必然性影响,他们仍然按照自己的生活习惯或依据家庭成员居住地选

[①] 龚维斌. 外出劳动力就业与农村社会变迁[M]. 北京:北京文物出版社,1998.

[②] 报告说中国住房空置率22.4%,空置的房子足够全国人民住了![N]. 澎湃新闻,2014-06-10.

择自己的户籍迁入地；部分中老年劳动力尽管选择流转农地后外出务工，但在年迈时仍然会回到家乡居住。另外，由于多年来进行的新农村建设，使得农村居住条件大幅度改善；以及近年来，国家惠农政策的不断出台，如粮食直补、良种补贴、农资综合补贴、退耕还林、医疗保险、养老保险、中小学生的"两免一补"、农民工子女就近入学，还有60岁以上老人不用交钱就可以直接领取养老金等，对农民的吸引力增强，让农民觉得城乡已没有多少差距，甚至还能享受到比城镇居民更多的实惠。这样一来，转变为城镇居民的实际意愿并不强烈，农村的"拉"力反而大于城镇的"拉"力。

著名的"推拉"理论代表者雷文斯坦（E. Ravenstien）认为，人口的迁移以就近转移为主，首先在所在乡镇居住、就业，再向大中城市迁移。从我国城镇化水平看，已经从2000年的36.2%上升到目前的50%左右，城镇率每提升一个百分点将促进就业率的提升。但调查表明，农村土地流转后，所在乡镇并没有增加就业机会，剩余劳动力的职业意愿也没有发生改变，反而农村社会保障存在着潜在提升的可能性，以及农村土地价值在现代化和城镇化进程中不断增大，使得农民更不愿意放弃农村土地所有权和承包经营权，农地流转市场因为农民"惜"地而放缓流转速度，加剧违约风险，加速失灵。

3.3　农地流转风险分担与收益分配机制障碍

农村土地流转风险既包括因农村土地集体产权虚置引发的制度风险，也有农村土地流转政策变化引发的风险，并最终演变为基层政府公信力下降等政治风险；既有流转土地非农化和流转双方违约引发契约风险，也有农民生活水平下降和农村贫富分化差距加大的经济风险，还有农地流转后，农民寄托在土地上的农耕文化消失、无所事事引发社会治安问题和涉农纠纷的上访等社会风险。既然农地流转风险如此之多，在流转初期就应当对风险进行有效分配，增强流转双方的风险抵抗能力，从而减少农村社会不稳定因素，促进社会和谐稳定。然而，在现有农地流转的租赁、股份合作和托管等形式中，极少对农地流转风险的分担规则进行约定，从而加剧了农地流转市场的失灵程度。

3.3.1 基于囚徒困境的风险分担机制

前面提到农村土地流转中的诸多利益相关方基于利益博弈而进行风险决策，即是否参与农地流转，这里也借助博弈论分析农地流转中的农民与业主对风险分担的理性抉择。博弈论中，大家非常熟悉的一个例子就是囚徒困境。当嫌疑人均采取抵赖策略时，可能实现帕累托改进，但由于人的个体理性，往往会出现双方都坦白或一方坦白另一方抵赖的情形，最终共同分担坐牢或另一方坐牢时间更长的风险。在完全竞争的农地流转市场中，农民与业主对于流转风险同样会出现囚徒困境，尽管最后业主承担的风险比较小。

在供大于求的完全竞争市场中，农地资源是丰富的。在农业比较收益低、城镇就业工资高和农村较差生存环境与城镇较高生活质量的对比下，大多数农民均愿意流转土地，选择其他行业就业。但是，受制于国家18亿亩耕地红线，以及多数地区并不具备区位优势、资源优势，农村土地流转市场长期处于供大于求的局面。业主利用农民希望用荒芜土地换取部分收入和耕地质量不变的收益，利用地方政府急于招商引资的心理，在农地流转谈判中，往往把风险的零分担作为前提条件之一，农民拒绝风险，政府交纳风险保证金策略，并取得成功。如果农民也选择政府拒绝风险，农民交纳风险保证金策略，那么农地流转的谈判将失败。部分农地流转合同显示，有些业主交纳了一定的保证金，但该保证金多数被指明用于业主拖欠租金时使用，并没有对耕地非粮化和非农化风险的保证。

在供小于求的完全竞争市场中，农地资源是稀缺的。部分农村的土地区位优势明显、自然资源丰富，业主和农民对风险分担的博弈策略仍然不同。业主往往选择（交纳保证金，拒绝风险）策略，而农民却实施（拒绝风险，拒绝交纳保证金）策略。这表明，农民理性使其愿意获得短期的高收益，不太关心土地 30 年以后的承包使用问题；业主对农地有较高的收益预期，愿意支付一定的风险保证金，以获得稳定的租金和固定的成本，而不愿意长期支付高额的土地租赁成本。但是，面对供小于求的竞争市场，业主通常会分担一定金额的风险保证金支出和较高的租赁成本；农民则以高额租金换取不分担风险的后果。由于中西部多数地区的农地流转为地方政府主导，因而承担了一定的招商引资成本，但他们仍然没有对农地流转的远期风险进行过多的预测，并分担一定比例的农地流转风险。

3.3.2 基于效用最大化的风险分担机制

农村土地流转中的农民与业主均是理性的经济人，利益最大化是其参与农地流转的首要条件。经济学理论认为，在风险和不确定性条件下，效用最大化而非货币最大化才是理性经济主体的主要选择。农村土地流转有风险，包括农民可能遇到收入下降、租金拖欠、耕地不可逆等风险；业主将承担经营农业的自然风险、市场风险和农民违约的风险等，以及流转农地的非粮化和非农化与流转双方风险向政府的转嫁，因而农地流转的利益相关方均有期望效用最大化的风险规避动机。但是，在农地流转市场中，利益相关方将因为收益最大化目标而出现圣·彼得堡悖论，即农地流转的参与各方为了获得最大的期望收益将支付无穷大的成本。贝努里从非货币价值出发，用对数方法计算出风险分担者

3 农地流转中农民权益保障的逻辑起点：农地市场失灵

的期望效用为：EU（x）＝blog（2/a）。

在农村土地流转中，虽然农民与业主对流转风险的理解有差异，但他们均会对自己的风险承受区间做事先的预估。假定农民与业主均认为，在 0～A 的区间内（图 3-6），农地流转风险对自己来说是可以接受的，与分担风险防范成本相比，此时的效用最大，那么双方间均不会就流转风险分担比例进行约定；若在 A～B 区间内，业主凭借自己的强大资金实力和市场份额可以承担流转土地发生风险后的损失，农民本身就对闲置的土地收益不抱希望时也可小看农地流转风险，那么效用的极少损失仍然是可以接受，毕竟较小的效用损失与前期为此而支付机会成本相比是微不足道的，因而双方对农地流转风险的规避态度基本一致，即要么自己承担全部风险，要么以可以忽略不计的风险保证金形式分担风险；若双方因为自身能力无法承担风险，承受能力的最大值为 B 点，到达 B～∞区间时，双方才有可能坐下来就风险分担内容、比例、金额等进行谈判。

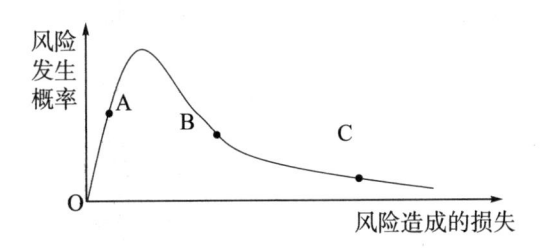

图 3-6 基于效用的风险分担

中西部省份农民多数外出务工，承包土地闲置荒芜，基于减轻留守老人种田负担考虑，愿意在农民间或村外人员间低价流转土地，因而合同几乎没有关于防范风险的资金分配比例。而在农村经济较为发达的山东、安徽、河南等省份，农地流转规模较大，出现了基于风险共担的农村土地流转模式——土地托管。土地托管模式随着农地流转市场的兴起而逐渐形成，一般分为半托、全托、合作租赁和土地入股等形式，支持各经济主体参与土地托管的基本力量是各自的经济利益。作为一种松散型的经济组织，其运行的基本原则是"进退自由、服务自选"，即在农民与托管组织之间建立起一种互惠互利的利益关系，它是农民将所拥有的承包地委托给一定的组织或个人进行经营管理的一种过程和状态。农户和托管组织在托管土地之初会签订土地托管合同或者是相关的协议书，合同中注明托管土地地块名称、土地类别、地界、数量、托管期限、所需服务及其价格和付款方式，双方的权利和义务以及违反合同的处理方法等其他相关事项。虽然，该模式没有明确规定双方承担的风险类型、金额与比例，但以股份制的形式形成了双方针对土地资源的专用性投资，从而使双方更加自觉自愿承担农地流转风险。

3.3.3 基于个体理性的收益分配机制

农村土地流转是农业产业化背景下的一种资源配置方式，但它并不在流转双方间形成产业化经营的利益联结机制。农地流转中的利益相关方在风险和不确定性条件下，对于农地流转收益均是从个体理性角度进行衡量。经济人假设认为人是自利的，总希望以最小的成本支出实现个人收益的最大化。在区位优势不太明显的地区，旱地的承包价格为350元/亩左右，水田为600斤大米/亩，林地为50~230元/亩，耕地的合同期限与土地承包期限一致，林地承包期限多为50年。这种固定价格体系的形成，是基于数年前的物价水平。目前，物价水平上涨，农产品价格调整，农业补贴增加，而业主并不会因此与农民再次谈判。业主流转农地一般从事非农作物生产与经营，其经营效益显现时间往往要滞后流转时间数年，因而在产生经营收益并取得较多利润时也不会因为物价上涨与农民进行合约期内的流转价格再谈判。成都市双流区三星镇有两个村的500多亩荒山在1995年时以230元/

亩的价格租赁 50 年，业主以种植杨梅为主，现在的亩产值近万元，远远高出租赁成本；2011 年天府新区规划出台，三星镇成为核心区域，土地价值急剧上升，综合上述两个因素，当地农民要求上涨租金，均被业主以前期经营成本过高而拒绝。再加上农地流转时的其他配套政策未落实，使得当地农民与镇政府关系紧张。在区位优势明显的地区，仍然没形成农业产业化经营模式中的利益分配格局。

土地托管是在不改变家庭联产承包责任制和土地承包经营权基础上的一种新型农地流转方式，解决了农地荒芜、技术缺乏、比较效益低下的弊端，实现了土地的规模化、集约化经营，不仅促进了农村产业结构的调整和农民收入的增加，还降低了农民自发流转和部分基层政府主导下的农地流转风险，较好地保障了农民的权益。虽然土地托管模式能够实现农户和土地托管组织的双赢，并实现一定的经济效益、社会效益和产业效益，但仍然与农民存在利益冲突。土地托管合作社的利润来源主要包括向农民提供服务所收取的服务费用；农业生产资料与农产品的价差；剩余利润的分红。合作社的收益和农民的收益二者之间相互依存、相互影响。在现实生活中，部分合作社从"经济人"利益最大化的角度出发，收取与农民自种的经济收益相当的托管费，要农民支付与市场价格差不多的农资成本，却并未向农民返还利润，从中谋取较大的差额利润，使得农民加入合作社后生活水平没有显著提高，违背了农户加入合作社的权益维护初衷，变相地损害了农民的土地承包权益，从而降低了农户加入合作社的积极性。部分地方政府主导下的农地流转，基层组织也要从流转费用中截留 10 斤大米的市场价作为管理费用，使得农民较低的流转收益被克扣，降低了农民依托村社和基层组织流转农地的意愿，导致自发流转的农地市场更加无序。

3.4 农地流转风险管理制度的准公共物品特性

经济学家认为相对于私人产品来说，公共产品具有消费的非竞争性（non-competitive）、受益的非排他性（non-excludability）和边际效用的不可分割性（indivisibility）等特征，给社会带来较强的正外部性。正因为如此，人们在供给公共产品的过程中实施"搭便车"行为，导致公共产品供给数量远远低于社会的有效需求量。马斯格雷夫认为政府应该行使干预职能来纠正"市场失灵"，从而使得公共产品的政府供给成为必然。市场经济体制建立后，我国多部法律法规均鼓励农村土地的有序流转，并对流转形式进行了界定，也禁止耕地流转后被变更用途的情形。但是，并没有把耕地流转的保护成本纳入规范性文件中，致使耕地对社会的生态价值、对农民的保障价值、对国家粮食安全的经济价值被置于公共领域中，地方政府同样也把保护耕地、防范农地流转风险、保障农民权益和维护社会稳定的责任与义务推向其他社会主体。

农村土地流转风险防范制度具有准公共产品的属性，即非他性与非竞争性都不充分，且边际效用不为零。农民与业主均认为，农地流转有风险，如果农民承担风险防范责任，业主便有广泛滥用耕地的可能，农民土地权益受损将更加严重；若业主承担了风险防范责任，其投资农业的积极性将受到影响，不利于农业现代化；若由流转双方共同承担，业主的边际生产成本增加、边际效用降低，而农民则可能因为"搭便车"而享受到同样的风险防范成果。由此可见，对于准公共产品的农地流转风险防范制度的供给要在权衡地方政府财政实力的基础上，坚持政府主导，由政府承担主要的供给责任。Wallace. E. Oates（1972）认为，一种产品被区域内所有人共同消费且中央与地方政府供给的成本相同时，地方政府比中央政府更能够提供帕累托有效的产出量给民众。鉴于华北地区和经济较为发达地区的农地以自发流转为主和中西部欠发达地区的基层组织主导农地流转的现状，基层政府有必要履行准公共产品的供给责任。

然而，在我国农地流转中，各级政府和基层组织并没有主动供给流转风险防范制度。课题组在多地的调查显示，农地流转双方并不会在流转谈判中过多地涉及风险防范条款。一方面，农民认为农业生产经营不可能避免天灾人祸，不能强求业主一定要把风险防范条款写进合同，否则会使租金下调，只要能按时收到足额的理想租金就行了。但是，他们忽略了农地流转还可能存在的其他风险，如农地非农化开发后，将破坏耕地的肥力，使得复耕后的收益远远低于流转前的收益，甚至为零；以及流转农地荒芜，并长期拖欠租金的情况；甚至出现业主经营不善，用农民身份证贷款支付租金，最后业主破产而要农民偿还贷款的局面。另一方面，业主用较"高"的租金成本获得流转农地的经营使用权，却没获得相应的种粮补贴、耕保基金等费用的转移，而把农业的自然风险、市场风险转移进来。因而，再支付复耕保证金和其他风险防范基金就超出其承受范围，在获得农民与作为中介方的基层组织的谅解后，无须分担农地流转风险。正因为流转双方博弈结果看似"双赢"，却潜藏了更多的流转风险，使农民的土地权益被弱化或流失。

地方政府积极主导农村土地流转（表3-2），扮演了组织引导者角色，却没有较好地履行咨询服务、用途监管、财政补贴等责任。虽然多数地方政府成立了农地流转中心，但真正服务于集体承包耕地的较少，更多的是提供农村集体建设用地流转信息与法规政策的咨询，农村耕地的流转信息多数局限于本县范围内的自发传递，或基层组织上门推荐。村社主导农地流转时，可能出现"代民做主"现象，损害农民的土地承包经营权与民主管理权。《土地管理法》规定，县级以上人民政府土地行政主管部门负有土地管理与使用监督的义务，如果不履行这两项职责，即为行政不作为。从农地流转纠纷来看，基层政府强制流转（20.4%）、土地用途改变（28.2%）和租金不足以维持家庭开支（17.5%）等原因居多，其中土地用途改变这一现象，应当由相关部门依法予以制止，然而事实上却因为各种原因听之任之，导致农村土地流转后被硬化、闲置或合约期满后复耕困难，当农民诉诸法院后，往往又被拒之门外，使得农民难以获得司法救济。从各地调查情况来看，流转双方基本没有成立流转风险防范基金，基层政府也没有补贴与主动供给制度。

表3-2 某市村级土地适度规模经营任务表（单位：亩）

村名	前三年已发展面积	2009、2010年任务		总任务面积
		2009年任务	2010年任务	
金谷村	282.49	900	400	1482.49
双龙村		100	100	200
西参村		700	200	900
魏庄村	673.96	400	300	1473.96
安庆村	244	700	200	1144
凤凰村	303.18	800	300	1403.18
支山村		1300	300	1600
夏市村	73	600	200	873
高庄村	2169.64	1200	400	3769.64
杨家桥	1123.16	600	300	2023.16
程墩村	218.1	400	200	818.1
清水村	330.49	2200	200	2739.49
杏市村	1260.89			1260.89
恬庄村	2279.28			2279.28

续表

村名	前三年已发展面积	2009、2010年任务		总任务面积
		2009年任务	2010年任务	
双塘村	644.42	200	200	1044.42
合计	9622.71	10200	3300	23122.71

资料来源：转引自陆道平、钟伟军的《农村土地流转中的地方政府与农民互动机制研究》，清华大学出版社，2012年。

上述分析表明，农村土地流转有风险，但农民与业主参与风险防范制度供给的愿望并不强烈，主要在于短期内的制度创新成本高于流转双方的预期，降低了收益。更为重要的是，创新性的制度安排并没有出现，也就谈不上制度创新后的扩散效应。从目前农地流转现状来看，出现了基层干部与农民间的对立情绪，影响了基层政府的公信力，加剧了干群矛盾；出现了耕地大面积非粮化和非农化趋势，威胁到国家的粮食安全与18亿亩耕地红线不能突破的政策规定。因而农地流转风险防范制度必须要由地方政府主导，才能促进农村土地的有序流转和农民权益的保障，但是地方政府长期缺位，加剧了农地流转市场的失灵。

4 农地流转中农民权益流失的风险识别

农村土地流转风险识别是防范风险和保障农民权益的第一步,也是防范风险和保障农民权益的前提和基础。只有正确识别出农村土地流转中农民权益流失风险类型及其成因,才能主动、恰当地选择有效的方法防范风险,保障农民权益。农村土地流转中,土地承包经营权和收益权的弱化,土地处分权和司法救济权的流失,土地民主管理权的丧失和缺位等,都会造成农民权益的流失,进而引发社会风险、经济风险、政治风险,这些风险反过来又会进一步加剧农民权益的弱化。广义上讲,农民权益流失的风险因素很多,但并非所有的风险都会产生负面影响。因此,风险识别的关键是要找出有显著影响并可能导致严重后果的风险因素。课题组结合头脑风暴法和德尔菲法,认为农地流转中农民权益流失的风险识别应当以农民权益界定为基础,根据两者的相关性,将风险类型区分为:农民土地承包权弱化的社会风险、农民土地收益权弱化的经济风险、农民土地处分权流失的政治风险、农民司法救济权缺失的社会风险、农民民主管理权弱化的政治风险等五大类,每一类型风险下面再区分出与农民权益流失密切相关的风险类型及其形成机理等。

4.1 农民土地承包经营权流失的社会风险

4.1.1 农民土地承包经营权流失的具体表现

4.1.1.1 流转行为不规范，土地承包经营权隐患较多

随着城市化和现代化进程的加速推进，农村剩余劳力多以老弱病残为主，农地流转的实际决策权并不在农户，主要以当地基层组织的行政推动为主（当然，农户间的自发流转也占一定比例），农民囿于自身文化水平低、市场信息缺乏，以及在法律知识方面的欠缺，使其容易盲目听从别人意见，导致农地流转定价混乱、流转程序随意、流转合约不规范，为日后纠纷和矛盾的产生埋下隐患，对农民的土地承包经营权，特别是对被业主非农化了的农民土地权益造成了严重损害。多地的实证调研也验证了土地流转的随意性和不稳定性非常明显：20%的农民明确表示没有签订合同，10%以上的农民不清楚自己的土地是否签订了合同（见图4-1），60%左右的农民知道有合同这件事，但究竟谁跟谁签订了合同，却不明白。许多村社出租集体土地，土地流转租赁合同的签订，由当地乡镇政府牵头，村委会统一与农户签订合同，然后再与业主签订合同。其间，业主不直接和农户在合同上交涉，且租地合同由村委会统一管理，参与土地流转的农户手里没有合同原件或合同复印件。从部分复印文本来看，很多合同都没有明确流转农地的边界和违约补偿条款，没有明确流转农地的用途限制，没有清晰界定农民、业主、村集体三方的权利、义务等。一旦发生纠纷，农民连最基本的土地流转租赁合同都无法举证，这些都是将来产生土地承包纠纷和由此而引发群体性事件的重要根源之一。相关研究表明，由政府出面流转的农地约为

40%，由村社出面流转的农地约为44%①，农地流转主体恰恰为基层政府和村集体而不是农民。显然，"当法律不能清晰界定权利边界，或者界定之后又不能维护这种界定的有效性，实际的政治力量就要发生作用。这其中最大的问题是在政治关系中处于弱势地位的农民会受到侵害"②。

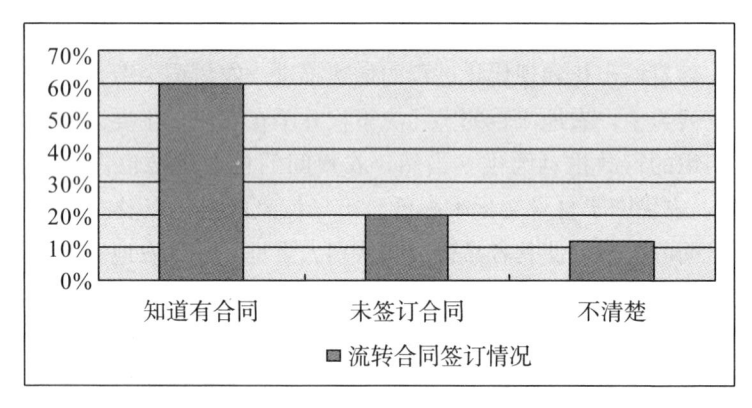

图4—1 农民对流转合同的知晓程度

4.1.1.2 政策践行变形，土地承包经营权后续保障不清晰

《农村土地承包经营权流转管理办法》规定，农地流转的主体是农民。由于青壮年劳动力甚至是60后、70后的中老年劳动力多外出务工，农地流转的决策主体缺位。调查显示，有近14%的人不知道或者不相信他们拥有土地使用权的转让权，有40.2%的人不相信或不知道他们的子女有土地经营承包期内的继承权。③某些基层干部"心痛"土地撂荒，无视法律规定，擅自将农地流转，并签订了长期租赁合同。然而，对于视土地为命根

---

① 许恒周，曲福田. 农村土地流转与农民权益保障［J］. 农村经济，2007（4）.
② 党国英. 深化土地制度改革不可久拖不决［J］. 国土资源，2008（1）.
③ 转引自杜培华，欧名豪. 农户土地流转行为影响因素的实证研究［J］. 农村经济，2008（2）.

子的农民来说,没有土地就意味着没有了未来的生存保障,没有土地就可能失去承包经营权。因此,外出务工人员节假日回到家乡后,往往会因土地流转问题引发与村社干部和业主的冲突。2009年开始,全国许多地方开始了农村土地的确权颁证工作,由于经费等原因,使得部分基层政府在土地核定、测量、证件办理等方面的不作为、乱作为现象较普遍。笔者在眉山市调研时发现,农民手里都有土地承包经营权证,但是,其中涉及的边界、亩数等关键数据均是农民自己上报,乡镇一级由此印制产权证即可。在一些仍没有确权颁证的地区,基层干部对此项工作更是不屑一顾,一位乡镇副镇长明确表示:"拿不拿证有什么区别? 不拿证一样是承包了那块土地,拿证也只是承包了那块土地,镇上要流转,农民不同意也要流转。"由此可见,农村土地流转政策在实践中被选择性执行,导致农民土地承包经营权受损。

4.1.1.3 流转机制不健全,土地承包经营权难以获取流转收益最大化

2007年起,在成都、重庆等地相继建立了农村土地流转的交易市场,定期发布土地供需信息,在一定时期内降低了农地流转的交易成本,保护了农民的经济权益。从这些交易市场的运行现状来看,多以提供农地供需信息为主,既没有农地流转经营主体的准入条件限制和流转农地的风险评估机制,也没有对业主的经营能力、资信情况和项目可行性的审查,更没有建立健全不同产业、不同区位农地的基准地价与合理的价格增长机制。有些地区建立了市、县、乡的三级农地流转机构,但在实际运行过程中形同虚设。由于土地流转政策宣传不到位、流转信息不畅、土地评价缺乏依据、农民咨询没有门路、土地流转对象与范围选择余地小、流转形式比较单一,往往出现农户有转出土地意向却找不到受让方,而需求土地者又找不到出让者的双重困境。在这样的背景下,农民对业主本人及其流转土地的用途更加不了解,因而

在流转合同签订时，宁愿减少高额的流转收益，也要缩短土地承包经营权流转的年限，使得现代农业规模经营所需土地数量不足。

四川三农新闻网等媒体在4月初密集报道：2013年3月28日，眉山市诞生了四川省第一个家庭农场。丹棱镇大林村三组赴日研修返乡农民刘子刚，领到了自己生平第一份工商营业执照，成为丹棱农民家庭生产经营者中敢吃"螃蟹"的第一人。刘子刚1997年从部队退伍后，先后在本地和海南、深圳等地务工经商，2003年自费赴日研修，2004年回乡即承包了本村60多亩土地从事规模化种植水果，2008年加入大雅果业联合社，2013年在县农林局的指导扶持下，以"猪—沼—果（菜）"模式开展晚熟优质水果营销，家庭农业年收入达到8万元，2年后可达到30万元。政策加科技的激励，催生了一个传统农民到新型职业农民再到现代农场经营业主的华丽转身。[①]

由于多家媒体的报道，刘子刚成为当地农民眼中的"红人"，使得人们误认为刘子刚跟政府关系密切，规模经营可以产生诸多私人收益。因此，当4月份刘子刚急需流转周边20亩土地时，出现了流转难题。一是部分农民宁愿将土地闲置或免费流转给其他人也不愿意流转给他；二是部分农民提出，流转合同只能3年一签，然而对刘子刚来说，现代农业的规模效益要在3年以后才能显现，并持续14年以上；三是部分农民提出了高于当地土地流转最高价格的租金。显然，农民的小农思想制约了农地流转，既限制了现代农业的发展，又没能使土地承包者所拥有土地经营

---

① 丹棱，年收入达8万，家庭生产经营者吃"螃蟹"第一人［N］. 四川三农新闻网，2013－04－02.

权的收益最大化。

4.1.2 农民土地承包经营权流失的风险类型

4.1.2.1 "虚拟产权主体"诱发社会不稳定风险

Louis Putterman 和 Hardin 在运用"公地悲剧"理论分析中国农村土地制度时指出，中国农村土地集体所有实际上就是政府所有，因而不可避免地出现农地的低效利用与过度开发并存的现象。[①] 农村土地名义上归集体所有，但在实际使用过程中，集体所有的产权是虚置的，农民对土地的权益局限于耕种权、部分收益权和少量处置权。在20世纪90年代时，周其仁教授和于建嵘教授就曾做过精辟的分析。他们认为农村土地的产权不是纯粹的"共有的、合作的"私人产权，而是由国家控制的、农村集体经济组织承担控制结果的产权制度安排。一方面，村集体是有限地域范围内农民个体的集合，个体将私有产权集中，并委托给集体，集体是个体产权的代表和代言人。但是集体所有并非等于个体所有之和，导致最后的责任没有可追溯的委托人或代理人，也形成了"代言人"肆无忌惮地为自己谋取利益的诱因，从而降低了清晰产权有效配置资源的效率。另一方面，1988年颁布的《土地管理法》将农民集体明确界定为乡农民集体、村农民集体和村内两个以上的农业集体经济组织，将农民集体与农业集体经济组织划上等号，事实上混淆了农民集体的内涵。因为一些村民委员会仍然在履行土地产权职能。此外虽然规定了农村土地由集体经济组织所有，但法律又规定国家在征用时仍需村民小组同意，农民集体这个产权主体仍然是虚拟的。由于土地产权的虚置，农民权益不能得到有效保障，直接影响了土地的利用效率。

---

① LouisPutterman, , The rule of ownership and Property Rightsin China's Eeonomie Transition", TheChina's Quarterly, Vol, 144, PP1045-1065

2002年出台《土地承包法》后，上述现象得到明显的改善。《土地承包法》第16、32、36条等对农村土地承包权的长期有效性进行了明确规定，包括已婚妇女的承包权、新增人口的承包权等，从法律上明确了农民在承包期内拥有实在的土地使用权、经营权、收益权、处分权和使用权的转让与流转等。农村土地产权的明晰，减少了农民与村集体和业主因为不确定的权属所产生的争议与纠纷，大大降低了农地流转的交易费用。《土地承包法》的第24、33、34条明确规定任何组织和个人不得强迫或阻碍土地承包经营权的流转，承包人有权自主决定农地流转与否。根据科斯的产权交易费用理论，将农村土地产权界定给抽象的、模糊的村集体所产生的交易费用远远高于将产权界定给农民，资源配置效率也大大低于农民拥有产权的效率。《土地承包法》最明显的特征在于将农村土地使用权中的流转权与转让权的权利界定给了农民，减少了形形色色的"代言人"非法攫取农地流转收益和"租金"的非生产性耗散，土地资源配置更加有效率。

　　《土地承包法》从颁布至今已有10多年，课题组在调研中却发现，农民对其内容的知晓率非常低，仅为2%（见图4-2），而且大部分为基层党员干部。这既有政策宣传不到位的原因，也有农村劳动力多数外出务工，导致其对农业政策不关心的原因。因而，当村集体动员农民流转土地时，多数人均认为：

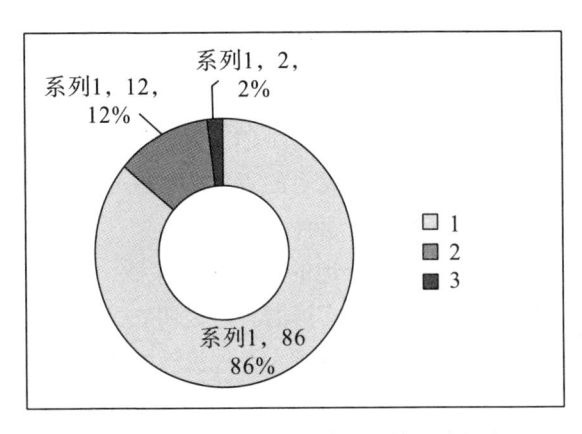

4 农地流转中农民权益流失的风险识别

图 4-2 农民对相关法律法规的知晓程度

"组上喊我们去开会,喊大家积极流转,大家都流转,就流转了";

"啥子政策不晓得,但是队里和村上说把土地租出去,每年收租金,不用种地又有钱拿,又没得啥子影响得,人也不用那么累,就参加土地流转了";

"他们(政府)生怕你不流转了,才不会跟你宣传那些政策"……

这些回答在一定程度上说明,尽管《土地承包法》界定了农民是农地流转的主体,但农民在参加土地流转之前,对土地流转过程中、土地流转后自己享有的权利并不熟悉,对流转将会产生的各种影响和后果也无从得知,更不清楚村委会和乡镇政府跟业主之间的谈判内容,尤其对土地流转将产生的长远影响几乎一无所知,这些问题在一定程度上使得大规模土地流转中农民的土地承包经营权遭到了严重的侵蚀。

一个更为极端的例子,是广东乌坎事件。多年来,乌坎村村委会在村民不知情的情况下陆续将 9000 亩集体土地贩卖得只剩下 2000 多亩,村民既没变成市民也没有解决低保问题,村民只从数亿卖地款中，得到440元/亩的补偿，但如果村民要修建200平方米的宅基地，却要支付20-30万元的费用，未来如何生存，是摆在乌坎人面前的一道难题。直到最后一块土地即将被卖，乌坎村民才在外出务工返乡的青年——庄烈宏等人的带领下持续上访，最后演变为乌坎事件。

从乌坎村村委会贩卖土地的时间分布来看，其中有3000多亩是《土地承包法》颁布后卖掉的。这说明农民集体这个虚拟主体即使通过法律界定后，农民成为土地流转的实际主体并没有在现实中实现。乌坎事件初期，地方政府未重视农民的利益诉求，这冲毁了村民们的最后心理底线。基层党员干部既没有积极宣传国家的相关政策，也没有积极解决群众难题，反而见问题就推，见矛盾就躲，最终使该事件成为农地流转中政治风险的典型。

一些乡镇迫于经济发展的压力，主动介入村社的农地流转，采用简单的工作方式，违背农民意愿，强行在区位条件较好的村社推进农地流转，有的业主以发展观光农业的名义随意改变土地的农业用途；有的以龙头企业的名义进驻，拿到一大笔国家扶持资金后将土地长期荒芜。以上行为严重侵害了农民的经营自主权，损害了农民的经济利益，导致干群关系紧张，增加干群矛盾风险。另外，当以镇村为主体流转农地后，农民短期内的租金收益受损，村民与村委会、村组的矛盾激化，如果矛盾得不到及时有效的解决或是农民认为基层政府与村委会、村组存在利益关联，不能公平公正地处理矛盾纠纷，必将导致基层政府公信力下降，引发大量的群体上访事件，处理不当则可能导致大规模的群体性突发事件。

4.1.2.2 灾后重建中农地流转性质变异将诱发多重社会风险

近年来，全国各地的特大自然灾害不断，如汶川地震、玉树地震、芦山地震等。为了尽快恢复灾区群众的生产生活，部分地方政府出台了农村住房联建政策，兴建了现代农业园区等，在一定程度上推动了灾后重建工作，同时也存在诸多问题，如擅自改变土地用途、流转土地荒芜等，使农民权益在灾后重建中难以得到有效保障，进而可能使农村社会不稳定因素积聚，加剧了农村地区近期和远期风险发生的概率。

笔者在与四川省茶坪村村民的座谈中了解到，该村很多村民小组的耕地几乎全部以联建的名义被流转了（见图4-2），只有极少部分退耕还林，种上银杏等树木。

图4-3 联建住房

（每栋楼房左边的一至二楼或三楼为联建户房屋，另一边为农民房屋或联建户独立修建）

灾后重建中的农村土地流转，更多的是村干部单方面与联建户或其他业主签订合同，缺乏规范化的流转市场和标准化的流转规则，也没有第三方组织作为中介对土地流转相关手续如合同进行登记和备案。在调研中，有些农民还认为我们是政府的暗访人员，情绪非常激动，他们认为在住房联建中自己的房屋是被强制的，如果农民强烈抵制的话，有的村干部就强制拆除。更为严重的是，有些村干部联手欺骗联建商，不仅在农户与联建商中"吃差价"（联建商支付1400元/m^2，农民实得1200元/m^2），还强迫联建商购买指定的原材料。一旦农民、联建商上访，将被拦追堵截，甚至打击报复。从短期来看，农民不仅没花一份钱就建好了漂亮的住房，还赚取了高额集体土地转让租金；但从长期来看，在没有耕地也没有集体经济的支撑下，这些村民将很快陷入进一步发展的困境。也很快发现了这一模式的弊端，及时停止了该模式的复制与繁衍。

课题组成员在四川、新疆、甘肃等地震灾区调研中发现，灾后重建中，援建省份引进了一些不适合当地生长的作物，或当地为了配合援建省份，盲目地大规模流转农地，兴建现代农业园区。时至今日，有许多园区闲置或处于半停产状态，还在经营的流转农地，多数已经"非粮化"了。特殊时期实行了许多特殊政策，如无合同租赁、不规范合同租赁等，既没有规范化的流转市场和标准化的流转规则，也没有第三方组织作为中介，没有对土地流转相关手续如合同进行登记和备案。部分工商资本利用土地流转套取国家项目资金，土地流转在一定时间段之后常有业主携款消失，农民收不到租金却求助无门，只有通过集聚行动来维护自己的权益，加剧了农村社会风险。

4.1.2.3 农民权益缺失诱发政治风险

《农村土地承包法》第24条规定，承包合同生效后，发包方不得因承办人或者负责人的变动而变更或者解除，也不得因集体经济组织的分立或者合并而变更或者解除。第25条规定，国家机关及其工作人员不得利用职权干涉农村土地承包或者变更、解除承包合同。第26条规定，承包期内，发包方不得收回承包地，户籍变动的情况除外。但《土地管理法》第37条却规定，承包经营耕地的单位或者个人连续两年弃耕抛荒的，原发包单位应当终止承包合同，收回发包的耕地。在当今社会，农民在城乡间流动越来越频繁，他们中的部分人或长期在城市务工或在年老时返乡，其间，他们所承包的土地在没有人租赁的情况下，大多弃耕抛荒了，部分基层组织严格按照法律办事，在农民长期外出时将其承包土地收回重新分配或流转，形成事实上的承包经营权丧失。然而当农民工返乡后，发现作为其生存保障与社会福利保障的土地承包经营权被剥夺，那么在农村生活下去就成为其一大难题。2008年金融危机之下的农民工返乡潮，就曾引发了大量的土地承包纠纷。农民对基层组织的不满将逐步延伸到地方政府。若被某些人利用，产生的政治风险将不可估量。

4.1.3 农民土地承包经营权流失的社会风险形成机理

4.1.3.1 农民法律意识淡薄

虽然，我国在《农业法》《草原法》《渔业法》《土地管理法》和《农村土地承包经营权流转管理办法》等法律体系中都对土地承包经营权进行了详细的规定和说明。[①] 在农村土地流转过程中，很多农民对于在流转过程中存在的相关法律法规没有清楚的认识，使其对农地流转前后自身所拥有的土地承包经营权益知之甚少。土地流转在实质上都会对农民权益造成一定的影响，而流转过程，是否侵犯了自己的权益，是否基于自愿的基础，如何来获取土地经营权的保障，这些问题大多农民都不了解，也不去关心。

我们在调查中发现，一些农民认为：土地是村集体的，在流转中完全听从村组织的要求。只要村委会要求土地集体流转，农民便自觉交出自己的承包经营权，使得这样的一个流转过程以一种所谓的"自愿流转的形式"开展。同时，一些农民还存在着盲目从众和贪图小便宜的心理，看到别人在流转土地，或者是在其他人的怂恿与鼓动之下便为了谋求一时利益而随意转让经营权。这又表现在流转的随意性和不稳定性上，随意的口头签约，随意的代签改签，都使得农民在不知不觉之中丧失对土地的经营权，

---

① 袁铖. 城乡一体化进程中农村土地承包经营权流转制度创新［J］. 宏观经济研究，2010（10）.

或是弱化了承包经营权。在此过程中，农民对于自己土地的承包经营权的改变毫无知晓。在他们权益受损时，又无从寻求帮助。还有一些人对农民土地承包经营权在认识上存在着一定的偏差，认为家庭承包是基于集体经营的，且把农民与集体之间的承包合同看作一般意义上的合同，这样一来，自身承包经营权在受到损害时也毫无知晓。①

在农村中农民普遍存在着法律知识缺失和法律意识淡薄的情况，这直接导致了土地流转中对土地承包经营权的弱化，甚至是丧失。而土地承包经营权的弱化和丧失，又直接导致了农民的失地风险的出现。土地对于农民而言十分重要，更是农村社会安定的一个基本保障，因而土地经营权的丧失，将会直接导致农民生活水平的降低，进而影响着整个社会的稳定。

4.1.3.2 制度方面的误区

虽然我国对土地流转的形式、范围等都有相关规定，但是在土地流转实践中仍然存在着一些制度和政策上的漏洞和误区，正是这些漏洞和误区使得农民承包经营权弱化进而引发社会风险。

一是产权制度不完善。当前我国土地制度中关于土地承包经营权的产权规定还存在着一定的漏洞。根据相关规定，农村集体是农村土地所有权的主体，而现在普遍存着村委会和村组织掌握着农村土地的所有权，这样就使得一些农民自己所承包的土地随时有被村组织以"公共利益"为借口征地而被剥夺。同时，根据土地管理法相关规定，基层政府与村委会的土地管理权存在交叉，使得村委会与农户争夺经营权，以及政府强制征地的现象也时有发生。这些都是产权主体不清造成的，其也很容易导致土地

---

① 王洪斌."两型"社会下的土地承包经营权抵押[C].中华全国律师协会经济专业委员会2009年年会（贵州）论文集，2009.

经营权的纠纷。[①]

二是土地流转机制不健全。首先，在农地流转过程中，农民与流入方相互之间流转信息不对称，导致很多流转问题的出现，致使农民经营权丧失，同时流入方也出现相关权益的损失，缺乏一种透明的信息交流渠道。其次，流转双方在供需方面没有达成一致，比如，课题组调研时发现，一些企业需要一定数量的土地，而农民却流转出了更多的土地，导致一部分土地被闲置和农民土地经营权的丧失，继而引发土地纠纷。

三是土地流转程序不规范。由于土地流转的相关法律并没有对流转的程序进行详细的规定，这就为农民在土地流转中相关权益受损埋下隐患。对于合同的签订形式，农民在很多情况之下以口头协议和"打条子"的形式完成，很大一部分还是由其他村民或村干部代签。不规范合同的签订，将会直接导致村民自身承包经营土地权益的弱化，或者说是被剥夺了自主决定转让的权利。

4.1.3.3 基层政府的缺位越位

在土地流转中，其中发挥重要作用的两个主体分别是政府和中介组织，政府发挥引导作用，中介组织发挥着维护农民权益的作用。然而，在农民土地承包权弱化问题上，政府与中介组织都存在着缺失的现象。一些土地流转的接收方在自身经营出现问题时随意缩短承包期和改变土地用途，将一些耕地变为建设用地，直接减少了农村的耕地面积，完全无视农地流转期满之后的农民土地经营权，使农民直接丧失土地，更不用说承包经营权了。显然，政府的管理权缺失，或是不作为，是很大一部分流转农地经营出现问题的诱因，直接影响了农民的土地经营权的保护。对于合同的签订、相关法律的宣传、农民权益的保障，中介组织也没

---

① 陈雪灵. 农村土地承包经营权流转问题探析［D］. 西南财经大学硕士学位论文，2012.

有及时跟进。同时，一些政府也存在乱作为的现象，即政府随意强迫种植、强迫流转，严重侵犯了农民土地自主经营权。甚至刻意缩短农民的土地延包时限，变相剥夺农民的土地经营权，或者故意增加集体土地，以备流转使用。还有一些政府以"招商引资"的名义侵犯农民土地承包经营权，利用农民对相关知识的缺乏，进行诱导性流转，随意变更合同内容，以及一些"返租倒包"等行为也严重损害了农民的土地承包经营权，形成了土地流转中社会风险的诱因。[①]

4.2 农民土地收益权弱化的经济风险

由于我国事实上存在着城乡二元土地结构，城市与农村在土地流转的增值收益上也存在着"剪刀差"的问题，特别是农村土地流转后，巨大的土地收益很少进入农民腰包。"经济人"假设认为人都是自利的，总希望以最小的成本支出实现个人收益的最大化。农村土地流转是农业产业化背景下的一种资源配置方式，但它并不是要在流转双方之间形成经营的利益共同体，对农民而言更多的以实现其自身或其整个家庭利益的最大化为目标。因而，在风险和不确定性条件下，农民对于农地流转收益均是从个体理性角度进行衡量，尤其是看得见、摸得着的利益，自然是农民暗自忖度的重点。

《物权法》将土地承包经营权规定为用益物权的范畴，其第117条规定了用益物权人对他人所有的不动产依法享有占有、使用和收益的权利。《物权法》把土地承包经营权界定为一种用益物权，其实质是把土地承包经营权作为一种财产权利，而不是仅

[①] 郭立建 试论农民土地承包经营权流转规范的法律机制［J］.《行政与法》，2007

仅看作一种生产决定权。[①] 因而在土地流转中，农民土地财产权收益是否能得到切实保证就成为一个关键问题。

4.2.1 农地流转风险中农民土地收益权弱化的具体表现

4.2.1.1 业主生产经营不善拖欠农民租金

业主作为农村土地流转的流入方，从农民手中获得土地承包经营权，在取得这一权利的同时，业主需通过农户土地收益权保障给予农户定量补偿，将这一补偿方式合法化的有效途径即是流转双方签订土地流转合同。土地流转后，业主作为独立的市场经济主体，面对激烈竞争存在着很大的经营风险。而且，一些业主本身就是小农场主，经营方式粗放、管理理念落后、运营资金有限、融资扩大困难。此外，由于农地流转的农村一般交通不便、工人素质不高，势必会有业主出现经营困难甚至破产倒闭。一旦业主经营不善，农民收不到租金或是租金不能及时、足额发放，其经济收益就会受到很大影响。虽然农地流转有利于农村发展、农民增收，但由于业主都是每年给付租金，也就存在着业主经营状况直接与农户租金能否按时给付的问题。在保障措施不到位的情况下，面对不确定的市场风险和难以预期的自然风险，农民的收益存在很大不确定性。

课题组在遂宁市蓬溪县大石镇调研发现，企业经营不善易引发拖欠农户工资和租金的行为。大石镇书记不无感慨地说道："业主在运作企业的过程中，由于缺乏专业管理人才，经营管理处于'懒散'状态，这很容易致使企业运作不稳定，从而引发拖欠打零工农户工资和土地租金的行为。"当地的中通（花卉养殖）公司就存在延付租金的现象，后来因为几户社员去专业合作社

[①] 丁关良，李贤红. 土地承包经营权流转内涵界定研究[J]. 浙江大学学报（人文社会科学版），2008（6）.

"闹事"才使土地租金在延迟半年后得以发放。在课题组的问卷调查中，仍有32.4%的农户未能收到或及时收到流转租金。

在农村土地流转中，很多地方为了招商引资，都是由当地基层政府先替企业垫付租金。一旦租金或工资无法准时支付，村民与村委会、村组的矛盾将会激化，若矛盾得不到及时、有效解决或是农民认为基层政府与村委会、村组存在利益关联，不能公平公正地处理矛盾纠纷，必将导致基层政府公信力下降，甚至引发群体上访事件，若处理不当则可能导致大规模的群体性突发事件。

4.2.1.2 业主的"套利"行为会妨害农民收益权实现

为了消除乡村"空壳化"，推动产业下乡、资本下乡、技术下乡，以此来促进乡村发展，助力广大农户改善生活，各级政府对投资农村的业主都出台了相应的扶持性政策。但在实际运作中，存在着业主"套取"国家项目和国家优惠政策的风险。土地流转的业主往往并不是依靠投资而从流转后的土地中获益，而是看重土地流转背后国家提供的项目和优惠政策。一些企业主在利益的驱使下，往往进行小规模的前期投资建设，在农地流转完成后套取国家的补贴，之后就偃旗息鼓不再进一步注资。笔者在调研时发现，某竹编企业以合作社之名，获得市级相关部门100万元的奖补资金后，迅速消失，其流转的300余亩土地已经盖上加工房，剩余土地则全部种上普通竹子，经济价值极小，农民一年的租金收益不仅泡汤，还需要支付1000元/亩以上的复耕成本，由此引发了农民与镇政府的直接冲突。

课题组在四川省南充市顺庆区搬罾镇调研时发现，当地政府发动多方力量支持县域有机农业的发展，实施"项目资金+企业资金"模式，对全县所有项目在战略层面上进行总体规划，对于引进的有实力的业主，政府会在土地租金上给予前期补贴。搬罾镇农业园区基础设施建设全部由政府投资，2011年3月有两个占地面积分别为 3000 亩（农业种植）和 5000 亩（观光农业）的企业开工，第一年租金全部由政府补贴，第二年的费用正在协商中，政府可能补贴 70%。当地农民却对我们说，企业利用土地流转套取国家项目资金的客观事实普遍存在。同样的，在遂宁市蓬溪县大石镇，当地农民对业主运作状态堪忧，据村民透露，一些业主在养鸡、种植大棚蔬菜和花卉上均是"赔了本的"，只有养猪可能有点盈余。只不过是"吃国家的项目钱"，"靠国家支撑着"才运转到现在。而且，由于资金周转困难，没有按时向农户发放土地租金。后来因为社员不满和政府施加压力，业主采取风险转嫁的形式来解决这个问题，即以成立专业合作社的名义把全村农户的身份证复印后向银行贷款。显然，一旦业主在未来几年里还摆脱不了经营困境，以农户名义产生的贷款将成为农民集群行为的重大诱因。

4.2.1.3 村组的"提成"行为侵害农民收益权

从理论上讲，农民出租土地后就应当获取全部租金收益，村组作为农民利益代言人，其牵线搭桥行为可视作公共服务的供给。多地调研结果也表明，农民更愿意将土地以较低的价格流转给村组干部和乡镇政府推荐的业主，而不愿意租给以高价主动找上门的业主，这表明农民对政府的信任。但是，部分村社干部利用农民的信任，从农民的土地租金中收取工作经费，如天马镇金陵村，村委会从参与土地流转的农户租金收入中抽取工作经费，每个农户抽取 10 斤大米/年·亩（农户租金收入以该地当年大米的市场价计算），村委会总计抽取工作经费上万元/年。但他们并没有在农户租金歉收时，扮演催租者角色；没有在物价上涨和企业收益稳步增长的情况下，扮演谈判者角色；没有在双方发生纠纷时，扮演协调者角色。反而成为企业的"追随者"，农民对此意见较大。尤其是在年底发放租金时，农民经常与村委会发生纠纷，村干部往往过年都不敢待在村里。省农业厅相关的工作人员在座谈时表示,这种"提成"的行为是完全不符合相关法律及政策规定的。农民本就微薄的租金收入再次被变相侵占,严重弱化了农民的收益权。

4.2.1.4 农地流转合同不规范弱化了农民的收益权

农民将土地流转给业主,通常以村委会为中介,由乡镇政府或村委会与业主签订合同,农民只有村干部的口头承诺。在合同谈判中处于强势地位的企业往往以较低的价格、较模糊的语言,签订有利于自己的合同,甚至与村干部"共谋",没有按照规定的程序公开招标或事先串通搞假招标。当自然风险、市场风险发生后,企业实施逆向选择,不兑现支付农民租赁费用的承诺;当经济收益大幅度增长时,农民的租金仍然维持在原来的水平上,均弱化了农民的收益权。目前,农村土地主要流转给了工商资本、龙头企业、经营大户,而这些业主以提供物资原料、技术、销售渠道为承诺,将流转土地反租给农户。在业主将土地返租给农民的环节中,农民因为其他农户的示范效应,或被传说中的企业收益所吸引,以其原来的土地租赁价格加上 140 元/亩的技术指导费开始合作。不难看出,如果企业经营不善,租金与农民的返租价格抵销,农民没有任何收益;如果企业经营良好,不仅不用支付实际的租赁费用,还能赚取 140 元/亩的技术指导费和产品销售差价,农民仅仅获得可能高于自己耕种或出租土地的费用,得不到相应的增殖收益。

4.2.2 农民土地收益权弱化的经济风险类型

4.2.2.1 农民土地收益权弱化易催生农村贫富差距扩大的风险

由于土地流转中农户参与程度较低、事实存在的"虚拟产权主体"、法律的保护力度有限等,使得流转收益过低成为一大问题。而且,由于缺少土地产权交易机构,没有办法发现土地的价格特别是远期价格,也没有办法为土地使用权入股、转让进行评估和监督工作。[①] 同时,农民所拥有的土地承包经营权实际上是一种不完善的产权,由于土地收益权的不完整使其难以形成有效的土地融资市场,限制了土地承包权价值最大化目标的实现,[②] 这在一定程度上强化了农民土地流转价格偏低的现实。在土地流转收益非常有限的情况下,对于并不依赖土地经营收入,有一技之长或有其他生活来源的农户来说影响并不是很大,甚至可能成为一笔额外的收益;而对于强烈依赖土地收益的农户来说,离开土地后,生活水平会有所下降,甚至会影响其最低的基本生活保障,出现返贫现象。同时,由于我国《担保法》规定对农村土地承包权不准设立抵押权,《最高人民法院关于审理涉及农村土地承包纠纷案件适用法律问题的解释》第15条也规定:"承包方以其土地承包经营权进行抵押或者抵偿债务的,应当认定无效。"[③] 这就使得农民不能将土地承包权作为抵押物到银行抵押贷款,以此进行融资,为发展农业生产或做小买卖注资,资金困难使其进行二次创业变得难上加难。

课题组在什邡市元石镇的调研中发现,有不少村民感到无奈,他们表示,当前土地租金为1400元/亩·年左右,与之前种植水稻、小麦等粮食作物相比,确实不亏,但若与种植烤烟、蔬菜等经济作物相比,则收入差距就很大。一位吴氏村民算了一笔账:"土地承包之前,一亩土地用来种植烤烟,则每年的收成最少有五六千元,最高时可达一万多。而现在,每年就眼巴巴地看着那一千多元的租金。想当初,可以靠种地供一个大学生读书,

---

[①] 伍业兵. 当前农地流转的特点、问题及政策选择 [J]. 经济与社会发展, 2009 (7).

[②] 方中友. 农地流转机制研究——以南京市为例 [D]. 南京农业大学博士学位论文, 2008.

[③] 周玉. 农地流转中农民权益保障问题探析 [J]. 广东土地科学, 2009 (1).

而现在如果只靠这点租金连最低的生活水平都难以保证！"在眉山市彭山县凤鸣镇也有相似的境况，流转土地的租金给付标准是每亩土地为760斤谷子乘以当年市场粮食价格，且仅以土地面积不以"肥瘦"等其他要素为标准进行租金给付。一位农民深情地讲道："我们是农民，全靠土地才能生活得走。"

4.2.2.2 农民土地收益权弱化易形成基层不稳定风险

在农村社会保障尚不完备、城乡一体化尚未实现的状况下，以土地集体所有制为基础的乡土社会在中国现代化进程中发挥着"稳定器"和"蓄水池"的功能。大部分农民的"弃农从工"都是不彻底的，形成的是一种"半工半农"式的家计收入模式和家庭劳动力再生产模式。① 当前农民进城务工衍生的模式可以称为"兼业型"家庭生计模式，这种家庭往往是年轻人进城务工经商，年老的父母仍然在家务农，或者是全家进城务工，农忙时回乡务农。一个农民家庭，正是得益于进城务工的收入加上在家务农的收入，同时由于农村生活成本比较低，相当部分的生活必需品可以自给自足，这样就可以大大减少农民家庭的支出，增加农民家庭总收入。依据统计数据显示，我国农户家庭经营性收入在农民总体收入中仍占最大比例。②

---

① 田孟. 农地抛荒与农民家计新模式 [J]. 农业部管理干部学院学报，2013 (2).
② 中华人民共和国国家统计局《2012年中国统计年鉴》[M]. 北京：中国统计出版社，2012：37

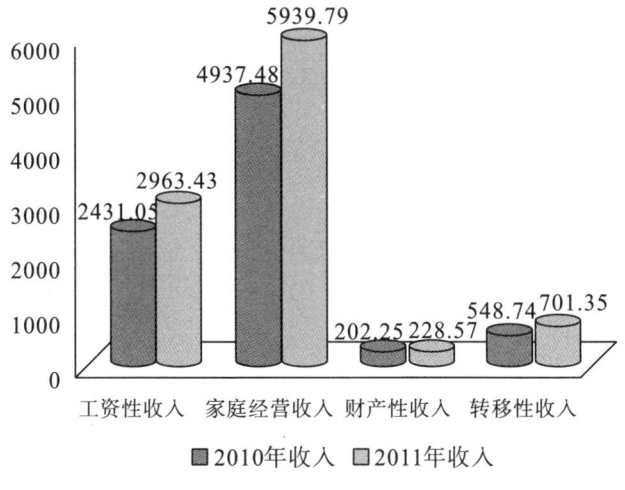

图4-4 我国农民家庭收入结构示意图（单位：元）

从宏观方面上来看，现在乃至未来很多年农民仅仅靠务工收入，也很难在城镇获得较好的生存条件，这是由我国目前的经济发展水平和产业结构层次所决定的。从微观方面上来说，土地流转后，进城务工农民已经出现了分化：有一部分农民凭借一技之长或者自主经营创业在城镇有了稳定的收入和较好的生活条件与产业基础，对于他们来说农村土地的各种收益已经不具有决定性意义了。还有一部分无特长的农民进城打工后获得了短期的收入，他们也想趁自己年轻在城里打拼一下，但这部分农民进城风险却很大，一旦在城镇的发展失败将导致其心理变化，从而影响农村社会的和谐稳定。

城镇化当然是大势所趋，但在实际发展中却可能产生两种截然不同的城镇化：一种是稳健推进、协调发展没有贫民窟的城镇化；另一种是激进推进以贫民窟为代价的城镇化。发展中国家在城镇化进程中存在着严重的城市贫民窟问题，唯独中国例外，很重要的原因就是中国进城的农民工可以返乡，当其无法在城市体面生存时，他们可以返回农村生活。① 因此，当前在我国的经济发展水平有限的条件下，失去土地而进城务工却又惨遭失败的农民不会是个例，而会是一个巨大的群体。如果进城务工失败，他们可能丧失基本的生活保障，无法在城市里立足，同时由于流转承包合同的限制失去或部分失去土地收益，又无法回乡耕种，游离于城乡两地，仅靠一年一两千元左右的微薄流转收益显然难以为继。他们的困境也就不再是简单的个人问题，长期累积的话，不但有可能导致社会治安问题频发，而且会成为影响社会稳定的大问题。

4.2.2.3 粮食安全风险

在农地流转之前，农民在自家承包的土地上有自主经营权，可以自由选择种植的农作物，这样的种植使得能够很好地应对市场波动情况下带来的影响，同时小片区的种植可以根据农产品市场的变化而随之调整品种种植，不至于受到市场的冲击。农户之间自主交易实现流转的土地一般也会保持原有用途，因为流转土地比较分散，且规模不大，接收方基于血缘、亲缘、地缘等考虑变更土地用途的转换成本较高，流转方为了自己以后土地生产经营的持续性，一般也不会准予改变土地用途。

但是在外来业主流转土地后，会大规模、大片区种植单一的农作物，其好处当然是促进农业生产的集约化、规模化和现代化，却会面临因经济波动而引起农产品市场销路不畅，使得粮食销售受阻，也会间接影响农民收益的获得。由于粮食种植成本高、收益低，粮食生产的规模经济几乎不存在，这就增加了流转方变更土地原有用途的可能性，用以追求高附加值的产业发展以获取最大化的利润，而且也可能造成产业结构不合理风险，不利

---

① 贺雪峰. 地权的逻辑——中国农村土地制度向何处去 [M]. 北京：中国政法大学出版社，2010：226-227.

于农村的长远可持续发展。课题组调研发现，在土地流转后的土地使用上，大多数业主都是在大面积地种植经济作物，而玉米、小麦等粮食作物的种植面积不断下降，这样一旦面临自然灾害，或者大规模的经济震荡，将会造成粮食安全问题，这个风险将是灾难性的，风险也是不可估量的。[①]

另外，很多地方土地流转合同中缺乏复耕保障条款，为了招商引资，一些基层政府对企业存在的农地破坏行为睁一只眼闭一只眼，使得流转到期后的土地复耕变得极为困难。粮食安全虽然表面上看是经济风险，但实质上却是事关我国政治稳定、社会和谐的大问题。

4.2.3 农民土地收益权弱化的经济风险形成机理

4.2.3.1 道德风险（moral risk）

"经济人"的理性行为是经济活动中常见的行为，"经济人"假设是自利的，总是希望以最小的成本支出或零支出方式实现个人收益最大化。这种最大限度地增进自身效用时做出不利于他人的行为，并且是一种不易为人发现的隐蔽行为就构成了经济活动中的道德风险。[②] 由于农地流转双方相互不了解，那么就需要用参与约束（IR）和激励相容约束（IC）来设计最优的合约 α 和 β π，以实现土地流转效用的最大化，从而规避道德风险。

激励相容约束条件为：

$$Max\alpha + \beta(ke + \varepsilon) - 1/2\,\lambda e2 - 1/2\,\rho\beta2\alpha$$

其中，α 为农地流转方的收益，β 为彼此的让利，k 为常数，e 为相容条件，ε 为流转中的不确定性因素，ρ 为流转方的风险

[①] 窦松博. 农村土地流转中的风险管理研究 [D]. 郑州大学硕士学位论文，2011.

[②] 约翰·伊特韦尔等. 新帕尔格雷夫经济学大辞典（第三卷）[M]. 北京：经济科学出版社，1996.

态度；λ 为流转成本系数，λ 越大，表明农地流转中隐含的道德风险越大，从而直接导致农地流转风险的增加。

求解：$e=\beta/\alpha$

$$IR\ e=\beta/\alpha$$

上式表明，农地流转双方让利越多，β 越大，那么双方参与程度较深，合约也更加完善，农地流转风险也更小。但是，事实上，农村土地流转交易实施前，农户总是尽量虚高亩产量和土地质量，以增加流转收益；而业主往往以土地收益的实质低产为筹码，支付较低租金后通过规模经营获得较高农业收益，或改变土地性质获取级差地租。由于知识的不完备性、预见未来的困难性、备选方案的有限性以及环境的变化性，致使人们的决策只能是有限理性，契约的制定和执行就越取决于市场的完备性。在这种情况下，信息优势方更有可能在合约条款中设计出有利于自己的内容，为争取农地流转合约纠纷中的有利地位创造条件。

4.2.3.2　非合作博弈（non-cooperation game）

非合作博弈是相对于合作博弈而言的，它是指企业与农户都独立地从个人理性出发，选择和实施能够使自己利益最大化的行动或策略，其结果可能对自己有效率而损害农业产业化组织的效率，从长期来看对自己也可能是无效率的。在农地流转中，博弈主体通常为农民和业主，即农地流出方和农地流入方，他们对土地的流转需求为：

$$Di = 1 - p_i + \theta p_i$$

其中，θ 表示流转双方的合作意愿，θ 越小，表明双方合作意愿较低，反之亦然。假定：当 θ=0 时，表明双方可能会合作，但合作中的道德风险较大；当 θ=1 时，表明双方的合作意愿较强烈，道德风险发生的可能性较小。既然土地流转是事实，那么 θ 的值一定在（0，1）间。由于农民与业主在动态市场环境下形成一定的势位差，处于弱势的一方缺乏充分的激励而采取不合作态度。更为重要的是，随着三农政策的调整，国家福利的增加，农产品价格波动，农地租金随之变化，农民理性和商人对最大利益的追逐本性促使双方的初次博弈表现为非合作博弈，为下次博弈埋下伏笔。除此以外，地方政府也常常扮演了农地流转主体的角色。他们往往缺乏城乡土地价值与使用价值的统一标准，粗暴地干涉农村建设用地流转的面积与价格；在耕地流转中，基层政府对部分耕地的用途改变现状不闻不问，导致复耕困难。农民一方面对基层政府的强行流转采取抵制策略，另一方面对土地流转后出现的恶果采取非暴力对抗方式表达不满，从而有可能出现影响农村社会和谐稳定的事件。

4.2.3.3 契约不完备（contract imperfection）

农村土地流转面积越大，农地属性差异也越大，农地流转合同的签订与执行在很大程度上就取决于市场的完备性。但是，在现实生活中，农地流转市场不完备、经济大市场也不完备，因而，不完备契约就在所难免。从长期来看，社会政治经济环境处于永续变动之中，未来充满不确定性，如政府政策、市场需求、消费偏好、企业技术状态等。这种系统外生的不确定性既可能给经济行为人带来获益机会，也可能给经济行为人带来收益上的损失。[1] 如自贡市农民余某某因为农业税费等负担过重，在2002年时将全家土地流转给本村农民曾某某，曾再将土地转租他人用于养殖，并获得较大收益。但由于国家在2006年前后，先后实施了一系列的农民减负措施（免征农业税等），还出台了多项惠农政策（粮食直补等），2007年农民余某某认为当农民更划算，于是返乡要求收回流转土地自种，并引发诉讼。

理性经济人在追求自身利益最大化时也面临着知识不完备、

---

[1] 施瓦茨. 法律契约理论与不完全契约，参见［美］科期等. 契约经济学[M]. 北京：经济科学出版社，1999.

预见未来困难、备选范围有限等难题，还可能由于机会主义考量在签约时有意漏掉一些重要条款。正是因为经济人的有限理性以及自利行为使其难以穷尽契约备选方案而作出"最优决策"。[①] 如北京市昌平区某村将 110 亩土地流转给本村村民董某，用于种植、养殖，两年后董某经村委会同意将承租的土地全部转租给某商贸公司，并签订"农村土地租赁经营合同"，租期 24 年，用途为农业生态园。但该公司在生态园内共建所谓"操作间"114 栋、独立管理用房 7 栋、独立管理用棚房 2 栋，建筑面积共 24.86 亩，园区内的建筑物全部使用红砖加钢筋混凝土地基，地面用水泥、彩砖等建筑材料硬化，经相关部门鉴定已造成土地耕作层破坏，种植条件严重毁坏，难以恢复。以上两个案例均有完整合同，却存在许多漏洞，如没有限制转租和使用性质等，引发契约风险，并损害了流出方的农地权益。

4.2.3.4 地方政府行为悖论（local government behavior of paradox）

凯恩斯主义强调，政府对市场的适当干预可以保证生产资料的充分利用和优化分配，填平补齐经济周期中的波峰和波谷，维持经济稳定增长，使总需求增加到充分就业的水平。但是，政府也是"理性经济人"，在宏观调控和社会管理的同时，也要追求经济利益尤其是政治收益最大化。与一般市场经济国家不同，我国政府的权力直接介入农地非农化进程之中，使农地非农化成为一种政府行为。[②] 一方面，农地流转能够促进规模经营和农业结构调整，提高土地利用率，既能促进现代农业的发展又能增加农民收入，地方政府往往扮演了"引领者"角色，积极促进农地流

---

① 关艳. 从交易费用谈我国农村土地流转市场的发展 [J]. 商业时代，2010 (12).

② 张飞，曲福田，孔伟. 我国农地非农化中政府行为的博弈论解释 [J]. 南京社会科学，2009 (9).

转。另一方面,通过土地整理能增加耕地和建设用地流转指标,基层政府将获取置换后的40%的收益。在这种利益驱动下,有些基层政府随意调整土地并流转出去,改变农户与土地的承包关系,忽视了土地对农民的风险保障功能,为农地流转埋下隐患。基层政府在农地流转市场上的越位、流转主体上的错位和监管上的缺位,使土地流转体系不健全,损害了农户利益。农民意识的觉醒将有可能加剧农地流转风险的爆发。

4.3 农民土地处分权流失的政治风险

土地流转说到底是一种物权的流转,是指中国现有的农村集体土地的流转,以及通过流转所产生的经营主体的变更。无论法律怎样规定农地流转的转包、互换、转让、出租、互换、转让等形式,究其本质,是指赋予农地所有权人(集体经济组织)特别是承包经营权人以充分、自由的"处分权能",也就是我们所提到的土地处分权。作为完整产权结构的主要构成,土地处分权应当作为重要的产权变量纳入土地收益函数,因为土地的处置权与因土地而引起的人们之间的行为关系、利益分配、收益份额、要素效率、市场运转机制等方面高度相关。[1]

4.3.1 农民土地处分权保障中存在的主要问题

4.3.1.1 农民缺乏自主决定土地用途的权利

《土地管理法》第14条规定:"农民集体所有的土地由本集体经济组织的成员承包经营,从事种植业、林业、畜牧业、渔业生产。"但是,《基本农田保护条例》第17条却规定:"禁止任何

---

[1] 李怀,高磊. 我国农地流转中的多重委托代理结构及其制度失衡解析[J]. 农业经济问题,2009(11).

单位和个人占用基本农田发展林果业和挖塘养鱼。"《农村土地承包法》第17条规定承包方承担下列义务："维持土地的农业用途，不得用于非农建设。"这就表明，无论农民在承包的农用地上投入多少人力物力，是否亏损或增产不增收等，都不能从事生产效益更高的林果业和养殖业，而只能用于农业用途，继续从事生产效率低下、比较效益较差的传统农业。显然，政策的强制性使得农民被迫以专有性生产经营来维持低水平生活。

4.3.1.2　农民土地转让权利受法律限制

《农村土地承包法》第26条第2款规定："承包期内，承包方全家迁入小城镇落户的，应当按照承包方的意愿，保留其土地承包经营权或者允许其依法进行土地承包经营权流转。"但第3款又规定："承包期内，承包方全家迁入设区的市，转为非农业户口的，应当将承包的耕地和草地交回发包方。"第3款作为第2款的补充和限定，明确指出只要农民的新居住地不是小城镇范围以内，就不能继续保有农村土地承包经营权，这就约束了以土地作为社会福利保障且不能享受城市居民福利的农民的发展空间。换言之，农民要么是低收益或负收益的持续经营者，要么成为城市中的贫困者。由此可见，农民的土地流转权利还有待进一步完善。

4.3.1.3　一些基层组织对农民土地处分权的侵害

在实际的土地流转过程中，有的村集体组织角色越位，有的基层政府主导了农地流转，行政干预过度，农民处分土地的主体地位往往被代表农村集体产权的"虚拟主体"即村民委员会和村民小组所代替，使得真正的权利主体被"虚化"，在一定程度上致使农民的土地处分权流失。调研中发现（见表4-1），有64.33%的农民并不认为土地流转决策权属于自己。一方面，表明农民对农村土地集体所有的认同度较高，村委会有权决定本村土地流转与否，甚至可中断土地承包合同。正是这种认识，在一定程度上助长了村委会和村干部任意"为民做主"的风气。另一方面，基于各种现实的经验，农地承包经营权流转并没有经过承包者的同意，留守农民也无力争援。有34.66%的农民认为土地流转的决策权属于自己，这部分群体多数是年轻人，了解国家法律法规，对自己正当权益的保护意识较强，另一部分群体则是因为村社干部的宣传才知道自己拥有这一项权利。由此可见，土地流转中"虚拟主体"强制农地流转无疑对农民的土地处分权造成了严重的侵害，农民没有权利对自己的土地按照自身真正的意愿转让、互换、入股、出租、抵押等，造成其处分权的流失。

表4-1 土地流转的决策权状况（%）

		频率	百分比	有效百分比	累积百分比
有效	是	228	34.21	34.66	34.66
	否	435	64.47	64.33	100.0
	合计	663	98.68	100.0	
缺失	系统	2	1.31		

资料来源于课题组问卷。

4.3.1.4 少数服从多数原则对农民处分权的影响

许多村级组织往往把农村集体用地看作是村民委员会有权处置的土地，往往不召开村民代表大会与农民协商就出租集体土地，并将有限的土地承包给本组织内外成员。还有的地方，农地流转后所获取的收益并没有平均分配给村民，而由村民委员会随意支配和使用。在农民外出务工较普遍的今天，一些基层政府或集体组织违背农村一事一议的民主议事机制，以"集体"的名义"代民做主"；或以村民代表大会讨论通过为理由，造成一部分村民权益的侵害。西充县一位农民在谈到旱地300元/亩、水田400元/亩的租金时说道，组上的青壮年劳动力外出务工了，家里的留守老人认为，地荒着也是荒着，还不如租出去，既有钱收还不荒地,于是村干部一动员,以留守老人为代表的村民大会就形成了土地流转决议。

4.3.2 农民土地处分权流失的风险类型

4.3.2.1 村组织的过度干预易产生群体性事件风险

借土地流转"渔利"受到一些乡镇行政机构的青睐,这就侵害农民的权益。一些地方的基层政府借口调整农业产业结构,采用行政手段强制流转农地或侵蚀农民的土地经营决策权,造成农户部分权益的丧失。[①] 在土地流转中,一些地方是"村里说了算",而这里的"村"一般就是村委会,由其直接主导土地流转进程。《土地管理法》第 15 条第 2 款规定:"农民集体所有的土地由本集体经济组织以外的单位或者个人承包经营的,必须经村民会议三分之二以上成员或者三分之二以上村民代表的同意,并报乡(镇)人民政府批准。"从此条规定来看,集体土地的流转处分权不是归于个人,而是给了三分之二以上的村民或村民代表和乡(镇)政府。一些地方政府急于加速实现农业产业化、现代化,推动城镇化进程,在实践中往往倾向于关注业主的意愿和要求,以寻求更大的"集体利益",直接或者间接地强迫农民在土地流转中做出让步以吸引投资。

课题组在遂宁市蓬溪县大石镇调研时,有些农户反映自家土地被以别人的名义流转,自己仍有户口但无法享受土地租金。一位年逾 60 岁的老婆婆激愤地说道,2007 年进行土地流转的时候,自己正居住在定居于成都的儿子家中。居住两年后返回自家时,得知自家土地被本村另一户村民以其名义流转,致使自己至今未收到土地租金。尽管期间她多次向村上反映甚至向上级政府

---

① 程世勇,李伟群. 农村建设用地流转和土地产权制度变迁 [J].《经济体制改革》,2009 (1).

上访，自己儿子也找过村干部并发生了肢体冲突，但终究于事无补。在成都市双流县三星镇和南充市西充县搬罾镇也有同样的情况，农民普遍反映由于村上要求流转，所以大家就必须流转，也有人去县里和市里上访，但都不了了之。在这种情况下，农民无法自主决定和有效监管土地流转的过程，容易诱发农民个人与村社集体之间因土地使用权流转和征用补偿费的归属而产生争端和纠纷，甚至成为大规模群体事件的导火线。由此可见，农村土地流转的很多纠纷核心问题就在于农民缺乏对土地处分的参与权和决策权。

4.3.2.2 农民处分权弱化会导致干群关系激化风险

村干部本身是农民的一员，但在有些地方，却成了游离于农民之外、处于农民和乡镇干部之间的独立而又矛盾的利益群体。[①] 正是由于这种定位的"矛盾性"也使得村干部在土地流转中出现行为上的"矛盾性"。村委会依据有关法律法规界定，是广大村民的自治组织，管理日常村务并向村民会议负责报告工作，同时要接受所在乡镇政府的指导、支持和帮助，对乡镇政府开展工作提供必要协助，但村委会并没有被赋予经济决策权。[②] 同时，考虑到大部分地区村集体经济组织主体缺位的情况，因而法律法规进一步规定村委会可以代替村集体经济组织行使承包地发包、宅基地分配、村集体资产管理等权利。但也指出，凡是涉及村民利益的重大集体事项须由村民会议集体开会决定。也就是说，在土地流转中，大规模集体土地流转的重大经济决策权在村民会议手里，而村委会干部无权决策。农地流转中村委会及其他村集体组织等"虚拟产权主体"对土地流转的主导和过度干预，

---

① 唐晓腾，舒小爱. 影响中国乡村法治化进程的因素和阻力 [J]. 战略与管理，1999 (3).

② 徐勇. 中国农村村民自治 [M]. 武汉：华中师范大学出版社，1997.

使得农民在土地流转中对自己享有的权利不熟悉，导致其在农地流转中"只认政府，不认业主"。

我国农村的土地产权主体或其代理人模糊不清，使得土地流转的利益主体被虚化，进而难以适应现代农业市场化的发展要求。[①] 合同签订时也不清楚村委会和乡（镇）政府跟业主是怎么谈的，在土地流转后，一旦农民收不到租金或是业主对租金不能及时、足额发放，村民与村委会、村组的矛盾势必会激化。因为在村民处分权已经流失的情况下，村民只知道自己是与村委会或村组签订的合同，此时，他们只会去找村集体组织谈判并解决问题。主导农村土地流转的基层政府，毫无疑问地会成为各种矛盾纠纷指向的焦点，这也会给基层政府造成巨大的政治压力。如果矛盾与纠纷得不到及时有效的解决，农民会认为基层政府与村委会、村组存在利益关联，不能公平公正地处理矛盾纠纷，就有可能组织农民群体集体上访或在镇政府集聚，给农村基层政权的和谐稳定带来巨大的威胁。课题组调研中发现，重庆市沙坪坝区土主镇的部分村民抱怨土地流转中都是村干部说了算，"我们哪里晓得，都是村里那些干部决定了的，租金谁知道他们和公司谈的是多少钱，反正发到我们手里就只有800斤稻子"；西充县搬罾镇部分农户反映2012年的土地租金已延期两个月没有支付，20多位农民带上锄头镰刀去找镇政府要钱，他们反而不去找业主讨债（因为业主是镇政府引进的）。

4.3.3 农民土地处分权流失的风险形成机理

4.3.3.1 法律体系不健全

从现行的相关法律法规来看，法律体系不健全是导致农民处

---

① 黄祖辉，王朋. 农村土地流转：现状、问题及对策——兼论土地流转对现代农业发展的影响 [J]. 浙江大学学报（人文社会科学版），2008（2）.

分权利流失的重要原因。多部法律中均将农村土地的产权主体界定为农村集体组织，产权主体的模糊性和边界的不清晰性导致农民土地权利与义务的模糊，使得农民一方面更加在意自己的土地权益，一方面又漠不关心任由村委会和乡（镇）政府随意处置土地，为基层组织肆意侵犯农民土地权益提供了可乘之机。与此同时，法律法规中并没有明确规定，农民流转土地时是否一定要告知村委会等基层组织，以及农民与农村集体组织在农村土地流转中的权利与义务也不明晰，也没有明确规定业主的流转资格，以及业主因各种原因能否再次流转农地等，导致现实中以发展观光农业或以规模经济为借口进行"圈钱"，甚至经农民同意而擅自再次流转。自贡市农民余某因业主曾某私自将土地流转于他人而将其告上法庭，要求收回土地，但法律法规中并没有指导性条款，使纠纷的解决陷入僵局。

4.3.3.2 权力配置失衡

《村民委员会组织法》第 5 条规定，乡、民族乡、镇的人民政府对村民委员会的工作给予指导、支持和帮助，但不得干涉村民自治范围内的事项；村民委员会协助乡镇人民政府开展工作。由此表明，村委会不再是基层政府的派出机构，与乡（镇）人民政府之间不再是"领导"与"被领导"关系。然而，在现实生活中，乡（镇）一级的行政部门拥有广泛的行政权力，在与村委会和农民的利益博弈中往往处于绝对的优势地位，作为基层组织代言人的村委会和人大代表在农村土地流转与否的决策中影响力非常小，农民在将农地流转中发现的问题反馈给基层政府时，也很难得到及时的回应和有效的处理。村委会作为基层群众性自治组织，原则上只有遵守和宣传国家相关法律法规和政府各项命令的义务，没有具体的执法权，但是基于惯性，乡（镇）干部经常把村委会当作自己的下级，摊派各项任务，如每年必须要流转的农地数量。而村委会为了寻求强有力的依靠，树立自己的行政权威，也乐于被"摊派"，两者形成了事实上的"上下级"关系，为农民的土地权益受损埋下隐患。

4.3.3.3 基层组织职能错位

在农村土地流转中，基层组织职能错位现象非常突出。一是基于政绩考虑的农地流转。乡（镇）人民政府认为自己的权力来源于上级政府的授予，因此完成上级交代的农业现代化任务的根本途径就是要通过土地流转促进规模经营，从而提升现代化能力。于是又以发展特色农业之名将农地流转指标下达各村社，拟定评比与考核的标准并开展评比活动，加速农地流转进程，这期间不可避免地出现了侵犯农民土地权益的事件。村民委员会认为自己的行政权威来源于乡（镇）政府的塑造与扶持，因此，以农村土地产权所有者身份"代民做主"，强迫或擅自将农民的承包土地流转出去。二是基于权力寻租的农地流转。农村土地流转对于许多村社来说，不仅完成了上级任务，还增加了村社收入。特别是一些条件较好的村社，农村土地的使用价值非常高，而多数农民外出务工，这样村社干部就自行与业主商定农地流转价格，一方面对农民宣称自己已经了解业主情况，可以保证农民利益，并顺利地从农地租金中提取管理费用；另一方面对业主宣称自己是农村集体土地的所有权代表者，可以帮助业主以较低价格获得规模数量土地和协调经营生产过程中的各方关系，理所当然地从业主那里收取协调费用，导致农地流转价格远远低于市场价格，不仅损害了农民的土地收益权，还损害了农民的土地处分权。

除了上述因素以外，还有农民自身素质较低、农村精英缺乏和中介组织欠缺等影响农民处分权的因素。我们的调查显示（见图4-5），农村劳动力中有高中学历者仅占11%，有大专及以上学历者仅占2.7%，其余劳动力只有初中及以下学历，他们对到哪里打工、在什么地方能挣到更多的钱的关心胜于对土地流转政策的关心，同时也认为自己的利益诉求不会进入到村、镇农地流转决策过程中，因而对农地流转与否漠不关心，如乌坎事件中的村民在长达二十几年的时间里几乎没有关注过本村集体土地的处分情况。在仅有13.7%的高学历中，除了少数担任村干部和发展家庭农场的以外，多数已经外出务工，没有农村精英的引导，农地流转方式、程序、时间、业主选择等均由村社和乡（镇）做决定，农民被排斥在决策程序之外。合作社等作为农民自治的经济组织之一，在发展农业生产、提高农业技术运用方面发挥了极大的作用，但是它没有能力开展土地流转咨询、资产评估、价格预测等工作，因而对农民的吸引力较低，也不被认可为具有代言能力的中介组织。而多数农民认为只要土地不荒芜、有人种就行，以致合同不完备，村社和乡（镇）政府"代替"农民将土地流转出去，出现农民土地处分权受损的情况。

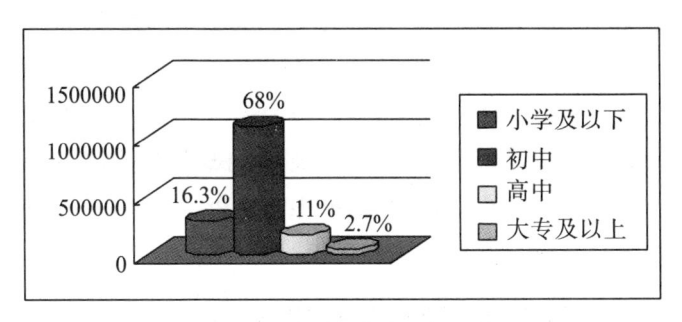

图4-5　农村劳动力文化程度

4.4　农民司法救济权缺失的社会风险[①]

农民权益受损的救济途径大致包括民间救济、行政救济和司法救济三种类型。若农村土地流转纠纷仅仅发生在农民与业主之

---

① 本节主要内容已经发表在2014年12月的《社会管理创新报告》一书中。

间，那么双方在"赢了官司赢不了钱"的普遍心理支配下，通常寻求民间和基层组织来进行调解，但是这种救济方式往往界于合法与非法之间，具有调解后果的不可预测性和法律适用的不统一性。在基层行政组织主导的农地流转背景下，越来越多的流转主体（包括农民和业主）寻求行政复议途径来解决纠纷和矛盾，然而，行政复议管辖体制和行政复议机构设置不合理，行政信访解决机制不合理与程序不规范，行政监察中的有法不依、执法不严、违法不究等现象使行政法律救济途径存在诸多缺陷。[①] 司法救济是公民在行政救济、民间救济失败后寻求权利保障的最后一条途径，是公民应享有的一项基本人权。它是指任何人当其宪法和法律赋予的权利受到侵害时，均享有向独立而无偏倚的法院提起诉讼并由法院经过正当审理做出公正裁判的权利，[②] 包括刑事、民事、行政诉讼救济三种类型。一套公正的司法诉讼程序，使土地流转的利益相关方均有平等的听审权、问询权、请求裁判权等，最终获得各自满意的或胜或败的裁判结果，使公平正义在农地流转中以看得见的方式得以实现，农民权益得到法律法规的有效保障。由此可见，司法机关的中立性和"司法最终原则"使司法救济比其他救济方式更有优势。

4.4.1 农民司法救济权保障存在的主要问题

4.4.1.1 土地管理法在农民权益救济方面的制度缺陷

一是"公共利益"的模糊性。《土地管理法》中没有对"公共利益"的范围作出明确的规定，导致基层政府和农村集体组织（如村委会）以公共利益之名，将农村农地流转给工商资本，用

[①] 韦红霞. 我国土地征收的司法救济制度研究 [D]. 贵州大学硕士学位论文，2005.

[②] 苗连背. 公民司法救济权的入宪问题之研究 [J]. 中国法学，2004（4）.

于观光农业或小产权开发，而土地的流转费用仍然按土地亩产量进行固定年限计算，不仅损害了农民的土地流转参与权，还损害了农民的土地收益权。对于这样的权益保护问题，法院因缺乏受理理由而不予受理，不能及时有效地保护农民权益。

二是行政不作为。农地流转中的行政不作为是指农民请求行政机关及其工作人员履行其法定职责，或依职权采取一定行政措施，而行政机关及其工作人员采取推诿、不予答复等方式拖延其应当履行的职责的行为。《土地管理法》第5条规定，土地行政主管部门统一负责全国土地的管理和监督工作。从农地流转纠纷来看，基层政府强制流转、改变土地用途和租金没有按时收到等原因居多，其中改变土地用途这一现象，应当由相关部门依法予以制止，然而却因为各种原因听之任之，导致农村土地流转后被硬化、再闲置，或合约期满后复耕困难。

4.4.1.2 《行政诉讼法》在农民权益救济方面的制度缺陷

一是受案范围有限。1990年公布实施的《行政诉讼法》旨在保护公民、法人和其他组织的合法权益，多渠道监督行政机关行政职权的依法行使。但依据《行政复议法》第5条规定，公民、法人或者其他组织对行政复议决定不服的，可向人民法院提起行政诉讼，但是行政复议决定为最终裁决的除外。《行政诉讼法》第13条第4项规定，法律规定由行政机关最终裁决的行政行为不服而提起的行政诉讼，人民法院不予受理；第30条规定，根据国务院或省、自治区、直辖市人民政府对行政区域的勘定、调整、征用和确定土地的决定，自然资源的所有权或者使用权的行政复议决定为最终裁定。由此表明，法院不会受理行政机关最终裁决的具体行政行为的合法性问题，案件诉讼范围的限定，形成了事实上的权益受损，农民的司法诉讼权缺失，违背了司法的最终解决原则和公平正义的法律精神。

二是纠纷判决类型单一。1989年版《行政诉讼法》第55条还规定，人民法院判决被告重新作出具体行政行为的，被不得以同一的事实和理由作出与原具体行政行为基本相同的具体行政行为。这样，就会使权益受损农民与其他利益相关者的行政诉讼陷入无休止的循环争讼之中，加重了当事人的经济、精神负担，还可能加大农民对社会不公正的看法，激化社会矛盾。《行政诉讼法》的《最高人民法院关于适用〈中华人民共和国行政诉讼法〉的解释》中规定，相关判决的行政行为适用法律、法规正确，且符合法定程序的，维持原判，反之则全部或部分撤销。该条款的规定使得法院只对涉及行政处罚的具体行政行为进行审查，却不能更改土地流转纠纷处理结果，并进行重新判决。

三是诉讼成本高。从农民的角度来看，行政诉讼成本包括起诉费用，以及由于诉讼所发生的时间、交通、精神等方面的费用和精力，还有因诉讼所产生的机会成本。农村集体土地产权的模糊性，使农地流转纠纷形成农民与基层行政组织的直接冲突，两者的势位差导致农民处于弱势地位，在复杂的利益关系中，行政诉讼效率非常低，即使农民胜诉，也将面临"执行难"的问题，以及农民对行政组织可能的"报复"产生心理负担。调查显示，有32％的人明确表示自己的土地被转租等引发纠纷时将不会寻求司法途径解决纠纷，更有44.4％的还不知道可以选择法律途径解决农地流转纠纷，仅有14.3％的人表示当农地流转纠纷发生后会向法院起诉。

4.4.1.3 农村集体土地流转司法解释在农民权益司法救济方面存在的制度缺陷

最高人民法院在2004年出台了《关于审理涉及农村土地承包纠纷案件适用法律问题的解释》；2008年12月4日发布了《关于为推进农村改革发展提供司法保障和法律服务的若干意见》。两部司法解释均对农村土地承包纠纷和流转纠纷的司法救济做出了明确规定：对涉及发包方违法收回、调整承包地，或者承包方弃耕撂荒承包地的纠纷，可以根据纠纷原因依法分别处理。农民以合法的途径，通过家庭承包的形式取得农地承包经营权乃是其安身立命的根本，当其权益受到损害或侵犯时，农民可以依据《物权法》要求返还承包地，且不论侵权人是否已将该承包地出租并建立合法的法律关系。但其前提是"违法"，而对于人多地少的广大农村来说，只要少数服从多数，人们就认为是合理的，合理即是合法的。权益被侵害的农民在得不到村委会帮助的情况下，转而寻求乡（镇）政府，但基层政府却认为这是村里自己的事情，不便干预；基层法院以"既不是民事纠纷也不是行政争议"为由，不予受理，从而导致农民陷入有心维权，却欲告无门的困境。在调研中，有17.7%的农民明确表示不会选择法律形式解决土地纠纷；剩余82.3%的农民中，多数表示"默默忍受"，但是，一旦有人组织"闹事"，他们将马上加入，共同向各级政府施加压力。

4.4.1.4 农民司法救济权益的法律适用分歧

最高人民法院出台的司法解释中，将农地承包经营权定性为物权。这样，农民的承包经营权就具有了排他性和绝对性，即农民已经承包的土地不能同时存在两个或两个以上且相互抵触的物权。农民率先与村集体经济组织签订的土地承包合同的法律效力远远高于村集体经济组织擅自与业主签订的土地流转合同，除非根据双方的事先约定或法律有明确规定的情况下才能撤销。然而，在实践中，基层政府却认为是合同关系，基层法院的判例中也适用了合同法的相关条款（如广州市新涌村村民陈某某与林某某等人的流转纠纷），将其定性为债权。债权属性中的村委会与农民就是发包方与承包方的关系，村委会提前终止承包关系，或不经农民本人同意就将农地流转给业主，其行为仅仅是违约。按照《合同法》的相关规定，违约方将被强制履行合同，但是其前提是违约方能够"实际履行"。此时的农地已经被第三方实际使用，村委会就可以以"履行不能"为借口，仅仅承担赔偿损失的违约责任即可，农民的土地权益并没有从上述法律中获得有效的司法救济。

4.4.2 农民司法救济权流失的风险类型

4.4.2.1 司法救济路径狭窄易衍生制度风险

土地流转纠纷在近些年逐渐增多，一个重要原因是土地流转涉及的利益主体较多，牵涉的经济关系复杂，利益关系的理清与协调自然会产生很多问题。但涉农经济纠纷频发所引发的社会不稳定因素却越来越多，形成了"风险火山"，其不确定性与危害性不言而喻。国土资源部2016年统计公报显示，2016年全国共发现土地违法案件74055件，涉及土地面积2.69万公顷，国土资源部全年共收到行政诉讼案件629件，共处理来信15056件，接待群众来访9392起，17030人次。[①]

这些年随着农村土地价值明显提高，农民生产积极性高涨，但同时，农村土地承包深层次矛盾和问题也逐渐显露出来，农村土地承包上访案件逐年上升，那么相应的法律救济渠道也应该随之增长。然而，事实上，相应的法律救济渠道依然狭窄，而且程序复杂、成本过高。由于我国乡村社会自古有"无讼"的传统，很多农民都觉得多一事不如少一事，忍忍就过去了，"大家都同意土地流转，我还能怎么办？"而一旦发生土地流转纠纷后，农民总是寻求法律以外的手段解决，找政府闹事，在政府大门口静坐，召集家族成员械斗等，无疑危害了社会的稳定。正如费孝通教授所说，法治秩序的建立不能单靠制定若干法律条文和设立若干法庭，重要的还得看人民怎样去应用这些设备[②]。目前，农民

---

① 中华人民共和国国土资源部，2016中国国土资源公报［R］. 2017：2.
② 费孝通. 乡土中国［M］. 上海：上海人民出版社，2006.

解决土地流转问题和纠纷的主要途径包括：找村组织或县政府、市或县的纠纷仲裁组织、向法院提起民事诉讼等。课题组问卷调查显示（见表4-2），42.7%的农民在遇到纠纷时，并不相信法律，纷纷选择了"找村组织解决纠纷"这一权益维护途径。

表4-2　农民权益救济途径

		百分比%	有效百分比%	累积百分比%
有效	当事人之间协调	3.2	20.4	20.4
	村组织调解	6.7	42.7	63.1
	上访	0.9	5.8	68.9
	向仲裁机构申请仲裁	0.9	5.8	74.8
	向法院起诉	0.2	1.0	75.7
	默默忍受	3.8	24.3	100.0

4.4.2.2　社会治安紊乱风险

在土地流转中，土地承包经营权弱化、收益权减弱、处分权流失等，农民尚且能忍受的话，那么在司法救济权利无效果或丧失时，将使得农民对政府、对社会都产生了不满，这种情况表现最为明显的是农民与村社干部、基层政府工作人员的对抗，有些地方因政府人员的强制行为损害农民权益，农民采取私下报复、斗殴等恶性维权手段，导致自己权益不仅没有得到有效维护，反而受到了法律的制裁，这给原本祥和的农村社会蒙上不安定的阴影。另外，农民因农村土地流转中多项权益受到损害，在司法救济权无果时，村民与业主，以及与政府之间的冲突和纠纷就不断，尤其是村民与业主之间发生的冲突更是严重，这些纠纷与矛盾的发生使得农村社会治安出现了紊乱状态。如何将这些危害农村社会和谐稳定的农地流转风险降到最低，有效保障农民的合法权益显得十分紧迫，尤其是农民借助司法途径解决农地流转纠纷更应该加强。

4.4.2.3 农民司法救济权缺失的其他社会风险

在我国，农村地区属于经济文化水平发展较低的区域，在很多情况之下，公民自身的维权意识较弱，使得农民在面对权利被侵犯时，不懂得以法律的形式维护自身合法权益。长期以来，处于较为弱势地位的农民群体，往往不懂得如何依据司法途径保护自己的权益。在我国，多部法律均规定，公民在受到不公待遇和权利受损时享有司法救济的权利。"司法救济权是指任何人在其宪法和法律所赋予的权利受到侵害时，均享有向独立而无偏倚的法院提起诉讼并由法院经过正当审讯做出公正裁判的权利。"[①]司法救济权包括两方面的内容，一是诉诸法院的权利，依靠法院通过法律的正当程序予以解决。二是获得公正审判的权利，即保障在法律审判过程中程序的正当和审判的公正。然而，对于处于农村地区的农民来说，其缺乏司法救济权使用意识。在本课题的调研中，我们经常会听到各种各样的埋怨和不满，也听到各种各样的违法操作案例，农民采取司法救济的途径来维护自身的合法权益的事例不多。在农地流转过程中，出现农民承包经营权弱化、农民土地收益权弱化、农民土地处分权流失的现象，在这一系列权利受到损害时，司法救济权就显得尤为重要。

4.4.3 农民司法救济权流失的风险形成机理

4.4.3.1 传统文化的影响

我国是一个拥有悠久文化传统的国家，农村处于与外界交流较少的区域，受传统文化影响很深。在传统儒家思想的影响下，农民始终坚持着中庸之道，把诉讼看做是一件不光彩的事。在土地流转过程中，面对纠纷，许多农民采取的策略就是，"多一事不如少一事，少一事不如没事"。在调查中课题组发现，有很多

---

① 苗连背. 公民司法救济权的入宪问题之研究［J］. 中国法学，2004（5）.

村民在自身合法权益受到损害时采取的措施多为默默忍受，自认倒霉。还有一部分农民采取的措施则是"花点钱了事"。总之，以传统文化为非正式约束来处理农地流转纠纷，这就阻碍了司法救济途径，使得农民"有苦心里咽"。但是一旦这种苦积累到一定程度，将会引发不可估量的社会风险。

4.4.3.2 合同内容不完善，权利义务不明确

第一，没有涉及在合同终止时因土地肥力、等级、质量下降损害农民权益的问题。在"公司+农户"型的农业产业化经营模式下，农户流转出的土地被企业用于种植经济作物或搞养殖等，改变了土地原来的用途。客观上造成了土地肥力、等级、质量下降，为农户收回土地后的复垦带来严重影响。合同中只提出业主有义务对流转的耕地进行有效保护，保证合同到期后能复耕。但并未考虑在某些使用方式下势必会导致复垦困难，农民权益受到损害将不可避免。因此，急需土地质量与等级的鉴定组织，在流转合同签订时确定土地受损度，并事先拟定好赔偿措施。

第二，对于以何种形式归还土地没有做出一个规范性指导。土地流转后，农户原本零散、纷乱的土地被业主进行大规模的重整、区划，势必改变了土地原有的格局。合同终止归还土地时，这种模糊了土地界线的情况易引发相邻土地承包者之间因争夺土地而发生纠纷，破坏邻里关系。因此需事先设想到是按流转合同前的原格局归还土地，还是按照新的模式：一户"一块田、一块地"的方式归还土地。

第三，绝大部分土地流转后农户未执有土地流转合同。目前，许多农地流转的合同，大都是基层政府或者村集体组织代替农民与业主签订，其中并没有《农村土地承包经营权流转管理办法》中规定的"农民委托农地流转的书面材料"，并且农民未执有合同原件甚至复印件。这就导致农民土地权益受损时，无证可查。

4.5 农民民主管理权弱化的政治风险

村民自治作为基层民主的主要构成部分是实现农民当家做主、维护广大农民权益的重要保证，民主管理权是其重要内涵。在土地流转中，我们可以将民主管理权大致分为：平等的参与权、广泛的知情权和有效的监督权。它们三者构成了农地流转中三位一体的民主管理权。这些权益的充分保障与实现有利于积极稳妥地推进农村土地流转，促进基层社会和谐，维护广大农民的合法权益。

依据产权理论，只要个体凭借拥有的产权所获收益超过成本，人们就会努力攫取置于公共领域的权利。而且，交易双方所处地位和谈判能力与公共领域内产权的争夺与交易紧密相关。在交易中一些人之所以能拥有攫取他人财富的机会正是因为他们有能力过分使用并提供未定价的资产的属性。所以，在交易中如果双方地位相当，他们都可以公平地获取公共领域内的产权资源，那么一方当事人对另一方当事人的产权侵害就很难出现[①]。因而，如何保障农民在土地流转中平等对话、公平协商的权利就是重中之重。只有当农民和基层政府以及各利益集团处于平等对话和协商的地位，保证其平等的参与权与广泛的知情权，才能使其公平合理地获取公共领域内的产权资源，从而捍卫自己的土地收益权不受侵蚀。使公民有充分的知情权，这既是民主本身的一部分内容，又是民主的一个前提条件。公民获取信息资源的能力和渠道缺乏将使他们在与乡村公共权力的互动中处于不利地位，制

---

① 德姆塞茨. 关于产权的理论：财产权利与制度变迁 [M]. 上海：上海三联出版社、上海市人民出版社，1994.

约着他们"平等的政治影响力"的发挥。[①] 作为土地流转的主体，农民有权参与土地流转全过程并明确了解与之相关的细节，村委会或其他组织不能借口不可公开信息欺骗农民。如果农民的民主管理权弱化，得不到真正的实现，必定产生更大的政治与社会风险。

4.5.1 农民民主管理权弱化的主要表现

4.5.1.1 土地流转政策宣传不到位侵犯农民知情权

基层政府为农民提供土地流转方面的法律法规是其公共服务供给内容之一。调查显示，有6.93%的农民不知道村社干部宣传过有关信息；36.43%的农民明确表示，村社干部并没有对土地流转相关法律法规、政策、流转程序、流转合同、纠纷处理办法等进行过宣传、介绍。即使选择答案为"是"的46.43%的农民中，也有相当部分人群获取土地流转相关信息的途径主要集中于电视新闻、时政报纸和内部消息，然后再跟村社干部核实，也就是说当地基层政府和村集体经济组织并不是农民获取土地流转政策信息的主要信息源和信息渠道。基层政府和村集体组织的政策宣传和讲解不到位，甚至还刻意隐瞒一些可能损害农民权益的信息，严重侵害了农民的土地流转知情权。

4.5.1.2 土地流转收益支配情况不公开侵犯农民知情权

农地流转收益支配情况不公开的现象主要针对农村未承包耕地和集体建设用地。在许多地区，尤其是经济较为发达的地区，村社并未将全部耕地承包出去，而是自建农场，其收益作为村社公共服务支出。2012年8月9日《生活新报》报道，云南蒙自市文澜镇三义村村党支部书记拿出10万元现金砸在桌上，斥骂

[①] 吴兴智. 公民参与、协商民主与乡村公共秩序的重构——基于浙江温岭协商式治理模式的研究 [D]. 浙江大学博士学位论文，2008.

村民状告其财务不公开问题。这显然就是一个非常典型的集体建设用地流转收益不公开或分配不公平的案例。

根据相关规定，几乎每个村社都有一定数量的集体建设用地，主要用于农村住房建设、农村公益设施建设等。但是，在人人向往更好居住条件、更好教育条件、更好社会福利背景下，农民倾向于挤入城市，农村日益"空心化"。于是，部分基层干部开始倒卖集体资产，农民却在分红诱惑下逐渐失去集体产权（如乌坎村）。调研显示（见图4-6），有73.1%的农民认为村社干部没有公开集体土地收益，13.6%的农民表示不知道村社干部公开集体土地收益情况，甚至在一些承包地经营权流转费用中，村社干部也说不清楚克扣费用的去向，这也是他们在年终时四处躲避的原因之一。

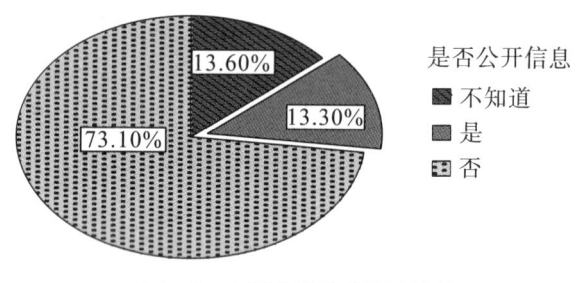

图4-6 土地流转收益公开情况

4.5.1.3 农村集体土地"虚拟产权主体"对农民参与权的影响

村委会和村集体小组是农村集体土地"虚拟产权主体"的代表者，在村级土地流转过程中有义务代表村民广泛表达民意，民主决策土地流转的相关事项。而实际上，部分地方的村委会和村集体小组以"虚拟产权主体"的名义单方面作出决策，并出现村委会或村集体小组安排人替农民"代签""代按手印"等违法操作，严重破坏农民在集体土地使用权转让决策过程中的参与权。

调查显示（见表4-4），有21.86%的农民认为基层政府或者村集体组织在做出土地流转决策前并未召开村民大会听取村民意见，尽管78%的农民知道村干部通知过，但也仅限于告知，即不论农民同意与否，均要无条件地遵守村社意见。显然，农民的参与权并没有在流转决策中得到较好的保障。

表4-4 土地流转前村社是否召开村民大会听取村民意见

		频率%	百分比%	有效百分比%	累积百分比%
有效	是	518	77.10	78.13	78.13
	否	145	21.47	21.86	100.0
	合计	663	98.68	100.0	
缺失	系统	3	1.31		
合计	665人	100.0			

4.5.1.4 "少数"服从"多数"原则对农民参与权的影响

农村土地流转中，农民是决定承包土地流转的唯一主体，除非是国家征用或征收，作为虚拟产权主体的村集体组织只能动员而不能"代民做主"或"强迫"农民变更承包合同。调研组从与村社干部的座谈中得知，他们并未有强迫的现象，每次流转决策都是多数农民同意后才执行的。显然，从法律的角度来看，村社干部遵循了"少数服从多数"原则，他们并未违法。但是，村社干部眼中的多数，并不能真正代表土地承包者。因为承包土地的青壮年劳动力均外出务工，家里仅剩老人和孩子；有的地方把集体土地视为村民委员会所有的土地，在不与本村农民民主协商的情况下单方面做出出租、转让等行为，并任意支配和使用土地流转所获取的收益。

4.5.2 农民民主管理权弱化的风险类型

4.5.2.1 农民民主管理权弱化易导致乡村公共性消解风险
1. 村委会权力异化使村务管理仅体现个人偏好。

村集体组织作为村民权利与利益的代表，村干部作为村民的一员又是他们的代表，理论上两者的利益诉求应该是一致的，但在实际运作中却未必如此。村委会作为村务管理者，本来只是村民自治组织的常设工作机构。而实际上，村委会身兼国家政策执行与集体产权管理双重职权，在土地流转中拥有绝对的主导地位，占据着资源优势与制度优势。从流转过程看，农地流转中"村强民弱"的基本格局广泛存在，乡（镇）政府、"村两委"和业主主导着农村土地流转进程，农民的被动与弱势地位仍在持续。

目前，在新农村建设背景下农村新建的规模较大的农业产业园区、农业加工企业等，由于土地的不动产特性与成片经营的需要，面对巨大的谈判成本、搜寻成本、交易成本，要想顺利拿到成片土地都必须借助于"村两委"，甚至直接和村委会（或大队）签订流转合同，再由他们与农户协商，农户只能处于从属地位。一些地方官员急于发展地方经济以及提高农民收入水平，常常会基于个人意志的判断，通过行政手段把农民手中的土地强行租赁过来，通过政府和集体组织的能力寻找有实力的投资对象和有潜力的投资项目再流转出去，这是一种"逼民致富"的手段。[①] 长此以往，农地流转的推行很大程度上异化为上级政府的偏好行为，农民的意见与利益很难被考虑进去，缺乏与农民的互动和沟通，不利于农村基层民主与村务管理的发展。课题组在调研乐山市土主镇和成都市三星镇时提出"面对当地新建的一些农业园区或科技示范园区是否会威胁农地复耕，农民不同意，有意见怎么办"等问题时，当地村干部都表示"这是上面的意思，市领导讲话要建设就一定得建设"。调查还发现，都江堰市金陵村村集体

---

① 陆道平，钟伟军. 农村土地流转中的农民权益保障［J］. 探索与争鸣，2010（9）：47.

组织在土地流转过程中，以工作经费为由，从土地流转农户头上抽取一定的工作费用，却不对农户公开工作经费的使用情况，严重损害了农民对土地流转收益分配和使用情况的知情权。

作为产权代表的村委会享有广泛的"自由裁量权"，村务管理很大程度上体现的是村支书或村委会主任的个人偏好，长此以往，势必瓦解村庄的公共性，不利于基层民主发展。课题组在双流县三星镇调研时就有农民反映当时签合同时，都是村支书决定的，找了几个村民代表就签字画押了。同时，调研中发现在土地流转中，一些地方为求政绩，一味地追求土地流转面积和参与人数的最大化，不同程度地存在村委会或村组找人替农民尤其是外出务工的农民"代签""代按手印"等违法现象，在农民不知情或不完全知情的情况下，代替农民做主，流转了土地，严重侵害农民的农地流转的知情权和参与权。一旦发生纠纷，农民将会以非自愿或非完全自愿参与土地流转为由，将所有导致损失的责任推到政府和村集体组织身上。在这样的情况下，农民与集体之间、农民与政府之间的矛盾被激化。届时，主导农村土地流转的基层政府会成为各种矛盾纠纷指向的焦点，处境变得非常尴尬。

2. 监督机制缺位使农民的民主管理权益难以得到切实保障。

2004年中共中央办公厅、国务院办公厅下发的《关于健全和完善村务公开和民主管理制度的意见》规定，村级组织要设立村务公开监督小组。村务公开监督小组的成员必须要经村民会议或村民代表会议在村民代表中选举产生，负责监督村务公开制度的落实。在农村土地流转中，平等的参与权、广泛的知情权有利于有效的监督权的实现，而有效的监督权的落实也会反过来进一步促进农民知情权与参与权的实现与发展，它们是相互补充、相互促进的关系，共同保障着农地流转中农民的民主管理权的实现。目前一些地方的土地流转中，农民基本的参与权与知情权难以得到保证，监督权在一定程度上已经出现先天性缺失。

从广泛意义上讲，广大村民都有权利实施监督权，但监督路径的阻塞、监督手段的匮乏、监督意识的缺乏都使得监督权的行使变得很困难。这样，农民在土地流转中的权益就很难得到切实的保障。同时，我国的《村民委员会组织法》虽然对村委会的职权与义务进行了规定，但对村委会出现违法行为如何给予相关惩罚未进行明确规定，这样使得村委会的违法行为缺乏"制度笼子"的约束。违规惩处机制的缺失使得村委会违法成本很低，加之村民会议的监督机制不健全，监督功能难以实现，也使村委会以较低违法成本损害集体经济利益。

农村集体组织一方面作为土地产权的所有者和管理者，既要对产权的委托人负责，也要对行政权力的委托人负责，这就使得"代理人"的身份效用函数容易发生冲突。另一方面，土地集体产权中的农户（委托人）没有建立相应的退出机制，导致代理人的权利过大而得不到任何有效的筛选和惩罚。[1] 村委会事实上不是一个经济组织，它要实现各种职能就需要通过村民会议的批准以获得资金，但由于我国广大农村集体经济组织普遍缺位，村委会代替其执掌了村集体资产，这样村民会议对村委会的监督权明显弱化甚至失效。很多村是"村两委"甚至是村主任说了算，而且由于村民长期被排斥在集体经济决策之外，农村集体组织对其所管理的集体土地补偿款等的数目与用途又很少公开，农民的知情权难以实现，监督权的实现成为空中楼阁。

课题组在双流区三星镇和西充县调研中，谈到土地流转中如何实现监督，村委会的干部都表示是由村委会实施监督权，因为村委会就代表村民的利益。在流转收益的分配方面，租金往往先打到村委会的集体账户，使得有的村委会常以管理费、分成、提

---

[1] 陈剑波. 农地制度：所有权问题还是委托—代理问题[J]. 《经济研究》，2006（7）.

留等各种借口和名目截留农民应得的流转收益，有的甚至搞平均主义，将收益总和起来按户人均分发，无疑损害了农民的利益。

4.5.2.2 农民民主管理权弱化易导致基层政府公信力下降的风险

根据我国现有的法律法规，农村土地实行农民集体所有制，农民的土地承包经营权"长久不变"，实际上也就是给予了农民土地承包经营权的物权属性。因而，在农村土地流转中，拥有土地承包经营权的农民是土地流转的主体。照此逻辑，农村土地是否流转、以何种方式流转、流转收益如何分配，这些问题均应由流转双方的当事人或所属集体经济组织协商决定。但目前在土地流转中，农民却普遍缺乏话语权，地方乡（镇）政府和村集体组织则表现出了强势的政策主导作用。一些地方为了集中农村土地以便于招商引资，不尊重农民的土地承包经营权，随意变更甚至撤销农户的土地承包合同，往往以集体土地所有者代表的身份自居，把政策引导变为行政干预，强制推行农村土地流转。[1] 土地流转中"暗箱操作"频发，有的地方在不征得农民意见情况下强行流转，有的地方流转给业主的土地租期已经远远超过农民的土地承包期。调研中发现很多合同都是 30 年，有的甚至是 50 年。由于暗箱操作背后所蕴藏着的巨大经济利益，一些地方集体组织并没有按照有关规定采取公开招标发包，而是村干部私下与业主达成土地流转协议。一些地方还出现了"反租倒包"的现象，在具体实施中违背了中央的土地政策和精神，有的土地流转租金过低，有的明"返租"却暗中"倒包"，土地流转的收益分配也没有公开。在课题组问卷调查中，仍有 7.8% 的"反租倒包"现象存在。更重要的是，过度的"代民做主"和"权力冲动"使得将

---

[1] 田霞，王文昌. 农地流转中的农民土地权益保护问题探析 [J]. 山西农业大学学报（社会科学版），2009（8）.

政府置于各种利益争端的漩涡之中,一旦出现问题政府公信力将受到极大的挑战。

表 4—5　农村土地流转形式统计表

土地的流转形式		频率(人)	百分比%	有效百分比%	累积百分比%
有效	租赁	325	49.6	49.6	49.6
	入股	20	3.1	3.1	52.7
	"反租倒包"	51	7.8	7.8	60.5
	托管	140	21.4	21.4	81.8
	集体流转	100	15.3	15.3	97.1
	其他	19	2.9	2.9	100.0
	合计	655	100.0	100.0	

一些地方政府打着平整土地、节约使用、集中发展的幌子,主动出面为各种开发商、业主开道,通过乡(镇)政府直接指使村干部强行推动农村土地流转。在土地发包上,一些基层干部仗着土地所有者代表的身份和行政权力,强行推动土地流转,严重损害农民土地承包权。[①] 土地流转中另一种情况是,一些基层政府为了执行各种统一规划,如农业科技示范园区规划、乡村旅游发展规划等,以服从统一规划、实现共同发展为名要求农民按政府意图流转土地。地方政府将农民的宅基地、自留地和其他土地以土地置换的形式建设农村集中居住示范区,并让农户按照规定的价格、住房面积、户型等标准统一入住。课题组在调研中发现广州市番禺区大石镇土地集中流转后为农户集中修建的住房,人均35平方米,并以400元/平方米出售给农户。但仅过去四五年,住房已发生明显质量问题,不少墙壁破裂开缝;重庆沙坪坝

---

① 许恒周,曲福田. 农村土地流转与农民权益保障[J]. 农村经济. 2007 (4).

区土主镇的新建集中住房，承包给外地的开发商建设，每户农民按自己实际经济能力购买，地方政府按照农民原有住房面积进行补贴，多出的面积需要农户自己付，价格为1900元/平方米。访谈中一些农民反映自己根本买不起这些房子，一些人没办法只能搭建临时性住房在园区的大门外，以卖小商品糊口。

  为了确保土地流转过程的顺利进行，一些地方政府通过层层分工、分摊到人、蹲点驻村等方式以达到限期完成流转的目的。农户是否参与决策过程及参与程度完全取决于其他参与人的选择。由于缺少一个能反映农民利益的、平衡的政治结构，使得单个农民面对庞大的政府科层化体制时永远是渺小的。[1] 地方政府作为超经济主体对土地流转享有广泛的自由裁量权，主导、处置农村土地。在土地流转过程中，地方政府的职能定位本应该是制定区域性农业发展规划，完善土地集中流转的保障措施，提供土地流转的供需信息，为土地流转各方提供配套服务，对流转土地的用途实行有效监管等。但实际中行政失职、行政越权、程序违法、滥用职权、行政错误等情况时有发生。这样，农民在农地流转中，显得既无可奈何又无能为力。长此以往，政府公信力就会受损，一旦矛盾激化，政府就会成为农民的众矢之的，群体性事件就有可能发生。

---

[1] 肖屹，钱忠好. 交易费用、产权公共域与农地征用中农民土地权益侵害[J]. 农业经济问题，2005（9）.

5 农地流转中农民权益流失的风险评估

在第四章中，我们就农地流转中出现的风险进行了识别，包括经济风险、政治风险以及社会风险，这些风险的发生或潜在发生对于我国农地流转和农民权益保障甚至是我国整个社会稳定存在着巨大的影响。如何对这些风险进行防范和规避，是更好地实施农地流转政策和保障农民权益的重要前提。由于风险的可计算性体现为人类已经发展了一系列计算方法和测量工具来估算风险造成的损害及其相应的补偿。[①] 因此，首先就要建构、设计有效的农民权益流失的风险指标体系，分析农民土地权益流失导致社会风险发生的临界值，为创新农地流转风险防范机制、有效保障农民的土地权益奠定基础。

5.1 农民权益流失的风险指标体系设计

农地流转中农民权益流失的风险指标体系具有风险评估"指示器"的作用，它能反映农民权益流失风险的整体水平，评估农民权益流失风险的动态变化，监测农民权益流失风险的总体态势；同时，农地流转中农民权益流失的风险指标体系也具有风险评估"推进器"的作用，它能预警农民权益流失风险的临界阈

---

① 杨雪冬. 风险社会与秩序重建［M］. 北京：社会科学文献出版社，2006.

值，辅助建构农民权益流失风险的应对策略。因而，设计出科学、合理、灵敏的农民权益流失风险评估指标体系，既是农地流转中农民权益流失风险评估的核心环节，也是农民权益流失风险评估的基础和难点。农民权益流失风险评估指标体系中指标的筛选及其权重的确定是否科学、合理，对农民权益流失风险评估的成效起着至关重要的作用。

5.1.1 农民权益流失风险指标体系的价值取向

农地流转中农民权益流失风险指标体系的建构，是在一定价值取向的指导下进行的。价值取向是指主体在价值选择和决策过程中所具有的倾向性。[1] 价值取向决定了农民权益流失风险指标体系的整体规模、深层结构及其性质特点，它是农民权益流失风险指标体系建构的灵魂，决定着农民权益流失风险指标体系的演进与发展方向。没有科学合理的指标体系价值取向，就不可能有科学、有效、灵敏的农民权益流失风险指标体系，因此指标体系的构建必须以价值取向为基础。

5.1.1.1 以人为本

农民权益流失风险指标的选择要以广大农民的根本利益作为出发点和落脚点，坚持以人为本的价值导向。在农村，农民是主人，是建设社会主义新农村的主体，因而一切要以农民的利益为出发点。办什么事、怎么办都要围绕广大农民的利益来谋划，最终做到发展为了农民、发展依靠农民、发展成果由全体农民共享。[2] 在农地流转中农民权益流失风险识别的基础上，进一步评估农地流转风险的具体演进，设置科学合理的风险评估指标体

---

[1] 彭国甫. 价值取向是地方政府绩效评估的深层结构 [J]. 中国行政管理，2004（7）.

[2] 以人为本就要把农民的利益作为出发点，中国共产党新闻网 [EB/OL]. 2010-03-02. http://theory.people.com.cn/GB/68294/183044/11057691.html

系，为进一步制订应对措施提供重要依据，最终切实维护和保障农地流转中广大农民的切身利益。

5.1.1.2 动态发展

科学性是设计和建立一个风险评估指标体系的必然条件，没有科学合理的评估指标体系，就没有正确和有效的评估。同时，发展性也是该风险指标体系建立所要遵循的价值取向。农地流转政策是一个长期的政策，也是一个长期关注的事实，而伴随着农地流转中农民权益流失的风险也是一个动态和不稳定的因素，如何对不稳定和不断变化的风险进行评估也是指标体系设计和建立的基石。另外，风险指标体系的建立旨在识别农地流转中农民权益流失的风险，以求改进和完善农地流转政策，防范和降低风险的发生，保障农地流转过程中农民的权益。所以设计和建立风险评估体系应该以发展的眼光来看待，从长远利益来考虑。在风险发生之前，预测风险的走向和趋势，不仅仅是关注当前所呈现出来的风险，还要关注潜在发生的风险种类的识别和评估，以及风险叠加所带来的更大更复杂的风险的出现。以科学、动态、发展的价值取向设计和建立农地流转中农民权益流失的风险指标体系是保证风险指标体系长期有效的重点。

5.1.1.3 权益保障

农地流转中农民权益的流失存在着巨大的风险，这些风险的存在又直接影响着农民的合法权益，也同样影响着社会、国家的稳定。农地流转中农民权益流失的风险指标体系的建立并不仅仅是评估农地流转中的风险，更深一层次的目标是要保障农民的合法权益，使农地流转在实现国家政策方针的同时也给有直接利害关系的农民带来最实用的价值，这个价值就是保障农民在土地流转过程中的权益。农地流转的风险评估体系设计中，指标筛选和指标数据的搜集都应本着为保障农地流转中农民的合法权益为前提开展，将指标的设计与农民权益保障相联系，通过指标反映农民的权益保障情况，也通过指标的设计反映出保障农民权益的侧重点和选择路径，这才体现出指标体系设计的价值所在。

5.1.2 农民权益流失风险指标体系的设计原则

风险指标是一个社会公认为安全的风险率数值，它是根据多年的经验积累并为公众所承认的指标。[1] 在农地流转中通过建构一个具体的农民权益流失风险指标，就可以一定程度上揭示、反映农地流转中农民权益流失现象的某一特征，勾勒出农民权益流失的基本事实与程度。风险指标体系可以看做由一系列彼此联系又彼此制约的指标群所组成的科学、系统的整体，通过指标体系可以全方位地认识并解析一个复杂现象的诸多特征，进而系统把握其内在规律性。[2] 所以，依据风险指标体系建构的整体要求和特性进行识别，要求农地流转中农民权益流失风险指标体系不仅要能够全面系统、科学合理地揭示出现阶段农地流转中农民权益流失风险的整体水平和演变趋势，同时其自身也必须具有较强的实践可行性。因而，在构建农地流转中农民权益流失风险评估指标体系时必须遵循一定的原则。

5.1.2.1 全面性原则

农地流转进程中伴随着土地承包经营权、土地收益权、土地处分权、司法救济权、民主管理权的流失或弱化，其衍生的风险也是全方位、多角度的，这就要求农民权益流失风险指标体系的设计必须坚持全面性原则，使得指标体系结构合理、协调统一。首先，要实现全面性原则，就要求建构农民权益流失的风险指标体系能从多种不同角度反映风险演进的总体态势，全面反映农民

---

[1] 丁厚成，万成略. 风险评价标准值初探 [J]. 工业安全与环保，2004 (10).
[2] 周文斌. 转型时期中国社会风险评估指标体系研究 [D]. 华中师范大学硕士学位论文，2007.

权益流失风险中的政治风险、经济风险、社会风险（文化风险），多层次、系统化、全方位地揭示出农地流转中农民权益流失风险的演进趋势。其次，要实现全面性原则，就要求农民权益流失的风险指标体系中各单项评估指标之间，在其内涵范围、度量口径、计算方法等方面必须做到彼此紧密衔接，同时能全面、系统地反映农地流转中农民权益流失风险各单项指标之间的内在联系。

5.1.2.2 一致性原则

由于农民权益流失的风险指标体系具有明确的指向性，评估体系的指标筛选、权重确定等都必须服从并服务于农地流转中农民权益流失的风险评估这一目的，因而，必须坚持目标一致性原则，即农民权益流失的风险指标体系与农地流转中农民权益流失风险评估的战略目标之间的一致。农民权益流失风险评估的主要目标就是能准确衡量农地流转中农民权益流失风险的整体水平，而且能够动态反映农民权益流失风险的变化趋势，进而为政府相关部门进行有关农地流转中的风险管理决策、制订风险防范措施、实施风险管控行为提供重要的参考依据。因此，设计农地流转中农民权益流失风险指标体系时，应始终从风险评估的总目标出发，紧紧围绕目标进行指标建构和选择。

5.1.2.3 层次性原则

在农民权益流失的风险指标体系设计中，层次性原则的运用有助于确保指标体系的系统性与科学性，实现科学分类、层层分解、逐步拓展。完整、系统的农民权益流失的风险指标体系是由三个风险域组成的，每个风险域又逐步分解为多种风险维度，各风险维度在综合文献资料和专家意见基础上，在德尔菲法多次反复征询验证后，各风险维度在筛选后可以由一系列相关的单项指标组成。这样，农民权益流失的风险指标体系中所有具体指标都依据其所属层次的高低和所具有重要性的大小，层层分解、细化，逐步建构出一个多层次的递阶系统，形成环环相扣、逐步演进的严密指标体系发展逻辑链。同时，在风险流失指标体系中也要坚持同一层次的指标间必须具有一定的排他性、独立性，相互间不能交叉重叠，否则就难以进行有效的比较性验证评估，进而会影响整个指标体系的效度。

5.1.2.4 最小性原则

在农地流转中，伴随着土地承包经营权、土地收益权、土地处分权、司法救济权、民主管理权的流失或弱化，农民权益流失风险范围涉及诸多方面，同时表现形式多种多样，这就使得农民权益流失风险指标也相应地具有多元化和多样性的特征。但是，农地流转中农民权益流失风险指标体系在具体实践运用中，过多、过杂的话，有时非但不能有效发挥指示作用，反而会起到反作用，给实际风险评估带来繁琐的计算和量化过程，进而可能降低风险指标体系的灵敏度，弱化风险评估工作的效率和有效性。因此，有必要在充分的实践与理论验证基础上，本着科学、合理、有效的目标要求，选择一些在农民权益流失风险的整体水平与演进趋势方面具有较强代表性和较小替代性的风险指标，这样就可以筛选与建构出一个能够最大限度满足农民权益流失风险评估所需的最小完备指标体系。

5.1.2.5 可操作性原则

农地流转中农民权益流失的风险指标体系的可操作性是指农民权益流失风险指标体系其本身因科学性所具有的可操作性，以及农民权益流失风险指标因实践性所具有的现实可行性。首先，农民权益流失风险指标体系本身具有可操作性，主要是指农民权益流失风险的每个指标都可用简洁具体的语言进行明确表述，而且其所界定出的指标内容可以运用现有的评估工具进行准确测量而得出明确的结论。农民权益流失风险指标尽可能具有较强可采集性和可评价性的特点。其次，农民权益流失风险指标在评估过程中具有现实可行性，是指指标体系中的单项指标在实践中能否获取充足的相关信息，易于测度和统计，可以在最大程度上得到相对具体的数据指数。例如可以通过收集官方公布的统计数据、研究报告和利用课题组的问卷调查数据等进行分析。

5.1.3 农民权益流失的风险指标体系的基本框架

根据对现阶段农地流转中农民权益流失风险源的成因及类型分析，对农民权益流失风险各种警兆、警情的识别与解析，从政治风险、经济风险、社会风险（文化风险）三个角度设计农地流转中农民权益流失的风险指标体系基本框架。根据层次分析法、评估因素分为四个层次：目标层、准则层、要素层、指标层。

目标层是指农民权益流失风险评估所要达到的总目标，就是准确衡量农地流转中农民权益流失风险的整体水平，动态反映农民权益流失风险的演进趋势，为政府部门制定各种风险管控决策、措施提供参考依据。

准则层（域）是指为评估农地流转中农民权益流失风险整体水平和演进趋势通过甄选所建立的若干基本区分门类，是进一步建构风险评估维度的基本前提和重要基础。包括政治风险、经济风险、社会风险（文化风险）三大门类。

要素层（维度）是指将所遴选出的风险域进行细化的衡量维度，它在风险评估指标体系中起着承上启下的关键作用，保持指标体系的层次递阶性。包括制度风险、政策风险、基层政府公信力、干群关系、新农村建设、道德风险、逆向选择、契约风险、粮食安全、收益状况、贫富差距、产业结构、社会治安、伦理风险、社会保障、农耕文化16个维度。

指标层（指标）是指评估农地流转中农民权益流失风险整体水平和变化趋势的具体指标集合，它集中体现了风险评估指标体系量化的特征，涉及农民权益流失风险的方方面面，涵盖产权制度完备情况、土地流转制度完备情况、家庭承包经营制度完备情况、相关政策一致性情况、召开村民会议比例、土地流转中农户有决策权的比例、农户对土地流转政策了解程度、土地流转情况的公开程度等在内的共45个单项风险评估指标,构成了农民权益流失风险指标体系指标筛选的"指标池"。

5.1.4 农民权益流失的风险指标筛选

在指标的选择上,必须遵循农地流转中农民权益流失的风险评估指标体系的价值取向,将以人为本、动态发展、注重权益保障的价值观放在首位,并根植于所要选择的风险指标之中,并坚持在系统性、层次性、一致性、动态性、可操作性、导向性的基本原则之下对指标进行筛选和确定,以确保农地流转中农民权益流失的风险指标体系能切实与农民在农地流转中的权益联系起来,将保障农地流转中农民的合法权益作为终极目标设计和实施。

在指标选择和筛选的过程中,本研究严格遵循前文所提到的风险评估指标体系设计的价值取向和指标体系建立的原则,采取头脑风暴法、德尔菲法(Delphi)以及层次分析法相结合的形式开展,以使农地流转中农民权益流失的风险评估体系科学化、合理化。

5.1.4.1 头脑风暴法

头脑风暴法[1](Brain Storming),又称自由思考法、BS法等。它是1939年由美国"创造工程之父"A.F.奥斯本(A.F. Dsborm)在其 *Your Creative Power* 中作为一种开发创造力的技能而首次提出来的。该方法是将不同背景和不同专业的人以会议

---

[1] 王芳. 社区卫生服务绩效评价指标体系研究[D]. 华中科技大学博士学位论文,2006.

的形式聚集在一起，让参与者在一种轻松愉快、自由发言的氛围之中对会议讨论的主旨进行发言，并使参与者之间形成思想和灵感上的碰撞，以产生更多更好的、有效的、创新性的方案。该方法后来广泛运用于各个领域。在本书的风险指标体系设计中，也采用了头脑风暴法对指标进行选择，主要是在指标体系设计的初级阶段，采用该方法以获得较多的指标，以便后面指标筛选的过程有选择性。这也作为该指标体系设计中的第一次指标筛选。我们首先根据警情、警源、警兆来划分可能产生的风险，以指导我们对具体指标的选择。经过多次 BS 法的运用，我们最终形成了一个初步的指标群，此指标群只是基于农地流转中的风险以及农地流转中农民权益丧失和流失而可能引起的相关风险，对农地流转中农民权益的流失风险评估指标进行了一个总体的囊括，即形成第一轮风险评估指标体系（见表 5-1）。

表 5-1 风险指标的划分类别

权益现状	警源 （是警情发生的先兆性指标）	警兆	警情（风险）
承包经营权弱化	农民集体边界不清；土地所有权主体的构成要素不清；产权代表者不清；产权执行者不清；个体使用权与集体所有权边界不清	流转随意 合约不规范 代民做主 非农化	契约风险 逆向选择 群体性事件
收益权弱化	没有业主的准入条件限制；没有流转农地的风险评估机制；缺乏科学合理的竞价机制；业主参与土地流转动机不纯；契约不完备；风险分担不均衡；村组的"提成"	生活水平下降 贫富分化	官民对立 道德风险

续表

权益现状	警源（是警情发生的先兆性指标）	警兆	警情（风险）
处分权流失	法律没有明确规定承包期满后的续约程序；不能自主决定土地用途；土地转让权利受法律限制；缺乏定价权；缺乏土地流转决策权；少数服从多数；处分权主体错位	非粮化 非农化 耕地资源浪费 无监督主体	失地失业风险 粮食安全风险 发展权风险 耕地减少风险 群体性事件 产业结构失衡
司法救济权缺失	公共利益的模糊性使得法院无受理理由；行政不作为；行政诉讼法受案范围有限、解决纠纷类型单一；诉讼成本高；村民自治与法律规定的冲突（村民以投票方式决定的就是合理的，但不一定合法，法院一般不受理）；法律适用分歧	诉讼 生活水平下降 生产的破坏性行为增加	（借用农民身份证贷款支付租金）对法律的不信任 对基层政府的不信任
民主管理权流失	知情权；参与权；未召开村民大会；少数服从多数；监督管理权；简单的确权颁证	政策宣传不到位；收益不公开；	影响新农村建设 降低基层政权公信力 民主政治意识被破坏

5.1.4.2 德尔菲法

经过分类后，再次采用头脑风暴法将具体的风险指标划分，设计专家意见征询表，然后发往专家处征询意见（见表5-2）。

德尔菲法集结了在该领域的专家对问题进行独立性的评价，由于采用匿名，评判结果也能充分体现专家的专业性和主见性，同时能够对专家评价结果进行定量统计分析，从而形成专家意见的概率分布，以获得决策和选择的意见。在农地流转农民权益流失的风险指标体系设计中,也采用这种方法对指标筛选以保证指标设计的科学性、合理性和权威性。首先对相关专家进行遴选,最终遴选出国内知名的"三农"相关领域研究专家学者参加了三轮意见征询(由第一轮的 30 位到第三轮的 11 位),专家根据自身丰富的专业知识和实践经验,分别从农地流转中农民权益流失风险指标的重要性、可操作性和灵敏性等方面对初选指标进行评估打分(1-5 分,分别代表:很不重要,较不重要,一般,较重要,很重要)。

在这一步骤中,需要对以下两项内容做统计分析处理,并及时反馈给专家,以便其在下一轮的意见征询评分中参考借鉴,并对自身评判进行修正。

(1) 每一指标赋值的平均数:

$$A(i) = (n \div 专家数量)$$

其中:i 为第 i 项指标;n 为第 i 项指标的赋值;$A(i)$ 为第 i 项指标赋值的平均数;n 为第 j 个专家对第 i 项指标所给赋值。

表 5-2　农地流转中农民权益流失的风险指标体系示意表

域(准则层)	维度(要素层)	指标(指标层)
政治风险	制度风险	产权制度完备情况
		土地流转制度完备情况
		家庭承包经营制度完备情况
	政策风险	相关政策一致性情况
	基层政府公信力	召开村民会议比例
		土地流转中农户有决策权的比例
		农户对土地流转政策了解程度
		土地流转情况的公开程度

续表

域（准则层）	维度（要素层）	指标（指标层）
经济风险	契约风险	土地流转未签订合同比例
		农户土地流转合同持有率
		流转合同违约的比例
	粮食安全	土地流转增长比例
		粮食产量增长比例
		流转后从事粮食种植的土地比例
	收益状况	流转租金按时给付比例
		流转后生活水平下降的农户比率
		租金与原收益的差额
	贫富差距	农村基尼系数
		农户家庭经营性收入占总收入比例
		人均土地流转收益占总收入比例
		流转户与非流转户的土地收入差
社会风险（文化风险）	伦理风险	邻里关系和谐程度
		农耕文化存续情况
		传统文化存续情况
	社会治安	违法占用耕地案件发生率
		农民上访情况
		群体性事件发生情况
		非法活动发生情况
	社会保障	土地流转后农民再就业率
		农民参加养老保险比例
		农户参加新农合比例

(2) 每位专家给出的赋值与赋值平均数的偏差为"－A

(i)":

反复进行上述步骤,直至专家们达成较一致意见,并在此基础上按照专家评分对风险指标进行删减、更改。剔除干群关系、新农村建设、道德风险、逆向选择、产业结构、农耕文化六个维度,对相应指标也进行修正,剔除 14 个风险指标。最终形成了涵盖 3 个域、13 个维度、31 个风险指标的农地流转中农民权益流失的风险指标体系(见表 5-3)。

表 5-3　经德尔菲法评价之后的指标体系

域	维度	指标	变量标识	单位
政治风险	制度风险	产权制度的完备情况(D1)	X1	定性
		土地管理制度的完备情况(D2)	X2	
		家庭联产承包制度的完备情况(D3)	X3	
	政策风险	相关政策一致性情况(D4)	X4	定性
	基层政府公信力	土地流转中召开村民会议比例(D5)	X5	%
		农户对土地流转政策了解程度(D6)	X6	%
		土地流转情况的公开程度(D7)	X7	%
		村民拥有决策权的比率(D8)	X8	%

续表

域	维度	指标	变量标识	单位
经济风险	契约风险	土地流转未签订合同比例（D9）	X9	%
		土地流转的违约比率（D10）	X10	%
		农户土地流转合同持有率（D11）	X11	%
	粮食安全	土地流转增加的比率（D12）	X12	%
		粮食产量增加的比率（D13）	X13	%
		流转后从事粮食种植的土地比例（D14）	X14	%
	收益状况	流转租金按时给付比例（D15）	X15	%
		租金与原收益的平均差额（D16）	X16	元/户
		流转后生活水平下降的农户比率（D17）	X17	%
	贫富差距	农村基尼系数（D18）	X18	
		人均流转土地收益占总收入的比例（D19）	X19	%
		流转户与非流转户之间的收入差额（D20）	X20	元/户
		农户家庭经营性收入占总收入比例（D21）	X21	%
社会风险（含文化风险）	伦理风险	村民间邻里和睦情况（D22）	X22	定性
		传统文化的存续情况（D23）	X23	
		农耕文化的存续情况（D24）	X24	
	社会治安	违法占用耕地案件发生率（D25）	X25	%
		农民上访情况（D26）	X26	%
		村民从事非法活动（邪教宣传、赌博等）（D27）	X27	%
	社会保障	群体性事件发生情况（D28）	X28	%
		土地流转后农民再就业率（D29）	X29	%
		农民参加养老保险比例（D30）	X30	%
		农户参加新农合比例（D31）	X31	%

1. 政治风险的评估指标构成。

政治风险的评估又分为制度风险、政策风险以及基层政府公信力三个维度，每一个维度又包含不同的具体评估指标。

(1) 制度风险维度是指相关制度的完备程度和制度缺陷对农民权益流失的影响，主要包含：产权制度的完备情况，主要是指土地确权方面能否保证农民在土地流转方面合法权益不受侵犯；土地管理制度的完备情况，主要是针对土地划分、土地管理等方面相关制度在保障农民土地权益，规范土地流转方面的完备程度；家庭联产承包制度的完备情况主要是评估在家庭联产承包责任制度之下，农民由于土地承包经营而应该享有的权利和应该受到保障的合法权益的制度设置情况。这三个具体指标都是从定性的角度来评估，具体可以划分为 5 个标度，对应情况做出评判，分数越高，完备程度越高。

(2) 政策风险维度主要是评估相关政策之间一致性的程度，政策的不断变动会影响农地流转的进行，进而影响着农民的土地权益，该维度包含相关政策的一致性情况，只有一个指标，属于定性指标，也是通过标度来做出评估。

(3) 基层政府公信力维度主要是评估基层政府和村委会在保障农民知情权、参与权、决策权、监督权等方面的情况。其中包括：召开村民会议的比例，主要是评估农民对于农地流转的参与权方面的程度；村民拥有决策权的比例，主要是评估在农地流转中农民能够自主决定流转土地面积的比重；农户对土地流转政策的了解程度，主要是评估农民在农地流转知情权的比重；土地流转情况的公开程度，主要是评估农民对于政府和村委会在农地流转中监督权实施的比重。

2. 经济风险的评估指标构成。

经济风险的评估又分为契约风险、粮食安全、收益状况、贫富差距等四个方面的维度。各个维度又包含不同的指标。

(1) 契约风险主要是指在农地流转中因契约而导致农民权益流失所存在的风险，主要是从道德风险和逆向选择方面展开的。其中包括：土地流转未签订合同的比率，主要是指在农地流转中由于农民相对权利的弱化，其并没有签订相应的合法合同所占的比例；土地流转的违约比率是指在农地流转中，流转双方或一方并没有按照合同的内容执行而引起违约所造成农民权益流失的比重；农户土地流转合同持有率指的是由于流转合同的商议和签订都是由政府或者村委会代替农民进行，所签订的合同也没有交付农民手中，这一部分所占的比重。

(2) 粮食安全主要是指对在农地流转过程中或流转之后，农民自身以及国家面对自然灾害等时对粮食供给的保障程度的评估。主要包括：土地流转增加的比例，主要是与过去相比，2014年农村土地流转面积增加在总面积中所占的比重；粮食产量增加的比例是指相比过去农村粮食产量增加的比率；流转后从事粮食种植的土地比例是指流转后的土地主要用于粮食作物生产的比重。

(3) 收益状况主要是指对农民在土地流转前后收益大小所进行的评估。主要包括：流转租金按时给付的比例，即转入方按时足额给付农民土地租金所占的比重；租金与原收益的差额是指农民在土地流转前自身进行庄稼种植获得的收益与流转之后靠土地租金所获得的租金之间的差额；流转后生活水平下降的农户比率，是指因土地流转而使农民整体生活水平低于流转前的生活水平所占的比例。

(4) 贫富差距主要是指对农民在流转土地过程中所导致的农民之间贫富差距变化的评估。主要包含：农村基尼系数，即在农地流转之后衡量农民贫富差距的一个系数；人均流转土地收益占总收入的比例，即农民在流转土地而获得的收益占其总收入的比例，主要分为东、中、西三个地区来评估；农户家庭经营性收入占总收入的比例主要是指农民从事农业种植所获得的收入占自身总收入的比重；流转户与非流转户收入的比例，主要是农地流转的农民自身总收入与未流转土地的农民总收入的比。

3. 社会风险指标的构成。

社会风险指标也包含文化风险指标在内，主要分为伦理风险、社会治安、社会保障三个维度，每个维度又涵盖各个相应的具体评价指标。

(1) 伦理风险主要是指对在土地流转过程中传统文化和人际道德方面所引起的风险的评估。其中包括：邻里之间和睦程度，即因农地流转而导致大部分农民外出务工而引起的农民之间交流较少、邻里之间和谐程度降低等引发风险的严重程度；农耕文化的存续情况，是指因土地流转农村传统种植方式被现代机械化所代替的程度；传统文化的存续情况，主要是指因土地流转而引起的传统孝悌之义的退化程度。这三个指标都属于定性指标，评估时将其划分为五个标度，并对相应的程度进行标度选择，分数越高，和谐程度、存续程度越高。

(2) 社会治安主要是指对因土地流转而引起的犯罪、违法、违规等扰乱社会治安正常秩序的评估。具体包含：违法占用耕地案件的发生率，主要是指在流转土地的过程中所存在的政府、村委会、企业或者个人违法占用耕地所占的比率；农民上访情况，是指农民因对土地流转不满或为维权而采取上访寻求帮助的案件数量；从事非法活动的情况，是指因土地流转后，农民无所事事而进行聚众赌博、进行邪教宣传等非法活动的数量；群体性事件发生情况，是指因部分农民对土地流转不满而进行群体性闹事和扰乱正常社会秩序的数量。

(3) 社会保障主要是指对农民在土地流转中农民相关权益保障的评估。主要包括：土地流转后农民再就业率，指流转之后的农民进行择业选择，相关部门进行岗前培训等方面的农民能够就业的比例；农民参加养老保险的比例，指农民积极参加农村养老保险以保障土地流转后基本生活水平的比重；农户参加新农合的比例，指农户在土地流转过程中农户参与新农村合作医疗项目所占的比重。

5.2 农民权益流失的风险评估

5.2.1 农民权益流失的风险指标体系构建

5.2.1.1 层次分析法的基本原理

层次分析法（Analytic Hierarchy Process，简称 AHP）由美国匹兹堡大学教授 A. L. Saaty 于 20 世纪 70 年代首次提出，是一种将定性判断与定量分析有机结合起来的多准则决策方法，在多指标综合评价法中占有重要作用，并且广泛应用于社会、经济、管理等多学科领域中。

层次分析法的特点是在对复杂决策问题的本质、影响因素以及内在关系等进行深入分析后，构建一个层次结构模型，然后利用较少的定量信息把决策的思维过程数学化，从而为求解多目标、多准则或无结构特性的复杂决策问题提供一种简便的决策方法。[1] 这种分析方法主要适合于当事人的定性判断，同时也适用于对决策结果难以直接、准确计量时的分析过程。

层次分析过程的核心问题在于计算出各决策方案的相对重要性系数，而统计权数也正是一种重要性的量度。[2] 层次分析法通常是将一个复杂的决策问题分解为多个构成因素，并将这些因素依据逻辑演进关系进行分解，按照目标层、准则层、指标层排列

---

[1] 杜栋，庞庆华. 现代综合评价方法与案例精选［M］. 北京：清华大学出版社，2005.

[2] 苏为华，多指标综合评价理论与方法问题研究［D］. 厦门大学博士学位论文，2000.

起来，然后建构出一个多目标、多层次的有序的递阶层次结构。再经过定性的两两比较判断，形成判断矩阵，进而计算出基于不同准则和总准则下各决策方案的相对重要性程度，从而得出各决策方案演算的优劣排序，确定其相对权重。

5.2.1.2 *层次分析法的基本步骤*

1. 建立评估指标体系递阶层次结构。

首先，必须建立递阶层次结构。在此系统中，评估因素共分为四个层次：我们以农地流转中农民权益流失的风险整体水平作为目标层（目标A）；以农民权益流失的政治风险、经济风险、社会风险（文化风险）等3种风险类型作为准则层（准则B）；以描述三大风险的10个具体衡量维度作为要素层（要素C）；以农民权益流失的基本评估指标作为指标层（指标D）（见图5-1）。

目标层：农地流转农民权益流失的风险（A）

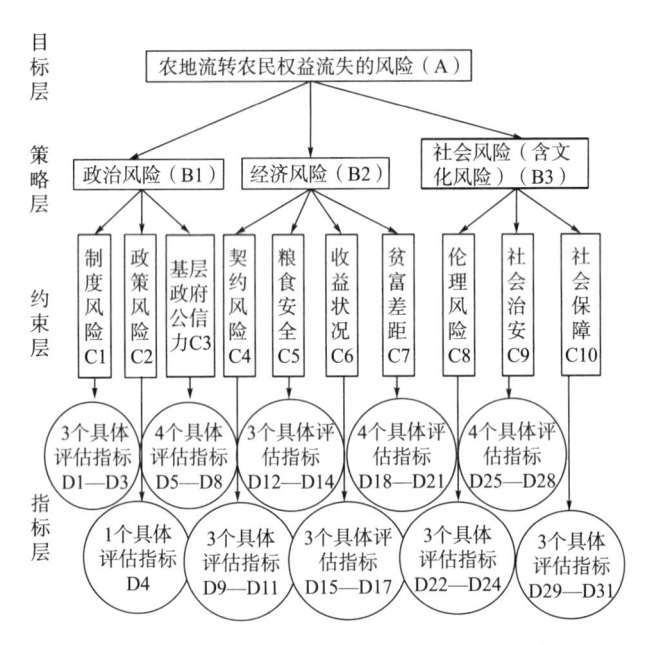

策略层：政治风险（B1）、经济风险（B2）、社会风险（含文化风险）（B3）

约束层：制度风险C1、政策风险C2、基层政府公信力C3、契约风险C4、粮食安全C5、收益状况C6、贫富差距C7、伦理风险C8、社会治安C9、社会保障C10

指标层：3个具体评估指标D1—D3、4个具体评估指标D5—D8、3个具体评估指标D12—D14、4个具体评估指标D18—D21、4个具体评估指标D25—D28；1个具体评估指标D4、3个具体评估指标D9—D11、3个具体评估指标D15—D17、3个具体评估指标D22—D24、3个具体评估指标D29—D31

图5-1 农民权益流失的风险评估层次结构模型

5 农地流转中农民权益流失的风险评估

2. 构造评估指标体系判断矩阵。

在描述指标体系功能或特征内部独立的递阶层次结构基础之上，需要进一步进行各层次因素（或目标、准则、方案）两两比较确定其相对重要性，建构出上层某元素对下层相关元素的判断矩阵，以便得到相关元素对上层元素的相对重要性序列。[①] 按照建立的评估指标体系递阶层次结构，利用1-9级比例尺度标度表构造农民权益流失风险指标体系的判断矩阵，通过专家咨询法确定判断矩阵中的指标数值，进而确定指标体系中各层次有关指标在总目标中的优先次序。在构造两两比较判断矩阵时，评价者必须反复回答：两个因素相比较哪一个更重要，重要多少，以及依照重要性程度需要赋予多大数值。如果以 A 表示目标，X_i 表示指标，$X_i \in x (i=1, 2, 3, \cdots, n)$。$X_{ij}$ 表示 X_i 对 X_j 的相对重要性指数，$X_j (j=1, 2, 3, \cdots, n)$，$A(i, \cdots, j)$ 的取值如表5-4所示：

表5-4 指标体系1-9级比例尺度标度表

标度	含义界定
1	与的重要性相当
3	比的重要性稍强
5	比的重要性强
7	比的重要性明显的强
9	比的重要性绝对的强
2，4，6，8	与的重要性相比在上述两个相邻标度之间
1，1/2，1/3，…，1/9	与的重要性相比为上述非负值的倒数

[①] 胡鞍钢，王磊. 社会转型风险的衡量方法与经验研究（1993-2004年）[J]. 管理世界，2006（6）.

据此可以得出评估指标体系的判断矩阵：

$$P = (X_{ij})_{n \times n} = \begin{bmatrix} X_{11} & X_{12} & \cdots & X_{1n} \\ X_{21} & X_{22} & \cdots & X_{2n} \\ \cdots & \cdots & \cdots & \cdots \\ X_{n1} & X_{n2} & \cdots & X_{nn} \end{bmatrix}$$

（P 判断矩阵显然具有以下性质及特征：$X_{ij} \geqslant 0$；$X_{ij} = \dfrac{1}{X_{ji}}$；$X_{ij} = 1$）

3. 计算评估指标体系层次单排序。

在构造出农民权益流失风险评估指标体系判断矩阵后，紧接着就要进行层次单排序计算。通过计算判断矩阵的特征向量及其相应的最大特征值，即可计算出某层次因素相对于上一层次中某一因素的相对重要性的权值，这种排序计算称之为层次单排序计算。[1] 在农民权益流失风险指标体系层次单排序计算中的特征向量法，层次单排序的计算是依据判断矩阵相较于上一层某因素而言，本层次与之相关因素重要性标度判断的权值，据此可以归结为计算农民权益流失风险判断矩阵的最大特征值和特征向量。计算相对排序向量的方法通常有：特征值、方根法、和积法、幂法。[2] 本研究要使用的计算方法为方根法，其计算程序为：

（1）计算判断矩阵 P 每行元素的连乘积 M_i：

$$M_i = \prod_{j=1}^{n} x_{ij}, (i, j = 1, 2, 3, \cdots, n);$$

（2）计算 M_i 的 n 次方根：

$$\overline{W_i} = \sqrt[n]{M_i}, (i = 1, 2, 3, \cdots, n);$$

---

[1] 李爽. 大型社会活动安全风险指标体系研究 [D]. 首都经济贸易大学硕士学位论文, 2008.

[2] 白雪梅, 赵松山. 层次分析法在评价综合实力中的应用 [J]. 统计与决策, 1997（10）.

(3) 对向量 $\overline{W} = [\overline{W_1}, \overline{W_2}, \cdots, \overline{W_n}]$ 进行归一化处理（正规化）：

$$W_i = \frac{\overline{W_i}}{\sum\limits_{j=1}^{n}}, (i = 1,2,3,\cdots,n);$$

则据此可以得出：$W = (W_1, W_2, \cdots, W_n)$ 即为判断矩阵的特征向量。

(4) 计算判断矩阵的最大特征值 λ_{max}：

$$\lambda_{max} = \frac{1}{n}\sum_{i=1}^{n}\frac{(PW)_i}{W_i}$$

其中，$(PW)_i$ 为矩阵乘法 PW 的第 i 个元素。

4. 进行单层一致性检验。

由于现实存在的客观事物复杂性或对事物认识的片面性，农民权益流失风险评价指标权重演算的合理性与科学性可能产生偏差，这就需要进一步对构造的判断矩阵所得出的权重进行一致性和随机性检验。[①] 因而，以上演算所得到的特征向量即为所求权重，但权重的分配是否科学、是否合理，还需要对判断矩阵进行一致性检验。即 CI（Consistency Index）为判断矩阵一致性指标：

$$CI = \frac{1}{n-1}(\lambda_{max} - n)$$

一般来说，CI 指数越大，说明判断矩阵偏离一致性越大。反之，则偏离一致性越小。另外，判断矩阵的阶数 n 越大，判断的主观因数造成的偏差就越大，偏离一致性也就越大。反之，偏离一致性越小。因此，还必须引入平均随机一致性指标 RI（Random Index）。RI 随判断矩阵的阶数的变化而变化，RI 值

[①] 金贞珍. 关于多指标综合评价方法及其权数问题的讨论 [D]. 延边大学硕士学位论文，2006.

是用随机方法构造判断矩阵，经过多次重复计算，并加以平均而求出的一致性指标。[①]

由此，得出单层一致性检验的方式：一致性指标 CI 与同阶平均随机性一致指标 RI 的比值，称为随机一致性比率 CR (Consistency Ratio)：

$$CR = \frac{CI}{RI}$$

一般情况下，当 $C<0.10$ 或 $CI=0.00$ 时，即可以认为建构出的判断矩阵具有满意的一致性，单层排序是有效的，同时也说明权重分配是科学合理的；否则就需要对判断矩阵不断进行调整修正，直到获得满意的一致性为止。

5. 计算层次总排序并进行总体一致性检验。

我们需要根据所构建的指标层次结构模型对农地流转中农民权益流失的评估指标进行运算。在策略层中，我们划分为政治风险（B1）、经济风险（B2）、社会风险（B3）三个域，需要比较这三个域对于上一层次 A 的影响大小，根据层次分析法，就需要将三个因素两两之间进行比较，得出两两比较的矩阵。首先，设 X_{ij} 表示 X_i 对于上一层次 M 的影响大小与 X_j 对于上一层次 M 的影响大小之间的比，再设 $X=(X_{ij})_{n\times n}$，则为所要求的判断矩阵和两两比较矩阵。同时该矩阵则满足：$X_{ij}=1/X_{ji}$；$(i, j=1, 2, 3, \cdots, n)$；$X_{ii}=1$。

对此，对于最高层的 A 与策略层的 B1、B2、B3 之间的联系，我们构建的判断矩阵如下表所示：

---

① 兰继斌. 关于层次分析法优先权重及模糊多属性决策问题研究 [D]. 西南交通大学博士学位论文，2006.

5 农地流转中农民权益流失的风险评估

表5-4 判断矩阵 A—B_i (i=1, 2, 3)

A	B1	B2	B3
B1	B_{11}	B_{12}	B_{13}
B2	B_{21}	B_{22}	B_{23}
B3	B_{31}	B_{32}	B_{33}

根据层次分析法，在进行指标之间两两比较的时候需要参照一定的标度，这样也是为了使对比定量化，从而形成一个上述判断矩阵之下的数值对比矩阵，这就引入了 A. L. Saaty 的标度说明表[①]（表5-5）。

表5-5 标度说明表

标度	含义
1	表示两个因素相比，具有相当的重要性。
3	表示两个因素相比，一个因素比另一个因素稍微重要。
5	表示两个因素相比，一个因素比另一个因素明显重要。
7	表示两个因素相比，一个因素比另一个因素强烈重要。
9	表示两个因素相比，一个因素比另一个因素极端重要。
2, 4, 6, 8	上述两相邻判断的中值。
倒数	因素 i 与 j 比较得判断 X_{ij}，则因素 j 与 i 比较的判断 X_{ji} = $1/X_{ij}$。

对此，再根据上述标度对策略层的各因素进行矩阵构建，为了避免两两之间比较的主观性，这里采取与德尔菲（delphi）法相结合的形式，即有专家给出每个因素的参考权重，再根据参考

[①] 赵焕臣，许树柏等. 层次分析法——一种简易的新决策方法 [M]. 北京：科学出版社，1986.

值得出两两之间的标度值（见表5-6）。在构造出上述比较判断矩阵之后，即可计算出判断矩阵的最大特征根与其相对应的特征向量。即根据矩阵理论，对判断矩阵 X，满足等式 $XW=\lambda W$，则可以计算出比较矩阵的 X 对应于 n（n 为因素数量）的特征向量 W，也即是单排序的权值，同时 λ 为矩阵的最大特征根。具体计算步骤如下：

表5-6　判断矩阵 A-B（各因素之间的重要性比较）

A	B1	B2	B3
B1	1	1/2	2
B2	2	1	3
B3	1/2	1/3	1

$$M_1 = 1 \times \frac{1}{2} \times 2 = 1;$$

$$M_2 = 2 \times 1 \times 3 = 6;$$

$$M_3 = \frac{1}{2} \times \frac{1}{3} \times 1 = \frac{1}{6} \approx 0.1667.$$

计算 M_i 的 n 次方根 $\overline{W}_i$

$\overline{W}_1 = \sqrt[3]{M1} = 1;$

$\overline{W}_2 = \sqrt[3]{M2} = \sqrt[3]{6} \approx 1.8171;$

$\overline{W}_3 = \sqrt[3]{M3} = \sqrt[3]{0.1667} \approx 0.5504.$

对向量 $\overline{W} = [\overline{W}_1, \overline{W}_2, \overline{W}_3]^T = [1, 1.8171, 0.5504]^T$ 正规化：

$$\sum_{i=1}^{n} \overline{W}_i = 1 + 1.8171 + 0.5504 = 3.3675;$$

$$W_1 = \frac{\overline{W}_1}{\sum_{i=1}^{n} \overline{W}_i} = \frac{1}{3.3675} = 0.2970;$$

5 农地流转中农民权益流失的风险评估

$$W_2 = \frac{\overline{W_2}}{\sum_{i=1}^{n} \overline{W_i}} = \frac{1.8171}{3.3675} = 0.5396;$$

$$W_3 = \frac{\overline{W_3}}{\sum_{i=1}^{n} \overline{W_i}} = \frac{0.5504}{3.3675} = 0.1634$$

则所求出的特征向量 $W=[0.297, 0.5396, 0.1634]^T$；

据此计算判断矩阵的最大特征根 λ_{max}

$$AW = \begin{bmatrix} 1 & \frac{1}{2} & 2 \\ 2 & 1 & 3 \\ \frac{1}{2} & \frac{1}{3} & 1 \end{bmatrix} \times \begin{bmatrix} 0.297 \\ 0.5396 \\ 0.1634 \end{bmatrix}$$

其中：$(AW)_1 = 1 \times 0.297 + \frac{1}{2} \times 0.5396 + 2 \times 0.1634$
$= 0.8936;$

$(AW)_2 = 2 \times 0.297 + 1 \times 0.5396 + 3 \times 0.1634 = 1.6238;$

$(AW)_3 = \frac{1}{2} \times 0.297 + \frac{1}{3} \times 0.5396 + 1 \times 0.1634 = 0.4918$

则 $\lambda_{max} = \sum_{i=1}^{n} \frac{(AW)i}{nWi} = \frac{(AW)_1}{3W_1} + \frac{(AW)_2}{3W_2} + \frac{(AW)_3}{3W_3}$

$= \frac{0.8936}{3 \times 0.2970} + \frac{1.6238}{3 \times 0.5396} + \frac{0.4918}{3 \times 0.1634} = 3.0093$

由此计算特征向量值为：$W=[0.297, 0.5396, 0.1634]^T$，这反映了策略层的各因素对于目标层的影响权重，其中得出的 λ_{max} 是最大特征根。但是，由于在计算过程中受到各种主观等因素的影响，判断矩阵要出现严格一致的情况是很困难的，因此，这里还会依据计算得到的最大特征根 λ_{max} 对该矩阵进行一致性的检验。若判断矩阵具备完全一致性条件时，则需满足 $\lambda_{max}=n$，且除了 $\lambda_{max}=n$ 之外，其余特征根均为零，但是这种完全一致的检验是很难出现的,所以现实中常常采取满意原则进行判定,即得出的最大特征根稍大于矩阵阶数,且其余特征根接近于零。基于层次分析法提供检验一致性的方法,进行判断矩阵一致性的检验。

对于 $\lambda_{\max}$ 作为判断矩阵的最大特征根,当 $\lambda_{\max}=n$ 时,就表明矩阵具有严格一致性,否则当 $\lambda_{\max}>n$ 时,其越大,则矩阵的非一致性程度就越严重。对于检验有一个定量的方法,层次分析法引入了一致性指标 CI:

$$CI = \frac{\lambda_{\max} - n}{n-1}$$

同时,为了度量不同阶位的判断矩阵是否具有满意条件下的一致性,层次分析法为此引入了判断矩阵的平均随机一致性指标 RI 值。对于 1-9 阶($n=1,2,3,\cdots,9$)的判断矩阵的 RI 值(如表 5-7 所示)。

表 5-7　n 与 RI 值的关系表

n	1	2	3	4	5	6	7	8	9
RI	0.00	0.00	0.58	0.90	1.12	1.24	1.32	1.41	1.45

表 5-7 中 RI 与 n 的关系是用随机方法构建 500 个样本矩阵,随机地从 1-9 及其倒数中抽取数字构成矩阵,求得最大特征根的平均值 $\lambda'_{\max}$,并根据

$$RI = \frac{\lambda'_{\max} - n}{n-1}$$

得出的。[1]

计算一致性的比例为 CR,为判断矩阵的一致性指标 CI 与同阶平均随机一致性指标 RI 之比,即:$CR = \dfrac{CI}{RI}$

---

[1] 范柏乃. 政府绩效评估与管理 [M]. 上海:复旦大学出版社,2007.

5 农地流转中农民权益流失的风险评估

当 $CR<0.10$ 时，认为判断矩阵的一致性检验较为满意，否则，需要对判断矩阵进行修正。根据上述求出的结果，可知 $A-B$ 矩阵：

$$CI = \frac{\lambda_{\max} - n}{n-1} = \frac{3.0093 - 3}{3-1} = 0.00465$$

$$CI = \frac{CI}{RI} = \frac{0.00465}{0.58} = 0.008 < 0.10$$

所以，判断矩阵 A—B 的一致性达到满意。即策略层的指标权重分别为 0.297，0.5396，0.1634。

同样地，对于其他层次的因素和对应的指标进行构建判断矩阵，并求出相应的特征向量和最大特征根以及 CI、RI、CR 值，如表 5-8、表 5-9、表 5-10 所示。

表 5-8 判断矩阵 B1-C

（相对于政治风险而言，C1，C2，C3 之间相对于 B1 的重要性比较）

B1	C1	C2	C3	W
C1	1	1/2	1/3	0.1634
C2	2	1	1/2	0.2970
C3	3	2	1	0.5396

$\lambda_{\max} = 3.0093$ $CI = 0.0047$ $RI = 0.58$ $CR = 0.008 < 0.10$

表 5-9 判断矩阵 B2-C

（即相对于经济风险而言，C4，C5，C6，C7 之间相对于 B2 的重要性比较）

B	C4	C5	C6	C7	W
C4	1	3	5	3	0.5318
C5	1/3	1	2	1	0.1855
C6	1/5	1/2	1	1/2	0.0972
C7	1/3	1	2	1	0.1855

$\lambda_{\max} = 4.001$ $CI = 0.0003$ $RI = 0.90$ $CR = 0.0004 < 0.10$

表 5-10　判断矩阵 B3-C

(即相对于社会风险而言，C8，C9，C10 之间相对于 B3 的重要性比较)

B3	C8	C9	C10	W
C8	1	1/3	1/2	0.1634
C9	3	1	2	0.5396
C10	2	1/2	1	0.2970

$\lambda_{max}=3.0093$　$CI=0.0047$　$RI=0.58$　$CR=0.008<0.10$

所以，经过一致性检验，约束层（C）指标都处于满意状态，各因素相对于上一层权重分别为：$W_{B1}=$ [0.1634，0.2970，0.5396]；

$W_{B2}=$ [0.5318，0.1855，0.0972，0.1855]；

$W_{B3}=$ [0.1634，0.2970，0.5396]。

指标层（D）中各指标权重的确定，即指标层相对于策略层的判断矩阵。如同上述计算方式。如表 5-11 至表 5-19 所示。

表 5-11　判断矩阵 C1-D

(即相对于制度风险而言，D1，D2，D3 之间相对于 C1 的重要性比较)

C1	D1	D2	D3	W
D1	1	1	5	0.4665
D2	1	1	4	0.4330
D3	1/5	1/4	1	0.1005

$\lambda_{max}=3.0056$　$CI=0.0028$　$RI=0.58$　$CR=0.005<0.10$

由于政策风险维度下的评估指标只有相关政策一致性情况一个评估指标，所以该指标相对于上一层次的权重为 1。

5 农地流转中农民权益流失的风险评估

表 5-12 判断矩阵 C3-D
（即相对于基层公信力而言，D5，D6，D7，D8 之间相对于 C3 的重要性比较）

C3	D5	D6	D7	D8	W
D5	1	1	2	2	0.3333
D6	1	1	2	2	0.3333
D7	1/2	1/2	1	1	0.1667
D8	1/2	1/2	1	1	0.1667

$\lambda_{max}=4.0004$ CI=0.0001 RI=0.90 CR=0.0001<0.10

表 5-13 判断矩阵 C4-D
（即相对于契约风险而言，D9，D10，D11 之间相对于 C4 的重要性比较）

C4	D9	D10	D11	W
D9	1	1	1	0.3333
D10	1	1	1	0.3334
D11	1	1	1	0.3333

$\lambda_{max}=3.00$ CI=0 RI=0.58 CR=0<0.10

表 5-14 判断矩阵 C5-D
（即相对于粮食安全而言，D12，D13，D14 之间相对于 C5 的重要性比较）

C5	D12	D13	D14	W
D12	1	1/2	1/7	0.0977
D13	2	1	1/4	0.1870
D14	7	4	1	0.7153

$\lambda_{max}=3.002$ $CI=0.001$ $RI=0.58$ $CR=0.0017<0.10$

表 5-15 判断矩阵 C6-D
（即相对于收益状况而言，D15，D16，D17 之间相对于 C6 的重要性比较）

C6	D15	D16	D17	W
D15	1	3	3	0.6000
D16	1/3	1	1	0.2000

续表

C6	D15	D16	D17	W
D17	1/3	1	1	0.2000

$\lambda_{max}=3.00 \quad CI=0 \quad RI=0.58 \quad CR=0<0.10$

表 5-16 判断矩阵 C7-D

（即相对于贫富差距而言，D18，D19，D20，D21 之间相对于 C7 的重要性比较）

C7	D18	D19	D20	D21	W
D18	1	1/2	1/3	1/4	0.0699
D19	2	1	1/2	1/2	0.1601
D20	3	2	1	1	0.3665
D21	4	2	1	1	0.4034

$\lambda_{max}=4.1378 \quad CI=0.046 \quad RI=0.90 \quad CR=0.051<0.10$

表 5-17 判断矩阵 C8-D

（即相对于伦理风险而言，D22，D23，D24 之间相对于 C8 的重要性比较）

C8	D22	D23	D24	W
D22	1	1	1	0.3333
D23	1	1	1	0.3334
D24	1	1	1	0.3333

$\lambda_{max}=3.00 \quad CI=0 \quad RI=0.58 \quad CR=0<0.10$

表 5-18 判断矩阵 C9-D

（即相对于社会治安而言，D25，D26，D27，D28 之间相对于 C9 的重要性比较）

C9	D25	D26	D27	D28	W
D25	1	1	2	2	0.3333
D26	1	1	2	2	0.3333
D27	1/2	1/2	1	1	0.1667
D28	1/2	1/2	1	1	0.1667

$\lambda_{max}=4.0004 \quad CI=0.0001 \quad RI=0.90 \quad CR=0.0001<0.10$

表 5-19 判断矩阵 C10-D

(即相对于社会保障而言,D29,D30,D31 之间相对于 C10 的重要性比较)

C10	D29	D30	D31	W
D29	1	3	3	0.6000
D30	1/3	1	1	0.2000
D31	1/3	1	1	0.2000

$\lambda_{max}=3.00$ $CI=0$ $RI=0.58$ $CR=0<0.10$

以上各个判断矩阵均达到满意一致性,则指标层相对于对应约束层的指标权重分别为:$W_{C1}=[0.4665,0.4330,0.1005]$;

$W_{C2}=[1]$;

$W_{C3}=[0.3333,0.3333,0.1667,0.1667]$;

$W_{C4}=[0.3333,0.3334,0.3333]$;

$W_{C5}=[0.0977,0.1870,0.7153]$;

$W_{C6}=[0.6000,0.2000,0.2000]$;

$W_{C7}=[0.0699,0.1601,0.3665,0.4034]$;

$W_{C8}=[0.3333,0.3334,0.3333]$;

$W_{C9}=[0.3333,0.3333,0.1667,0.1667]$;

$W_{C10}=[0.6000,0.2000,0.2000]$。

6. 计算总层次权重及一致性检验。

对总层次权重的排序与单层次的权重排序相类似,理清上一层次所包含的所有权重以及其对应的权重值,进行横向排列,同时,对其下一层次的各个元素及其相关权重进行列举,当下一层次与上一层次的因素没有相关性时,则直接为空白。本书构建的层次结构模型分为 A、B、C、D 四个层次,所以首先对 B、C 两层进行相对于总目标 A 层的总权重排序(见表 5-20)。

表 5-20　B、C 两层相对于总目标的权重总排序

	B1 0.2970	B2 0.5396	B3 0.1634	B、C 两层相对于目 标层的总排序权重
C1	0.1634			0.0485
C2	0.2970			0.0882
C3	0.5396			0.1603
C4		0.5318		0.2870
C5		0.1855		0.1001
C6		0.0972		0.0524
C7		0.1855		0.1001
C8			0.1634	0.0267
C9			0.2970	0.0485
C10			0.5396	0.0882

总层次权重一致性检验如下：

$$CI = \sum_{i=1}^{3} Bi \times CI$$

$$= 0.2970 \times 0.0047 + 0.5396 \times 0.0003 + 0.1634 \times 0.0047$$

$$= 0.0023$$

$$RI = \sum_{i=1}^{3} Bi \times RI$$

$$= 0.2970 \times 0.58 + 0.5396 \times 0.90 + 0.1634 \times 0.58$$

$$= 0.7527$$

$$CR = \frac{CI}{RI}$$

$$= \frac{0.0023}{0.7527}$$

$$= 0.0031 < 0.10$$

所以，此层次的总权重的一致性达到满意。层次总排序的完成，要得出最底层指标层各指标权重相对于总目标的总排序，计算方法如下（见表 5-21）。

5 农地流转中农民权益流失的风险评估

表 5-21 指标层指标相对于总目标的权重总排序

	C1	C2	C3	C4	C5	C6	C7	C8	C9	C10	总权重
	0.0485	0.0882	0.1603	0.2870	0.1001	0.0524	0.1001	0.0267	0.0485	0.0882	
D1	0.4665										0.0226
D2	0.4330										0.0210
D3	0.1005										0.0049
D4		1									0.0882
D5			0.3333								0.0534
D6			0.3333								0.0534
D7			0.1667								0.0267
D8			0.1667								0.0268
D9				0.3333							0.0956
D10				0.3334							0.0958
D11				0.3333							0.0956
D12					0.0977						0.0098
D13					0.1870						0.0187
D14					0.7153						0.0716
D15						0.6000					0.0314
D16						0.2000					0.0105

225

续表5-21

	C1	C2	C3	C4	C5	C6	C7	C8	C9	C10	总权重
	0.0485	0.0882	0.1603	0.2870	0.1001	0.0524	0.1001	0.0267	0.0485	0.0882	
D17	0.0485										0.0105
D18						0.2000					0.0070
D19							0.0699				0.0160
D20							0.1601				0.0367
D21							0.3665				0.0404
D22							0.4034				0.0089
D23								0.3333			0.0089
D24								0.3334			0.0089
D25								0.3333			0.0162
D26									0.3333		0.0162
D27									0.3333		0.0081
D28									0.1667		0.0080
D29									0.1667		0.0530
D30										0.6000	0.0176
D31										0.2000	0.0176

5 农地流转中农民权益流失的风险评估

总权重一致性检验如下：

$$CI = \sum_{i=1}^{10} Ci \times CI$$

$= 0.0485 \times 0.0028 + 0.0882 \times 0 + 0.1603 \times 0.0001 + 0.2870 \times 0 + 0.1001 \times 0.001 + 0.0524 \times 0 + 0.1001 \times 0.046 + 0.0267 \times 0 + 0.0485 \times 0.0001 + 0.0882 \times 0$

$= 0.0049$

$$RI = \sum_{i=1}^{10} Ci \times RI$$

$= 0.0485 \times 0.58 + 0.0882 \times 0 + 0.1603 \times 0.90 + 0.2870 \times 0.58 + 0.1001 \times 0.58 + 0.0524 \times 0.58 + 0.1001 \times 0.90 + 0.0267 \times 0.58 + 0.0485 \times 0.90 + 0.0882 \times 0.58$

$= 0.6277$

$$CR = \frac{CI}{RI}$$

$= \dfrac{0.0049}{0.6277}$

$= 0.0078 < 0.10$

因此，整个指标体系的各指标权重通过一致性检验，即表5－21为农地流转中农民权益流失的风险评估指标体系的指标权重总排序。

农地流转中农民权益流失的风险指标体系是一个复杂的指标体系，农地流转政策还处于不完善的状态，在整个指标体系的建立过程中，很多指标要进行定量评估显得比较困难，指标之间具有相关影响的作用，会使一些指标的判定受到主观方面的干扰。另外，农地流转中的相关政策和相关措施都与农民的权益相关联，包括政府、村委会、农业企业、社会组织等，它们的行为直接或间接地影响着农民的利益，对农民权益受到侵犯或是在土地流转中受到损失等情况发生的原因和结果的考虑与整个指标体系中指标的设置也是相关的。为了避免指标的缺选、漏选、错选，我们采用头脑风暴法，为了确保指标的准确性，我们采用德尔菲法（Delphi）进行指标筛选，为了使指标体系的科学化，在确定指标权重时采用层次分析法（AHP），并多次进行指标权重的一致性检验。总之，通过各种方法的结合，使得该指标体系的设计和建立具备了合理性、准确性、完备性和科学性。这也为我们对农地流转中农民权益流失的风险评估提供了一个的平台，也为保障农民在农地流转中的权益提供了一个措施选择和政策分析的支撑体系。

5.2.2 农地流转中农民权益流失风险评估体系的实证分析

利用德尔菲法（Delphi）和层次分析法（AHP），最终构建出农地流转中农民权益流失的指标体系，在这个指标体系中，可以看到，指标层的具体指标的权重比较和排序，按大小排序前十位的分别是农户土地流转合同持有率（D10）、土地流转未签订合同的比例（D9）、流转合同违约的比率（D11）、相关政策的一致性情况（D4）、流转后从事粮食种植的土地比例（D14）、农地流转中农户具有决策权的比例（D6）、召开村民大会的比例（D5）、土地流转后农民再就业率（D29）、流转户与非流转户的土地收益差（D21）、人均土地流转收益占总收入的比例（D20）。由此可见，对于农民在农地流转中，农民权益流失所引起的风险主要集中在合同的规范签订、政策实施、农民粮食种植种类、流转土地收益、农民收入生活保障等几个方面，而这些指标直接体现农民切身权益相关的问题，合同签订规范程度对于农民对土地流转的满意度和其合法权益息息相关，土地收益和农民再就业直接关系着农民基本生活保障的问题，粮食种植的种类关系着农民粮食安全，也是农民最基本生活问题的反映。所以，对于农民土地流转中农民权益流失的风险评估主要集中在农民收入和基本生活保障上面，这也是在土地流转政策实施和开展过程中对于农民权益保障最应该关切的问题。农地流转中农民权益流失的风险的规避和防范也应集中在这些问题上。这些风险的出现和潜在出现直接影响到农民相关合法权益的保障。如何保障农民在农地流转中的相关权益，就要与农地流转中农民权益流失的风险评估指标体系相结合，找出农民权益保障与风险指标之间的联系和纽带，以便在农地流转中规避和防范风险的发生，保障和维护农民的相关权益。

对于农地流转中农民权益流失的风险评估，本书主要集中在风险与权益保障的联系，找出两者相关的结合点，以此能够寻求在土地流转中通过规避和防范风险的方式来保障农民在土地流转中的合法权益，以及通过保障农民权益来达到规避和防范土地流转风险发生的目的。对于指标体系的实证评估，主要是基于我们对于农地流转相关问题的调查问卷以及对农地流转的实地考察、访谈等，并结合有关部门和相关文献提供的有关农地流转的一些二手资料进行分析整理，分析点也主要聚焦于农民土地承包经营权的流失、土地收益权弱化、土地处分权流失、司法救济权缺失、民主管理权弱化等引起的风险上，从而将风险与农民权益结合起来对指标体系进行验证。

5.2.2.1 农民土地承包经营权流失风险的实证分析

农民土地承包经营权的流失主要是在农地流转的过程中，农民对土地不能依法享有或不能完全享有对土地承包经营的自主权。由于在土地流转中的流转行为、政策执行、流转机制等方面的违法或不合理的操作，使得农民在土地承包经营权益保障上处于被动地位，较大程度地损害着农民的权益。对此，基于前面构建的风险评估体系和调查问卷采用 SPSS 系统分析法进行分析（见表 5-22）。

针对上述指标设置与农民权益的联系，对分析数据进行评估。从表 5-22 中我们可以看到，评估指标与农民承包经营权之间的联系。在本书已经构建的指标体系中，农民在土地流转过程中有关合同的相关指标的权重占了很大比重，而这一部分直接与农民承包经营权的流失有关，在土地流转中未签订合同的比例高达 56.57%，而农户即使签订了流转合同，但合同的持有率却不到 30%。这些指标数据显示，合同签订的不规范严重地影响了农民的土地承包经营权；在土地流转政策执行方面，与农地流转有关的政策不断变化，新政策的出台较少起到促进作用，部分基层组织在政策执行上也无视法律。2012 年全国违法占用耕地的案件高达 6.2 万件[①]，这些事实说明，农民土地承包经营权被弱化。调查结果还显示，在土地流转过程中，召开村民大会的比例占到 78.1%，但是这些村民大会中，真正起作用并能使农户对自己土地流转拥有决策权的仅占到 9%，对于土地流转的公开程度也只占到 13.6%。这些指标显示出来的数据直接说明农民承包经营权在指标验证之下，存在严重的流失情况。

表 5-22　承包经营权流失的风险评估

承包经营权流失	流转行为	土地流转未签订合同的比例（D9）	56.57%
		农户土地流转合同持有率（D10）	28.62%
		流转合同违约比例（D11）	10.68%
	政策执行	相关政策一致性情况（D4）	定性
		农户对土地流转政策了解程度（D7）	2%
		违法占用耕地案件发生率（D25）	6.2万件
	流转机制	召开村民会议比例（D5）	78.13%
		农地流转中农户有决策权的比例（D6）	9%
		土地流转情况的公开程度（D8）	13.6%

---

① 2012 年全国违法用地行为 6.2 万件，200 人被追究刑责 [N]. 中国国土资源报，2013-01-28.

5 农地流转中农民权益流失的风险评估

如果我们对指标值分为非常严重、严重、一般、不严重、非常不严重五个标度进行划分，并分别对各个标度赋值为5、4、3、2、1，则对相应的指标数值进行量化，使其与风险评估相对应，即比例越高，分值越大，风险程度越高。本书设定，80%～100%分值为5，60%～80%分值为4，40%～60%分值为3，20%～40%分值为2，0～20%分值为1。对此，可以把3看作农地流转风险导致农民权益流失后爆发的临界点。上述指标赋值后得出：土地流转未签订合同（D9）的比例分值为3分；农户土地流转合同的持有率（D10）赋值为4；流转合同违约比率（D11）赋值为1，相关政策一致性情况（D4）属于定性分析，根据第四章描述，赋值为4；农户对土地政策了解程度（D7）转化为对土地政策不了解程度，赋值为5；违法占用耕地（D25）赋值为4；召开村民会议比例（D5）转化为未召开村民大会比例赋值为2；农地流转中农户具有决策权的比例（D6）转化为不具有决策权的比例赋值为5；土地流转情况公开程度（D8）转化为土地流转未公开程度赋值为5（见表5-23）。

表5-23 农民承包经营权流失风险指标赋值结果及指标权重

指标	D9	D10	D11	D4	D7	D25	D5	D6	D8
分值	3	4	1	4	5	4	2	5	5
权重	0.0956	0.0958	0.0956	0.0882	0.0267	0.0162	0.0534	0.0534	0.0268

根据指标分值和对应的结果计算最终风险：

$$R_1 = \frac{\sum_{i=1}^{9} Xi \times Wi}{\sum_{i=1}^{9} Wi}$$

$$= \frac{3 \times 0.0956 + 4 \times 0.0958 + 1 \times 0.0956 + 4 \times 0.0882 + 5 \times 0.0267}{0.0956 + 0.0958 + 0.0956 + 0.0882 + 0.0267}$$

$$\frac{+4\times 0.0162+2\times 0.0534+5\times 0.0534+5\times 0.0268}{+0.0162+0.0534+0.0534+0.0268}$$

$= 3.31$

3.31>3，由此表明，在农地流转中农民土地承包经营权因风险而导致的农民权益流失以及因农民权益流失而引发风险的严重程度是较强的。在土地流转政策实施过程中，对于农民土地承包经营权的保障应该占据一定的分量，而其风险源头和流失风险也应被赋予更多关注度，从而规避相关风险，保障农民土地承包经营权。

5.2.2.2 农民土地收益权弱化风险的实证分析

根据现有法律法规，农民在拥有承包经营权的土地上享有土地收益权是毫无疑问的。在农地流转中，农民对于以出租、入股、集体流转等形式进行的土地流转依法享有收益权，然而，在土地流转政策的实施过程中，农民的土地收益权由于制度缺陷、合同不规范、收益受损等种种原因而导致农民权益被损害和侵犯，土地收益权的弱化又会诱发贫富差距、粮食不安全、基层社会不稳定的风险。对农民土地收益权在风险评估体系中与相关指标之间的关系和指标数据进行分析，以找出规避风险并保障农民土地收益权的有效措施。风险评估体系和SPSS软件调查数据显示了农民土地收益权与指标之间的关系（见表5-24）。

从表格中指标的数值结果我们可以看出，在农民土地流转过程中，农民在土地收益上受到多方面的影响，而且各个方面的影响程度有所不同。这些指标同时反映出农民的土地收益来源受限，同时遭遇的风险也较大。另外，农民土地收益也直接影响着农民最为关心的基本生活保障问题，这也使得指标体系中农民收入这方面的指标权重较大。农户的土地流转收益在总收入中的比例仅仅占到了2.3%，这表明全国各地的农地平均流转面积还不是很大；从流转租金按时给付比例来看，占到了67.6%，对于

5 农地流转中农民权益流失的风险评估

流转土地的中老年来说,没有按时支付的30%多的租金,很有可能直接影响他们的基本生活。在农地流转后从事粮食种植的比例只有23.8%,这也意味着,一旦发生自然灾害等,将面临现有粮食产量无法满足全民供给需要,也使得失地农民无粮可买、无粮可食。总之,有关农民收益权弱化的各种风险指标数据显示,农民收益权弱化现象需要关注和解决。

表5-24 农民土地收益权弱化的风险评估

农民土地收益权弱化	产权制度完备情况(D1)	定性
	土地流转制度完备情况(D2)	定性
	家庭承包经营制度完备情况(D3)	定性
	流转租金按时给付比例(D15)	67.6%
	流转后生活水平下降的农户比率(D16)	16.6%
	租金与原收益的差额(D17)	120元/户·亩
	土地流转未签订合同比例(D9)	56.57%
	农户土地流转合同持有率(D10)	28.62%
	流转合同违约的比例(D11)	10.68%
	农村基尼系数(D18)	0.3949[①]
	农户家庭经营性收入占总收入比例(D19)	60.4%
	人均土地流转收益占总收入比例(D20)	2.3%
	流转户与非流转户的土地收入差(D21)	220元/户·亩[②]
	土地流转中农户有决策权的比例(D6)	9%
	土地流转情况的公开程度(D8)	13.6%
	流转后从事粮食种植的土地比例(D14)	23.8%[③]

① 我国农村基尼系数逼近警戒线 http://www.ceh.com.cn/ceh/shpd/2012/8/25/130259.shtml
② 特别说明:含副业收入
③ 严慎. 浅析农村土地流转进程中的土地非量化倾向[J]. 农学, 2012(7).

同样，指标按照 5.2.2.1 中计算出的风险值进行标度划分，分别按 5、4、3、2、1 五个标度进行评估。产权制度完备情况（D1）、土地流转制度完备情况（D2）以及家庭承包经营制度完备情况（D3）均属于定性的分析，根据第四章的论述我们可以相应赋值为 4、4、3；流转租金按时给付比率（D15）转化为未按时给付的比率，则赋值为 2；流转后农民生活水平下降的比例（D16）赋值为 1；租金与原收益的差额（D17）赋值为 3；土地流转未签订合同的比例（D9）、农户土地流转合同持有率（D10）以及流转合同违约的比例（D11）与前文相同，分别为 3、4、1；农村基尼系数（D18）明显表现为将要越过警戒线，处于较为严重的阶段故赋值 5；家庭经营性收入占总收入的比例（D19）因涉及流转后这部分收入将失去的现状，应赋值 4；土地流转收入占总收入的比例（D20）转化为对应的比例应赋值 5；流转户与非流转户之间的土地收益差（D21）按比例划分为 4；土地流转中农户有决策权的比例（D6）以及土地流转情况的公开程度（D8）与前文相同，分别为 5、5；流转后从事粮食种植的土地比例（D14）转化对应的比例后赋值 4（见表 5-25）。

表 5-25　农民土地收益权弱化风险指标赋值结果及指标权重

指标	D1	D2	D3	D15	D16	D17	D9	D10
分值	4	4	3	2	1	3	3	4
权重	0.0226	0.021	0.0049	0.0314	0.0105	0.0105	0.0956	0.0958
指标	D11	D18	D19	D20	D21	D6	D8	D14
分值	1	5	4	5	4	5	5	4
权重	0.0956	0.007	0.016	0.0367	0.0404	0.0534	0.0268	0.0716

根据指标分值和对应的结果计算最终风险：

5 农地流转中农民权益流失的风险评估

$$R_2 = \frac{\sum_{i=1}^{16} Xi \times Wi}{\sum_{i=1}^{16} Wi}$$

$$= \frac{4 \times 0.0226 + 4 \times 0.021 + 3 \times 0.0049 + 2 \times 0.0314 + 1 \times 0.0105 + 3 \times 0.0105}{0.0226 + 0.021 + 0.0049 + 0.0314 + 0.0105 + 0.0105}$$

$$\frac{+ 3 \times 0.0956 + 4 \times 0.0958 + 1 \times 0.0956 + 5 \times 0.007 + 4 \times 0.016 + 5 \times 0.0367}{+ 0.0956 + 0.0958 + 0.0956 + 0.007 + 0.016 + 0.0367}$$

$$\frac{+ 4 \times 0.0404 + 5 \times 0.0534 + 5 \times 0.0268 + 4 \times 0.0716}{+ 0.0404 + 0.0534 + 0.0268 + 0.0716}$$

$$= 3.42$$

3.42>3,由此表明,在农地流转中,农民土地收益权的弱化而引起的风险比较严重。各指标反映了农民土地收益权弱化的原因和弱化的结果,风险的形成使得农民土地收益权弱化,农民土地收益权的弱化又加剧了社会各种风险的出现。调查显示,农村土地流转后,43%的农民认为生活水平明显下降;集中安置的住房质量太差,如遂宁市蓬溪县天宫堂村出现墙体开裂现象;流转农地荒芜现象较为普遍(如文地镇),农民的租金收入势必受到影响。如果农村土地流转没明显提高生活水平,反而恶化了生存现状,贫富分化的加剧必然使得他们产生仇视富人、报复社会的心理,部分有极端想法的人甚至会采取抢劫、偷盗、破坏公共安全等行为来宣泄他们心中的不满。在农地流转中还有一个现实的问题,即粮食直补款的归属问题。按照中央政策,谁种田谁受益,但是农村有部分土地在此项政策出台前就已经流转,业主在经营过程中及时开设账户,获取了该收益;而在此项政策出台后流转土地的粮食直补款则由流出方自行开设账户,取得该收益。中央电视台在2012年播报云南省两叔侄的粮食直补款纠纷案后,许多基层政府和业主均认为,土地是业主在经营,业主应该取得该笔收益,甚至有基层政府将之付诸实践,又导致农民租金收益的进一步下降,引发了农民与业主的流转纠纷,影响了农村稳定和新农村建设。

5.2.2.3 农民土地处分权流失风险的实证分析

土地流转是一种物权的流转,是指中国现有的农村集体土地的流转,以及通过流转所产生的经营主体的变更。相对应的土地处分权是农民有依法对自己承包的土地具有处置的权利。在农村,土地处分权是很少被农民甚至是一些公务员所了解的,缺乏法律方面的认知,使得在农地流转中,农民相应的土地处分权随着土地流转而流失。制度上存在的缺陷,法律上的不完备,政策的不一致,再加上基层政府与村组织的职能错位、越位,都导致了农民的土地处分权被侵害,以致干群关系的恶化,上访与群体性事件等不和谐因素的不断发生。在农地流转中农民权益流失的风险评估体系中,关于农民土地处分权流失的相关指标能够进一步评估风险以及提供和反映风险的来源,从而作为保障农民在土地流转中的土地处分权依据。根据评估体系中的指标和农民处分权流失的关系,利用 SPSS 进行统计分析,得出表 5—26。

表 5—26　农民土地处分权流失风险的实证评估

农民土地处分权流失	产权制度完备情况（D1）	定性
	相关政策一致性情况（D4）	定性
	土地流转中农户具有决策权的比例（D6）	9%
	召开村民大会的比例（D5）	78.13%
	农户对土地流转政策了解程度（D7）	2%
	土地流转情况公开程度（D8）	13.6%
	违法占用耕地案件的发生率（D25）	6.2 万件①
	农民上访情况（D26）	70%②

① 2012 年全国违法用地行为 6.2 万件,2004 被追究刑责 [N]. 中国国土资源报,2013—01—28.

② 参照 http://news.ifeng.com/special/dengxp/200702/0209_669_74676.shtml

5 农地流转中农民权益流失的风险评估

群体性事件发生情况（D27）	65%[①]
流转后农民生活水平下降的比例（D16）	16.6%

从表中我们可以看出，农地流转中农民土地处分权流失问题是突出和严峻的，尤其是与土地处分权相关的产权制度的完备情况不容乐观的。包括农民在土地流转中具有决策权的比例、农民对土地流转政策的了解、土地流转情况的公开程度、违法占用耕地案件的发生等在内，都在不同程度上导致农民土地处分权的流失，其指标数据更能增加其需要关注的方面。另外调研数据显示，农民因土地流转而发生的上访占到农民上访总数的70%以上，因土地流转和土地征用而发生的群体性事件也达到65%以上，同时，因土地处分权被弱化，使得农民的生活水平也存在下降的现象。这些数据均显示农民在农地流转中的风险以及农民土地处分权受损的程度。

对于上述数据所反映的农民土地处分权流失的现状，可根据农地流转中农民权益流失的风险指标体系进行进一步的定量分析。同样地，以5、4、3、2、1五个标度按照前文标准分别代表不同的指标数值进行评估。产权制度完备情况（D1）、相关政策一致性情况（D4）属于定性分析，参考前文分别赋值为4、4；土地流转中农民具有决策权的比例（D6）、召开村民大会的比例（D5）、农民对土地政策的了解程度（D7）以及土地流转情况的公开程度（D8）、违法占用耕地案件的发生率（D25）、流转后农民生活水平下降的比例（D16）均可参照上文分别赋值为5、2、5、5、4、1；农民上访情况（D26）根据指标结果可赋值为4；群体性事件发生情况（D27）根据对应标准赋值为4（表5-27）。

---

① 张时飞，段启增等. 失地农民上访：问题、成因与对策 [J]. 河海大学学报（哲学社会科学版），2006（12）.

表 5—27　农民土地处分权流失风险指标赋值结果及指标权重

指标	D1	D4	D6	D5	D7	D8	D25	D26	D27	D16
分值	4	4	5	2	5	5	4	4	4	1
权重	0.0226	0.0882	0.0534	0.0534	0.0267	0.0268	0.0162	0.0162	0.0081	0.0105

对土地处分权流失风险计算：

$$R_3 = \frac{\sum_{i=1}^{10} Xi \times Wi}{\sum_{i=1}^{10} Wi}$$

$$= \frac{4 \times 0.0226 + 4 \times 0.0882 + 5 \times 0.0534 + 2 \times 0.0534 + 5 \times 0.267}{0.0226 + 0.0882 + 0.0534 + 0.0534 + 0.0267}$$

$$= \frac{5 \times 0.0268 + 4 \times 0.0162 + 4 \times 0.0162 + 4 \times 0.0081 + 1 \times 0.0105}{+ 0.0268 + 0.0162 + 0.0162 + 0.0081 + 0.0105}$$

$$= 4.11$$

4.11>3，由此可知，农民土地处分权流失的风险是比承包经营权流失、收益权弱化还要严重。从历史发展的进程来看，社会转型期的冲突有利于释放社会不满情绪，促进社会组织增强社会适应性，防止社会系统僵化，但越来越频繁的群体性事件将产生贝辛格所说的破坏力。相关调查显示，当前我国群体性事件正呈高发态势，从1995年的超过1万起，持续增加到2005年超过6万起，2007年已经超过8万起，平均每天多达200余起，从增长速度看，1994~2004年，全国群体性事件年均增长22.2%，参与人数年均增长17.8%[①]。这些群体性事件基本上由于利益没有得到有效维护或意愿表达渠道堵塞而形成城乡基层社会风险，参与者往往不是以挑战既有政治秩序为目标，而是"有理取

---

① 胡联合，胡鞍钢，何胜红等. 中国当代社会稳定问题报告［M］. 北京：红旗出版社，2009.

闹"。如果基层政府及时、有效地处置偶发事件，及时、有效地化解民怨，避免不满情绪向其他社会群体蔓延并产生社会动员效应，群体性事件还是能防范的，至少会减少。但是，部分地方政府往往粗暴对待甚至忽略公众的利益诉求，导致公众积怨在极小诱因的触动下，演变成为大规模的群体性事件（如乌坎事件）。总之，农民土地处分权流失所引起的问题应当引起高度关注，降低风险的形成，阻断风险的源头，根据指标寻求控制风险的措施，以保障农民在土地流转中的土地处分权益。

5.2.2.4 农民司法救济权缺失风险的实证分析

农民在土地流转中经常会遇到各种各样的问题，在这些问题出现时，农民可以选择的救济方式包括民间救济、行政救济和司法救济三种类型。由于法律制度的不完备、政策执行的偏离、违法耕种案件的发生以及土地流转政策和流转情况的不透明，使得农民合法权益受到侵害，农民维护自己的救济权利时又受到基层组织等外界因素的干扰，使得农民不断上访，群体性事件不断发生。农村非法活动的出现，正是农民在农地流转中司法救济权缺失引发的风险所在。根据农地流转中农民权益流失的风险评估指标体系中的指标设置与农民司法救济权缺失的关系，对农民司法救济权缺失的风险进行评估（见表5-28）。

表5-28 农民司法救济权缺失风险的实证评估

农民司法救济权缺失	土地流转制度的完备情况（D2）	定性
	相关政策的一致性情况（D4）	定性
	产权制度的完备情况（D1）	定性
	违法占用耕地案件的发生（D25）	6.2万件
	农民上访情况（D26）	70%
	群体性事件发生情况（D27）	65%
	非法活动发生情况（D28）	29.1%
	土地流转情况的公开情况（D8）	13.6%
	传统文化的存续情况（D24）	定性

从表 5-28 中可以看出，农民司法救济权缺失情况还是比较严重的。由前面的分析我们知道，在司法救济权上，主要是政府行为和政策执行上出现问题。在指标表中，当制度和法律完备情况不佳时，其潜在的危险是明显的。同时，与司法救济权相关的农民上访和群体性事件以及非法活动等在社会治安的维护上产生负面影响，这些指标的高比例显现出来的问题是因农民司法救济权的缺失而引起的，这在很大程度上反映了农民司法救济权缺失的风险，也表现为农民在农地流转中最重要的权益被侵害，从而诱发着社会的各种风险。这也是政府对农地流转政策实施过程中需要切实关注的问题和焦点。

对于在农地流转中农民司法救济权缺失而引起的风险进行定量的评估验证，仍是以 5、4、3、2、1 五个标度来表示风险的严重程度，并按照规定予以赋值。土地流转制度的完备情况（D2）、相关政策的一致性情况（D4）以及产权制度的完备情况（D1）属于定性分析指标，根据前文可赋值为 4、4、4；违法占用耕地案件的发生（D25）、农民上访情况（D26）、群体性事件的发生情况（D27）、土地流转情况的公开情况（D8）根据前文的分析分别赋值为 4、4、4、5；非法活动发生情况（D28）根据划分标准可赋值为 4；对于传统文化的存续情况（D24），在第四章中已加以分析，农民受传统文化影响以及土地流转对于农村传统习俗等的冲击，可赋值为 3，则相应的指标与赋值权重的关系见表 5-29。

表 5-29　农民司法救济权风险指标赋值结果及指标权重

指标	D2	D4	D1	D25	D26	D27	D28	D8	D24
分值	4	4	4	4	4	4	4	5	3
权重	0.021	0.0882	0.0226	0.0162	0.0162	0.0081	0.008	0.0268	0.0089

对农民司法救济权缺失风险进行计算：

$$R_4 = \sum_{i=1}^{9} Wi \times Wi$$
$$= \frac{4 \times 0.021 + 4 \times 0.0882 + 4 \times 0.0226 + 4 \times 0.0162 + 4 \times 0.0162}{0.021 + 0.0882 + 0.0226 + 0.0162 + 0.0162}$$
$$\frac{+4 \times 0.0081 + 4 \times 0.008 + 5 \times 0.0268 + 3 \times 0.0089}{+0.0081 + 0.008 + 0.0268 + 0.0089}$$
$$= 4.08$$

4.08>3，由此可知，农民在土地流转中在相关权益受到侵害寻求救济途径的阻碍程度比较大，司法救济权的缺失程度也是明显的。在农地流转中农民权益流失的风险指标体系中，有关司法救济权的各指标在数值上都表现为较高的风险和对农民救济权的不利，同时因司法救济权缺失而会引发各种社会风险的发生，如何保障农民司法救济权不受侵犯，以规避和防范风险的发生是解决农地流转中农民权益保障问题的当务之急。

5.2.2.5 农民民主管理权弱化风险的实证分析

农民民主管理权是农民在村民自治之下得以保障的基层民主，是农民实现当家做主的权利。在农地流转中，农民拥有平等的参与权、广泛的知情权以及有效的监督权，整体反映为农民在农地流转中的民主管理权。而在当前存在诸多农地流转问题的现状之下，农民民主管理权的行使也受到了一定程度的弱化，从而使农民在土地流转过程中失去了相应的权利。由于产权制度的不完善，使得农民在土地确权上还没有得到有效的实施，也使产权主体混乱；由于政策的宣传不足与缺失，使得农民在对土地流转政策方面知之甚少；由于农地流转过程中，村民会议召开的不及时，使得农民参与农地流转决策的机会缺乏；由于对土地流转情况的不公开，农民也失去了对土地流转的监督。农民民主管理权的弱化，一方面更加助长了一些基层政府与村委会对土地流转的违规操作，从而形成一种恶性循环，严重损害了农民的合法权益，导致了因农民民主管理权弱化而引发的各种风险（见5-

30)。从农民民主管理权弱化与相关指标关系可以看出，农民在农地流转中的民主管理权严重缺乏。农地流转中，农民对土地流转有着最基本的决定权利，然而，土地流转中农户具有决策权的比例仅有9%，对于土地流转政策的了解程度仅为2%，农民在此情况之下根本无法行使自己的参与权，对于土地流转情况的公开程度也只有13.6%，对于召开村民会议的比例为78.13%，但是在调查中发现，开会只是传达一下政策文件精神，真正涉及政策文件精神的村民民主权益的会议则很少。数据表明，土地流转中农民的知情权、参与权以及监督权难以得到保障，基层政府和村委会的政策执行是影响农民民主管理权的主要因素，这才是解决民主管理权弱化的切入点。

表5-30　农民民主管理权弱化风险的实证评估

	产权制度完备情况（D1）	定性
民主管理权弱化	召开村民会议的比例（D5）	78.13%
	土地流转中农户具有决策权的比例（D6）	9%
	农户对土地政策的了解程度（D7）	2%
	土地流转情况的公开程度（D8）	13.6%

根据前文提到的划分标准，依次将与农民民主管理权相关的指标划分为5、4、3、2、1五个标度进行定量分析。产权制度完备情况（D1）、召开村民会议的比例（D5）、土地流转中农户具有决策权的比例（D6）、农户对土地政策的了解程度（D7）、土地流转情况的公开程度（D8）在前文中均有描述和分析，对此依次赋值为4、2、5、5、5，具体指标与分值及相应的权重关系见表5-31。

5 农地流转中农民权益流失的风险评估

表 5-31　农民民主管理权弱化风险指标赋值结果及指标权重

指标	D1	D5	D6	D7	D8
分值	4	2	5	5	5
权重	0.0226	0.0534	0.0534	0.0267	0.0268

农民民主管理权弱化风险计算：

$$R_5 = \frac{\sum_{i=1}^{5} X_i \times W_i}{\sum_{i=1}^{5} W_i}$$

$$= \frac{4 \times 0.0226 + 2 \times 0.0534 + 5 \times 0.0534 + 5 \times 0.0267 + 5 \times 0.0268}{0.0226 + 0.0534 + 0.0534 + 0.0267 + 0.0268}$$

$$= 4.0$$

4.0>3，由此可以看出，农民在民主管理权上的缺失和弱化现象相对严重。在指标反映出的问题形成的风险上直接影响着农民在知情权、参与权、监督权的行使，这些权益的缺失将直接导致农地的广泛非农化，流转后的农地成为休闲娱乐、旅游观光、"农业或工业园区"之地，甚至成为小产权房等高收益综合性项目的载体，如重庆和北京等地将耕地违法建设为别墅的现象。由此把那些真正致力于农业经营的种田能手也拒之门外；对农地进行掠夺式开发，造成土壤板结、肥力下降、生态恶化等。数年之后，这些土地的可耕性将非常困难，耕地面积间接减少，又会威胁粮食安全。与此同时，民主管理权的缺失还使得"乡风文明、管理民主"的新农村建设目标被破坏；作为新农村建设主体的农民反而成为"旁观者"，新农村建设资金也成为美丽大自然的"刽子手"。总之，无论农民的土地流转是自愿还是被自愿，只要流转了农民就可能失地失业，尤其是城郊的"富农"瞬间转变为城市的"雇工"，身份的落差、社会保障的缺失、巨大的补偿费等都可能给农村社会带来风险，影响农村的和谐安定局面。因此，保障农民在土地流转中的民主管理权是需要广泛关注并找出解决措施的。

5.2.2.6 农地流转中农民权益流失的叠加风险分析[①]

在农地流转中出现了农民权益流失的现象，通过前面的分析、验证、评估可知，农民在承包经营权、土地收益权、土地处分权、司法救济权、民主管理权方面出现不同程度的缺失或弱化，并且都达到了比较严重的状况，尤其是后三项权益的弱化与流失。这也表明在农地流转中，农民权益不断流失可能会引发各种各样的政治风险、经济风险、社会风险，这也给我们对于如何在农地流转中保障农民权益提供了一个解决思路。在农地流转过程中，农民单项权益的流失可能会引发一种或多种风险，但这些权益在土地流转过程中并非单一出现，而是贯穿于流转全过程，因此需要对农民多项权益流失后引发的叠加风险进行评估（见表5-32）。

表5-32 农地流转中农民权益流失的叠加风险分析

农地流转中农民权益流失或弱化的风险评估	产权制度的完备情况（D1）	定性
	土地流转制度的完备情况（D2）	
	家庭承包制度的完备情况（D3）	
	相关政策一致性情况（D4）	定性
	土地流转中召开村民会议比例（D5）	78.13%
	村民拥有决策权的比率（D6）	9%
	农户对土地流转政策了解程度（D7）	2%
	土地流转情况的公开程度（D8）	13.6%
	土地流转未签订合同比例（D9）	56.57%
	农户土地流转合同持有率（D10）	28.62%

---

① 本节内容来源于笔者2015年3月出版的《城乡基层社会风险防范与群体性事件治理》一书中。

续表

农地流转中农民权益流失或弱化的风险评估	土地流转的合同违约比率（D11）	10.68%
	土地流转增加的比率（D12）	30.4%①②
	粮食产量增加的比率（D13）	2.1%③
	流转后从事粮食种植的土地比例（D14）	23.8%
	流转租金按时给付比例（D15）	67.6%
	流转后生活水平下降的农户比率（D16）	16.6%
	租金与原收益的平均差额（D17）	120元/户·亩
	农村基尼系数（D18）	0.3949
	农户家庭经营性收入占总收入比例（D19）	60.4%
	人均流转土地收益占总收入的比例（D20）	2.3%
	流转户与非流转户之间的收入差额（D21）	220元/户·亩
	村民间邻里和睦情况（D22）	定性
	农耕文化的存续情况（D23）	
	传统文化的存续情况（D24）	
	违法占用耕地案件发生率（D25）	6.2万件
	农民上访情况（D26）	70%
	群体性事件发生情况（D27）	65%
	村民从事非法活动（D28）	29.1%
	土地流转后农民再就业率（D29）	8.7%④
	农民参加养老保险比例（D30）	共计18.8%
	农户参加新农合比例（D31）	

① 参照国土资源部 http://www.mlr.gov.cn/xwdt/mtsy/qtmt/201303/t20130305_1187576.htm
② http://365jia.cn/news/2011-12-30/74152CAA8EC1155B.html
③ 参照国家统计局数据 http://money.163.com/13/1129/17/9ES6482200253B0H.html
④ 该数据依据农民在土地流转后参加就业培训的人数计算得出

从表中的数据来看，农民在土地流转中合法权益保障明显缺失。基于前文的衡量标准，对农地流转中农民权益流失的风险指标体系中的指标数据进行归一化处理，同样分为5、4、3、2、1五个标度，土地流转增加的比例（D12）与粮食产量的增加比例（D13）暂时可赋值为3；村民间邻里和睦情况（D22）、农耕文化的存续情况（D23）属于定性分析，根据第四章的分析可赋值为3；土地流转后农民再就业率（D29）转化为未就业率根据标准赋值为5；农民参加养老保险比例（D30）及农民参加新农合比例（D31）总计为18.8%，故均赋值为5。农民权益流失的风险总的评估指标值及相应的权重见表5-33。

表5-33 农民权益流失的总风险指标赋值结果及指标权重

指标	分值	权重
D1	4	0.0226
D2	4	0.0210
D3	3	0.0049
D4	4	0.0882
D5	2	0.0534
D6	5	0.0534
D7	5	0.0267
D8	5	0.0268
D9	3	0.0956
D10	4	0.0958
D11	1	0.0956
D12	3	0.0098
D13	3	0.0187
D14	4	0.0716
D15	2	0.0314

续表

指标	分值	权重
D16	1	0.0105
D17	3	0.0105
D18	5	0.0070
D19	4	0.0160
D20	5	0.0367
D21	4	0.0404
D22	3	0.0089
D23	3	0.0089
D24	3	0.0089
D25	4	0.0162
D26	4	0.0162
D27	4	0.0081
D28	4	0.0080
D29	5	0.0530
D30	5	0.0176
D31	5	0.0176

农地流转中农民权益流失的总风险计算：

$$R = \sum_{i=1}^{31} Xi \times Wi$$
$$= 4 \times 0.0226 + 4 \times 0.021 + 3 \times 0.0049 + \cdots\cdots + 5 \times 0.053 + 5 \times 0.0176 + 5 \times 0.0176$$
$$= 3.6$$

3.6>3，由此表明，农民权益在农地流转过程中受损情况仍然比较严重。无论是农民承包经营权弱化、土地收益权弱化、土地处分权缺失、司法救济权缺失还是农民民主管理权弱化，都存在着流失的风险，这些风险影响着土地流转政策的实施，也弱化农民合法权益的保障。农地流转风险的潜在性，威胁着农民在土地上的权益，农民合法权益的流失又诱发政治、经济、社会等方面的风险的出现。

2013年6月有媒体报道，南京江宁区年仅3岁和1岁的两个女孩，被发现饿死在家中。遭遇不幸的两个孩子的父亲原是农民，拆迁后分到两套房子，他将其中一套卖掉，房款全用于吸毒，目前被关在戒毒所戒毒，其母经常外出不归。该报道引发的不仅仅是监管、社会责任等问题，更反映了一个现实，那就是农民失去土地后的归宿问题。课题组成员在江苏、四川、广东等地调研时均发现，某些区域优势较好的农村，以农地流转名义将土地以征用价格出租给企业。"一夜暴富"后，40岁、50岁以上的人员不愿上班，无所事事，整天泡在棋牌室打发日子；有的人还与社区工作人员"打游击"，不定点地练习、传播法轮功；年轻人要么换好房好车，盲目投资，结果血本无归，要么打架斗殴、赌博、吸毒，成了社区重点帮扶对象，严重影响农村社会的和谐稳定。

我国《土地管理法》第14条明确规定，农民集体所有的土地由本集体经济组织以外的单位或者个人承包经营的，必须经村民会议三分之二以上成员或者三分之二以上村民代表的同意，并报乡（镇）人民政府批准。但是，部分村社并没严格按照国家规定流转农地，基层组织和村社干部不仅没有为流转双方提供信息沟通、价格评估、法规咨询、纠纷调处等服务，反而在农地流转过程中与业主合谋、违法占地、擅自改变流转土地用途；或因短期绩效考核任务而执法不严，损害了农民的土地承包权益；甚至没有坚持依法自愿原则，忽视农民在农地流转中的主体地位，强迫农地流转、妨碍自主流转，加大了农民与基层组织的对立和冲突，影响了社会的和谐稳定。

6 农地流转中农民权益保障的风险管理机制创新

2013年中央1号文件指出,在坚持和完善最严格的耕地保护制度提前下,赋予农民对承包地占有、使用、收益、流转及承包经营权抵押、担保权能;十八届三中全会指出,产权是所有制的核心,允许农民在农村土地集体所有权下的承包经营权入股发展农业产业化经营,鼓励承包经营权在公开市场上向专业大户等流转,发展多种形式的规模经营。2014年9月29日,国家主席习近平在全面深化改革领导小组第五次会议的讲话中指出,在坚持农村土地集体所有的情况下,促使承包权和经营权分离,形成所有权、承包权与经营权三权分置,经营权流转的格局。[①] 农地经营权的流转是以农民自愿和有偿为前提,行政命令不能干预。由此可见,农村土地流转问题和农地流转风险及其引发的农民权益流失问题得到中央的持续重视。对此,我们必须以农地流转风险防范为手段,以农民权益保障为目标,探索有效的风险预警、风险分担、风险防范措施来保障农民的土地权益,维护农村及全社会的政治、经济与社会的和谐与稳定(参见图6-1)。

---

① 习近平主持召开中央全面深化改革领导小组第五次会议[N]. 人民日报,2014-09-30.

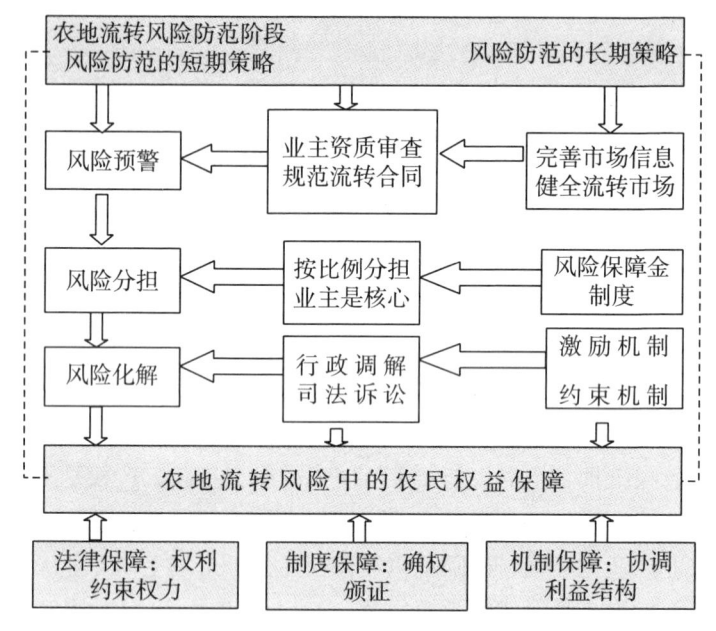

图 6-1 农地流转中农民权益保障的风险管理机制创新

6.1 健全农地流转风险预警机制，保障农民土地流转权益

农村土地流转往往以乡、村为单位进行规模流转，涉及的农户较多，如果某几户农民的利益关系没有处理好，土地流转的风险因素将不可避免地增加，有可能导致集群行为等的出现，影响农村社会的和谐稳定。为了有效地防范农地流转风险，切实保障流转土地的农民的权益，有必要通过加强对业主资质的审查、规范流转合同、流转价格引导等，及时健全农地流转风险预警机制，从源头上化解农地流转纠纷。

6.1.1 加强对业主资质的审查，从源头防范农地流转风险

农村土地流转中，一些业主自身并不具备足够的综合能力，却仍然大量流转土地、投资农业，其看重的乃是国家的优惠政策和项目支持。在经营承包地的过程中，业主并不能因其技术能力较强、资金雄厚和市场信息捕捉能力强而获得大大高于传统农业的比较效益，因此大多以经营观光农业、种植经济作物为主，甚至以"生态农业"之名，行"地产开发"之实。这样就极可能因业主自身的原因导致其无法按时足额支付农地流转费用，直接致使农民的土地收益权受损。为此，要加强对土地流转业主的资质审查，形成严格的准入、退出和问责机制，为保障农民土地收益权的顺利实现把好关口。首先，在业主进入正式流转过程之前，可成立乡、村两级土地流转服务中心，对业主（尤其是大宗土地流转业主）的资质进行审查，对流转业主的资金实力、农业生产经营与管理能力、信誉等资质情况进行审查。经审查不合格的流转业主，不予流转土地。其次，业主在经营期间，要有专门的机构和人员负责跟踪检查其是否变更流转耕地的农业用途，以及是否遵照流转合同进行经营。一旦发现经营过程存在严重问题的，要通过土地流转的退出机制及时清退。最后，业主在经营土地过程中，有违反国家法律、法规、政策及有关规定造成农民权益损失的，政府有关部门必须通过严格的问责机制予以追究，切实补救农民损失的土地收益权。

6.1.2 规范土地流转合同签订程序，防范契约风险，保障农民收益权

土地流转合同是记录农民和业主之间土地流转行为的重要凭证，也是规定农民和业主之间权利与义务的重要依据。为此，必须规范土地流转合同的签订程序，并重视土地流转合同的管理。

一是政府有关部门可制定或提供规范的土地流转合同范本，供本地区农民和业主参照使用。同时，加快制定并出台规范土地流转交易过程的程序性法律法规，着重规范土地流转合同的签订程序。二是在签订土地流转合同时，应由流转农户直接与流转业主签订。若流转业主是与村、组签订流转合同，则村、组（村委会）不能直接代替农户签订，而是先由农户与村、组签订委托协议，再由村、组与流转业主签订合同，且流转合同要附上农户的委托协议书。三是签订土地流转合同时，若流转土地规模小、期限短，可采用简易合同；若规模大、期限长的，必须签订规范合同，明确土地流转方式、用途、期限、面积、位置以及流转双方的权责利、附加条件、违约责任等[①]。四是签订土地流转合同后，确保每户农民都保留有合同原件，村、组（村委会）要做好所有流转合同及有关资料的备案工作，并妥善保管。同时，各乡镇政府要做好土地流转合同的立卷归档工作，同时将合同资料的主要内容录入计算机，建立数据库，加强对流转合同档案和信息的管理。

6.1.3 建立健全农地流转市场，促进流转价格机制形成，预防农民收益权受损

价格是经济学中的一个极为重要的概念，对资源配置起到至关重要的作用。地租理论认为，土地的价格是被资本化了的地租。由于区位优势不同，农地流转后的用途不同，以及基础设施差异和人们认识上的差异，使得全国各地的农地流转价格差距明显，有的地方高达 2000 元/亩以上，有的地方却低至 340 元/亩，甚至同一乡（镇）或同一村社都有流转价格上的差异。张云华（2012）的调研资料显示，2010 年我国农户在农地租佃中亩均农

---

① 土地流转要解决好五个"关键词"[N]. 榆林日报，2013-01-19

地租金为 276.84 元,即农业生产中的农地要素成本为 276.84 元/亩。尽管他的数据显示,农民的农地流转费用非常低,而且与本书关于耕地流转的调研数据有较大出入,但均共同说明一个问题,即农地流转价格机制的缺乏,使农民的土地收益权被弱化。无论是国家征用、基层政府主导还是农民自我决定流转所达成的协议价格,都不是健康的市场自发形成的价格。因此,有必要建立全国协调推进的农地流转市场,促进健康地流转价格机制形成。

6.1.3.1 开展农地流转价格评估

农村土地的等级、肥力、区位不同将产生级差地租,而土地所有权和使用权差异将产生绝对地租,对我国而言,这两种情况均存在。从理论上讲,农地流转的价格应当等于绝对地租与级差地租之和,再除以利率。在这里,可以把绝对地租看作为集体承包费用,而级差地租则相当于承包农户所得,因此,农地流转价格中不包含集体承包费用。在具体操作中,农地资产评估机构要按照科学的级差地租理论,对流转农地进行价值评估,综合考虑不同区域、不同基础设施条件、不同经济发展水平等因素,制定合理的基准价格,用以指导流转双方的交易。此外,朱仁友(2001)构建的土地还原利率公式[①]值得借鉴。

6.1.3.2 给予农地流转主体完整的价格决定权

农村集体经济组织拥有农地的所有权,而农民则拥有农地的承包经营权,因而他们均应具有流转农地的价格决定权。农地流转主体在完善的法律法规框架下,基于个人效用自主决定流转价格,通过农地市场的供求状况自主调整流转价格,以实现土地资源的市场配置。目前,我国大多数地区农村土地实行的是无偿承

[①] 土地还原利率=(1 年期银行存款利率/同期物价指数)×(1-1 成的所得税率)

包，没有支付任何承包费用。在经济欠发达地区，农村土地的比较效益更低，农民种粮收益多数情况为负，直接导致了农民对土地的不爱惜，流转价格随意性比较强。再加上基层政府主导型的农地流转市场中，农民连"二级市场"都不能进入，在农地交易中处在被排斥和被剥夺的地位，只能接受低价流转和政府、企业、村民自治组织确定的价格。因此，急需要完善农村土地流转市场，给予农地流转主体——农民以完整的价格决定权。

6.1.3.3 建立健全农地价格信息处理机制

有效价格机制的形成依赖于完善的农村土地价格的信息处理机制，包括土地性质、流转用途、面积、区位、价格、交易主体等信息的收集、审核、备案、发布等，使其成为基层政府、业主和农民等利益相关主体的决策依据，从而减少土地交易中的信息不对称问题，减少不公平交易的发生。对此，基层政府有必要组建专门的农地流转服务站和信息员队伍，购买电脑、电子滚动显示屏、自动信息查询机等办公设备，开展农地流转情况调查，建立土地流转档案的信息化系统，定期公布当地流转农地的最低价格、基准价格、租金年增长率，发布流入主体实力要求、流转后的经济效益与社会效益等评估信息，通过农地流转服务站的电子显示屏滚动播放上述信息，利用网络等渠道及时发布当地流转农地供给信息，扩大信息覆盖面，最终得到最有竞争性的流转价格。

6.1.3.4 建立正常的价格调整机制

调研显示，90％以上的农地流转期限为第二轮土地承包期的剩余年限，即超过20年。如此长的一个周期里，物价、地价、材料、政策等因素，均可能使农地流转价格产生较大波动；各种政策性补贴也可能使流转土地上的附属物增值；流转合同履行后的补偿以及复耕费用等可能成为农民与业主发生纠纷的隐患。目前，各地流转价格基本上采用了稻谷的市场价作为支付依据，即当年稻谷的价格为当年的支付标准，每年的费用随市场行情变化。然而，农产品价格不仅呈蛛网式波动，而且长期处于价格链低端，涨幅不明显，更为关键的是，稻谷的波动率并不与物价波动率呈正比，这样，农地流转价格仍然使农民处于长期收益减少的状态中。因此，凡是农地流转周期超过 4 年以上的，应该建立正常的价格调整机制，如每 4 年按物价等综合因素进行一次调整，确保农民收益始终为正数。

由此可见，当农民在流转土地时，及时参考了基层政府公布的业主资质条件、规范合同样本和当地流转中心公布的价格体系，就能对农地流转后可能发生的风险起到预警作用，从而降低农地流转风险。

6.2 建立农地流转风险分担机制，保障农民土地流转权益

在信息不对称、市场不确定情况下，农地流转的利益相关方在追逐土地流转最大化收益的同时，也要承担由此带来的风险。期望收益越大，风险也越大，当然利益相关方的效用也越大，反之亦然。风险社会理论根据风险与效用的关系把不同个体对待风险的态度分为三类，即风险偏好者、风险中立者、风险规避者。在农地流转市场中，各方的状况为：（1）地方政府作为引导者，流转农地规模越大，产业化水平越高，尽管可能出现农地流转风险，但与其政治收益相比，效用远远大于风险，因而，多数地区的基层干部属于风险偏好者。（2）大多数业主流转农地后，开展了实质性的生产经营活动，但面对不稳定的农产品价格的蛛网波动，往往逃避风险，属于典型的风险规避者，这也是当农产品价格波动时，业主擅自改变农地经营用途或直接违约的主要原因。（3）农民在农地流转中出现了结构分化，常年在外就业的农民不

关心何种方式的农地流转，只要有收益即可；而季节性务工的农民和以农业为生的农民却更关注农地将流转给谁、流转收益与实际收益的比较、流转收益的稳定性、流转土地的使用性质等问题，因而农民对待风险的态度包括上述三种风险类型。面对如此复杂的风险主体和风险态度，需要在农地流转中建立健全农地流转利益相关方的风险分担机制，确保农地流转风险在各方之间有合理分担，充分发挥各自管理风险的主动性与创造性，从而确保农民在农地流转中的权益尽可能不受到损害。

6.2.1 构建农地流转风险分担机制的现实意义

6.2.1.1 节约交易费用

科斯认为，交易费用是人们在经济活动中发生的信息搜寻、谈判、签约、监督、纠纷解决等过程中所花费的时间、金钱等可以计量与不可计量的成本。为了节省交易费用，企业的存在就显得非常必要了。在农业产业化经营进程中出现了纵向一体化与横向一体化的组织创新，其目的就在于节省外生交易费用。根据Maskin和钱颖一等人的观点，交易费用主要来自承诺的不可信，因为人们的有限理性和机会主义行为将造成均衡结果与帕累托最优结果的偏离。尽管如此，人们仍然可以在一定程度上对其进行测度、预防和节约。因而，非策略行为与非人格市价相结合，使人们只需看价格而不需了解与生产消费活动无关的其他信息，成为大大降低交易费用的途径之一。[1] 农村土地流转中，如果没有地方政府的介入，没有村集体经济组织这个中介，农民有流转土地需求，却难以在市场上找到满意的业主；业主却要与看重土地的承包者一一谈判，无论两者间达成什么样的协议，巨额的交易

---

[1] 转引自衡霞. 农业产业化经营风险防范机制研究：以资阳市"六方合作机制为例"[M]. 四川大学出版社 2011：155.

费用不可避免，而各自承担交易费用的大小又取决于各自在谈判中的实力的大小。反之，地方政府基本了解本地区的农业结构、农村土地的品种适宜性和农业经营者状况，通过引导有实力的业主与村集体签订流转合同，构建了一种类似于横向一体化的农地经营组织，减少了业主与农民逐个谈判的交易费用，降低了流转土地的农民的机会成本。农地流转利益相关方有基层政府和村集体经济组织的信用作为担保，按照规范合同建立双方的合作关系，承担相应的风险责任，降低了农地流转的交易费用，保障了农民的土地流转收益。

6.2.1.2 避免囚徒困境

囚徒困境是博弈论的非零和博弈的典型例子，反映的是团体最佳抉择而非个人最优抉择。当所有的囚徒都采取合作态度和在审讯时拒不交代，则可能为全体成员带来最大化收益，即无罪释放。但是在信息沟通不畅时，成员则有可能采取"出卖"行为而最大化自己的收益，即无罪释放或缩短刑期，如此一来，所有成员都尽可能完全地"出卖"同伙，也获得最少的刑期。农地流转的多个利益相关方同样面临囚徒困境的考验。农民掌握了关于流转土地的全部信息，如土地的实际面积、适宜该土地的农作物、流转土地可能产生的自然风险和市场风险等，为了获得更多的流转收益，农民更倾向于隐瞒流转土地的负面信息；业主使用流转土地并非完全从事农业生产，同样期望获得高于工商资本的投资收益，因而也倾向于隐瞒已知的市场信息和投资农业的机会收益；推动农地流转的基层政府从产业结构调整、农民收益增加等角度出发，积极促进农民与业主达成协议，更有可能加剧农地流转中的囚徒困境。因此，面对各方持有信息优势的利益相关者时，仅仅以村集体或乡（镇）政府的信用来达成农地流转协议和避免农地流转风险是远远不够的，需要通过完善的制度安排来促使农地流转的利益相关方以最小成本承担应有的农地流转风险，才能更好地避免由此带来的农民的土地管理权、收益权、处分权、司法救济权等的损害与流失。

6.2.1.3 实现效用最大化

在农地流转风险和不确定性条件下，农民与业主都是理性的经济人，追求"效用最大而不是货币最多"、追求"收益最多而不是风险最多"。然而，由于信息的不对称性特点和人的有限理性等原因，农民与业主的决策和行为都不可能理性，进一步加剧了农地流转风险的发生概率。构建农地流转风险分担机制的主要目的就是要防范风险，保障各方权益即效用的最大化。根据 Jose Twagilimana 提出的效用函数，农民与业主在农地流转风险决策时的期望收益为：

$$U(VTr) = \delta VTr - (VTr)2/2$$

期望效用为：

$$U(vp) = E[U(VTr)] = \delta E[VTr] - E[(VTr)2]/2$$

V 为收益率，r 为分担风险的概率，δ 为各主体的风险偏好系数。农地流转中的利益相关方的风险偏好程度越高，其期望效用也越高，也更加愿意分担风险。但是当农地流转风险偏好系数 δ 超过某个值时，农地流转的利益相关的期望收益和效用将固定为一个值或下降，分担风险的积极性也随之下降。在基层政府主导下的农地流转中，涉及农地流转的农民家庭数非常多，每个家庭的土地流转效用的实现在很大程度上也取决于同村、组的其他农民，也取决于业主对流转土地的期望效用。既要兼顾个体理性又要兼顾集体理性，农地流转风险分担机制的构建就显得非常有必要。只有通过该机制的构建，才能降低农地流转风险，进而提高流转各方的合作期望收益，最终实现各自预期效用的最大化。

6.2.2 农地流转风险分担机制的主要内容

随着农地流转规模的不断扩大，在地方政府的主导下，农地产权制度改革如火如荼地在全国开展，通过明晰产权以保障农民在农地流转中的自主管理权，以及以组建农地股份合作社或向业主收取复耕基金等形式降低农地流转风险对农民权益的侵害。但是由于股份制公司中集体股所占比例较大，以及村干部的收入分配与行政开支不公开等问题使得农村集体土地的"公共域"仍然广泛存在，农地流转风险最终仍然转嫁到农民头上；向业主收取的复耕基金占用了业主的农业开发成本而遭到多数业主的抵制，最终也没有任何基金来保障农民可能遭受的业主违约风险。因此，为了保证农地流转的帕累托最优和实现农业的产业化、现代化，有必要完善包括业主选择、租金、租期在内的农地流转风险分担机制，即将风险在利益相关方中进行合理分担，获取相应的收益。

6.2.2.1 风险分担的主体

在农地流转中，除了农民与业主这两大直接的利益相关方外，还有经常以产权主体自居的村集体经济组织和负有主动承担农村产业发展重任的基层政府。因此，在构建有效的农地流转风险分担机制中，农民、业主、村集体经济组织和基层政府都有分担风险的义务，是风险分担不可或缺的主体。

农民。农民在流转土地后，不再承担由自身经营农业所带来的自然风险和市场风险，在获得同等产量的租金收益和就近或外出务工的工资性收益外，却增加了流转农地所带来的契约风险。不论业主希望通过发展农业获得更高的比较收益，还是为了套取国家财政补贴资金，一旦其租用土地，从事农业生产经营，就不可避免地一并接受了农民有意隐瞒该土地的缺陷信息、自然风险和市场风险，甚至包括该土地收益大大超出农民预期而带来的契约风险。为了确保因为各类风险可能带来的损失，农民在追求土地流转收益（租金+务工收入）最大化的同时，需要承担一部分农地流转风险。

业主。作为理性经济人的农地流入方,在获取土地经营权时是以赚取高于投资其他产业的收益为目的,而不是主动迎合地方政府的产业结构调整之需要和增加农民收益。在契约风险中,一方面在于农民对业主情况的不完全了解,业主利用自己的技术、资金和市场优势与农民签订了有利于自己的合同;另一方面在农民对高收益的过度追逐背景下,与业主签订了高于正常土地产值的合同,使得业主只有变更流转土地的使用性质或在遭遇较大自然风险和市场风险时选择逃跑行为以保证其自身损失最小化。因此,为了规避可能的流出方的道德风险,业主要与农民一起承担对方可能违约的风险,共同建立风险防范基金。

村集体经济组织。在农村集体土地产权虚置背景下,村集体经济组织往往以农村集体土地代言人的身份出现,要么代替农民寻找业主,要么代替农民与业主签订合同,一旦农地流转协议达成,它都要提取管理费用(课题成员在诸多地方均发现,只要有村集体经济组织介入农地流转中,它都会向业主收取管理费用,如每亩土地收取10斤黄谷或由此折算成货币)。该笔费用除了涉及业主在小农水、高标准农田建设和农业补贴等方面需要村集体经济组织出面协调发生的电话费和部分补贴,以及村民与业主发生纠纷时的必要开支外,一般情况下都有节余。村集体经济组织本身就是一个为农民服务的组织,它以信用为农民和业主作担保,一旦双方发生流转纠纷,村集体经济组织将承担由此引发的社会风险,成为农地流转风险分担的主体之一。

基层政府。近年来,党中央、国务院高度重视现代农业的发展,不仅连续数年出台一号文件推动农业基础设施的改善,还在2012年初颁发了《全国现代农业规划(2011-2015)》;在十八届三中会上,强调坚持农村土地集体所有权,依法维护农民土地承包经营权,在确权颁证和尊重农民意愿的基础上,鼓励农村承包地经营权在公开市场上向专业大户、家庭农场、农民合作社、农业企业流转。由此可见，基层政府有责任和义务引导农村土地合法流转。然而，如果没有基层政府的参与，仅靠流转双方承担风险防范基金的费用将很难有效建立风险防范的相关制度。因此，需要没有直接利益关系的基层政府拿出部分资金或涉农费用投入到该基金中，将对农民和业主积极缴纳风险防范基金起到示范与推动作用，从而降低农地流转风险，保障利益相关方的合法权益。

6.2.2.2 风险保障金分担的比例

1. 复耕基金。

农村土地包括耕地、林地、集体建设用地、宅基地和自留地等五种类型。一般情况下，业主流转农民的土地主要用于林木种植、苗圃建设、农业种植或发展观光农业，因而涉及最多的土地就是耕地和林地。由于林地的高寒坡陡等特征使其改为耕地的成本太大，业主通常流转林地后只用于林木种植，不存在改变使用性质的问题；而耕地流转后的使用性质就完全不一样了。从诸多媒体的报道和就地调研可以看到，许多业主在流转耕地后，或将其用于小产权房建设，或兴建农家乐以发展观光农业，有的耕地几乎完全被硬化，有的则在硬化后被闲置、废弃，导致流转农地使用性质改变。当农民收回这些土地后，复耕费用太高，尤其是复耕的前几年，该土地的收益微乎其微。目前，许多基层政府在引导农地流转时，都强调了业主缴纳复耕基金，但是普遍遇到业主的抵触，如果强行收缴，则会导致复耕基金流于形式。由于复耕基金是对业主的约束和对农民权益的保障，建议如下（见表6-1）：

表6-1 农地流转风险保障金分担主体与比例

流转年限	5年以下	5—10年	10年以上
保障金总额	120元/亩	100元/亩	80元/亩

续表

流转年限	5年以下	5—10年	10年以上
分担比例	业主：90% 政府：10%	业主：80% 政府：15% 农民：5%	业主：70% 政府：20% 农民：10%

主要依据在于：(1) 当业主流转农地的年限较短时，农民的收益仅局限于该土地的正常产出，但要承担土地被改变使用性质后收益下降的风险；而基层政府并没有从短暂的流转中达到农业结构调整、农民收益增加之目的，因此该复耕基金只能由业主承担绝大部分，基层政府作为担保方也要承担较小的比例，农民则无需承担任何费用。(2) 当业主流转农地的年限较长时，他们仍然是承担复耕基金最多的主体之一；农民除了可以获得稳定的租金收益外，还能长期安心地在流转土地上务工或外出务工并获得稳定的收益，既有较长期的稳定收益，也就有必要分担部分风险基金；政府依然要承担部分费用，但可分为两个主体，即负有引导义务的基层政府和收取了管理费用的村集体经济组织。(3) 当业主流转农地的年限超过10年时，农民的稳定收益持续增加、基层政府的政治目标实现，因而他们要承担更多的风险基金成本；而业主仍然是复耕基金分担最多的主体，因为他们有可能改变土地的使用性质，导致农地质量下降、农民未来收益受损。

2. 风险保障金。

农地流转的主要风险是契约风险、社会风险和政治风险，即农民和业主可能违反合同的风险，农民权益受损引发的社会风险进而引发基层政府政治风险。三类风险有依次递进的潜在顺序，但契约风险始终是核心风险。只有从源头上对核心风险进行有效防范，才能对其他衍生风险进行控制，因此风险保障金制度的建立是农地流转有序、农民权益得以保障的基础。风险保障金是对利益受损方的补贴，但该补贴不等于利益受损方的全部损失，仅仅是受损利益的最低保障，即至少不使利益受损方的基本生产生活受到影响。因此，年缴纳总额可以考虑在农作物亩产净收益的20％左右（由于经济作物种植收益较高，该类型土地流转概率较低，因此不在本讨论范围之内），约100元/亩。利益相关方的分担比例大致为：业主50％，农民45％，政府补贴10％。其中，业主与农民是农地流转的直接利益相关方，他们的直接与间接收益最多，违约责任主体也主要是他们，因此，他们必须是风险保障金的交纳主体；而政府作为非直接利益相关者也要补贴10％的费用，其目的在于有政府的引导和主导，才能保障农地流转风险保障金的正常交纳。

6.2.2.3 风险分担机制的启动

1. 地方政府应加快制定有关的政策、文件，明确规定土地流转中建立风险保障金的要求，合理界定利益相关方的风险金分担比例，制订风险保障金的征收与管理细则，可以包括投资增值的运行办法。目前，已有地方出台相关文件，如浙江省平湖市制定了《农村土地流转风险保障金管理办法》。只有政府与市场相结合，给予相应的财政支持，充分调动国内外的保险公司的积极性，制定农民、业主与保险公司均满意的保险方案，从而分散农地流转风险。

2. 政府还可以积极引导政策性金融机构或者依法成立的农村土地银行，专营农民土地承包经营权存贷业务。在农村土地流转过程中，农民将个人分散的、小块的、产权明晰的土地承包经营权存入银行，以租金方式获得利息，该利息由银行承担，规避土地流转中租金延误、拖欠等现象；银行将农户散存的土地承包经营权以集约化、规模化的借贷形式转贷给企业或者个人，以存贷的租金差方式获得借贷利息，以存贷利息差获取自身发展所需资金。政府授权上述金融机构，在办理存贷业务的同时，按一定比例向办理土地承包经营权借贷业务的企业业主和农民收取一定数额的资金作为风险保障金基金（可考虑由政府财政补贴部分资金），用于防范农业业主因自然灾害、经营问题或者不可预知的主客观因素造成重大损失无法履行合约不能按时偿还借贷利息的风险，充分保障农民的土地收益权。

3. 征收来源。农地流转合约签订时，风险分担主体应当按照约定的比例当场交纳：农民可以从租金中扣除，业主需要直接缴纳。除此以外，还可以从其他途径中扣除。比如，目前政府给予农民以粮种补贴、农机具补贴、高标准农田补贴、小农水补贴等，有的地方政府还直接给农民发放了耕保基金，即农民不改变耕地性质的情况下可享受政府的补贴。其中粮种补贴和耕地补贴直接发到农民的银行卡上。然而流转农地是业主在经营，从理论上讲，业主应当领取这笔费用，可农民不愿意交出该费用（2013年发生在云南的例子就可以说明这一点），因此可以在征得农民同意情况下，在发放时直接扣除；农机具补贴是由消费者在购买时直接扣除，业主经营大面积流转土地时必然要购买农机具，基金管理方可以在其合同签约时不支付的情况下，从其购买补贴中扣除；高标准农田建设与小农水修建一般由地方政府完成，也有部分地方是由业主自行完成，然后政府根据相关规定将该费用直接发放给业主，因而基金管理方可以在其合同签约时不支付的情况下从中扣除。

4. 使用与管理。农地流转风险基金设立后，各利益相关方均有风险保障金作为保证，从而能够安心地从事各自的工作。但是风险保障金也会因为利益相关方的行为或是不同类型的风险而产生盈亏，因此需要加强该费用的管理与使用，切实帮助各方分担风险、保障权益。对此，有必要"专户存储、民主管理、收支分开"，以及按照"民主决策、监督、公开"等原则，成立由农民、业主、村委会组成的专门管理委员会负责该费用的收取、使用与监管，专款专用。比如，当业主违约时，农民可以获得违约前所有年份的基准额,以保证自己的生活不受影响,保证自己的土地能顺利复耕和收益不下降;当农民违约时业主也能从中获得补偿;当合同期满,而农民与业主均未出现违约现象,则可以按当时交纳比例全额退还。另外,当业主遭遇自然风险时能否启动风险保障金的使用则取决于流转双方的合同约定。如浙江省平湖市规定风险保障金使用条件为:集中连片 100 亩以上(含 100 亩),流转期限在 4 年以上(含 4 年),并且流转合同经市、镇(街道)两级土地流转服务组织共同鉴定后出现风险的,可申请启用风险保障金。[①] 当然,如果业主流转土地面积较大,时间较长,而且流转双方均没有违约,那么风险基金将产生较大的利息收入,对于该费用的使用除了给予管理委员会部分行政补贴外,还可以考虑给予合同履行较好的一方作为奖励,从而推进农地流转的健康良性发展和农民权益的有效保障。

6.3 完善农地流转激励约束机制,保障农民土地流转权益

6.3.1 农地流转的激励机制

"根据弗鲁姆的期望值理论,人们只有预期自己的行动有助于达到某种自己希望达到的目标的情况下,才会受到充分的激励,才会采取行动以达到这一预期目标。这个目标反过来对个人的动机又是一种激发力量,而激发力量的大小则取决于目标价值(效价)和期望概率(期望值)的乘积。用公式表示为:$M = \Sigma V \times E$。M 表示激发力量,是指个人所受激励的程度,它表明个体

---

① 农村土地流转风险保障金管理办法,http://www.phagri.gov.cn/news/view/?id=7787,2011-01-27

愿为达到目标而努力的水平。V表示效价,是个人对所从事的工作或所要达到的目标对于满足他个人需要的价值。个人所处环境不同,需求不同,目标也不同。若某一目标越能满足其需要,那么它的效价就高,对个体的激发力量就越大,反之则低。E表示期望值,是个人根据已有的经验来判断自己达到某种目标的概率,它反映了人体实现需要和动机的强弱,也取决于个体的工作环境、人际关系、知识水平、物质条件与个人能力等。事实上,由于个体的价值观、能力、需求以及外部环境的差异,人们对同一目标的效价和期望值也是不同的,那么同一目标对个体所起的激励作用也有差异。期望值理论表明,激励是动态的、可变的,当效价和期望值相符并朝同一方向前进时,激励将会发挥最大作用。"[1]

在农地流转中,业主与农民均不愿意承担风险,也不愿意共享收益,因而,脆弱的流转合同并不能对农地流转的稳态运行和农民权益的保障起到有效的激励作用。其原因在于农地流转的制度设计主体是基层政府,包括村集体经济组织,而约束主体则长期缺位,以及流转利益相关方的集体理性与个体理性的差异。因而,急需在农地流转市场中构建起激励约束机制,促进个体的经济努力,实现农民与业主的私人收益率接近社会平均收益率,实现风险共担、利益均沾的权益保障机制。(1)政府补贴。前面的分析中已经把政府作为风险分担的主体之一,它要从财政上拿出部分资金推动农地流转风险分担机制的建立与完善,因此,可以把政府补贴比例调整为浮动比例,即当流转合同履行得较好时,政府补贴的费用可以适当向上调整;若业主或农民中的任何一方出现轻微违约,即不影响合同的继续执行时,政府补贴的风险金

---

[1] 衡霞. 农业产业化经营风险防范机制研究:以资阳市六方合作机制为例[M]. 四川大学出版社,2011:167.

比例可以适当下调,差额部分由违约方支付,并将此条款写进风险保障金委员会的管理条例中。(2)信用奖励。若农地流转合同顺利执行,农民与业主均没有违约,则可以享受较为长期的低息贷款和各项补贴的最高限额;如果有一方违约但没有影响合同的顺利履行,则未违约方可以享受信用贷款,另一方只能通过担保的形式获得贷款。(3)其他奖励。遵守合同或以高于合同标准完成合同时,业主可以享受到地方政府制定的各种农业扶持政策和各种专项培训与技术指导,甚至在产品销售困难时获得政府的支持;农民可以免费获得再就业技能培训和优先获得再就业岗位,家庭贫困者甚至可以获得低保等福利的优先资格。如此一来,既促进了流转各方的契约精神,又保证了农民权益不受损害。

6.3.1 农地流转的约束机制

在市场经济条件下,维系农地流转利益相关各方的基本形式是契约,它为农地流转提供了强制性规则,使大家本着风险共担、利益均沾的理念保质保量完成合同。由于在农地流转后,业主在经营过程中可能出现转租、改变土地使用性质的违法违规行为,损害农民的各项土地权益,因而在流转合同签订时就要把激励约束机制写进去,防范农地流转风险。在流转土地的合作关系中,没有激励和约束机制是不可想象的,只有激励没有约束也无法保证合同的高效执行。激励机制是合作的动力,约束机制则是行为规则,流转各方要想获得事先约定的激励内容,就必须遵守约束条件,这就使得激励机制变成了约束机制,约束机制变成为一种正向的激励机制,保证了流转各方从风险分担的对立走向共同防范风险的统一,并确保了各自收益的最大化。

6.3.1.1 信用评选

激励机制中规定了农民与业主可以根据合同履行信用状况给予相应的好处,因此有必要对农民和业主的信用状况进行定期评选，对信用五星级者，下调其风险分担成本，反之则调高。另外，对于低信用级别者，取消其合同中的激励内容，如果是业主的话，还可以将其从当年业主引进名单中剔除。

6.3.1.2 政府提供合同样本

调研中发现，绝大多数地方的农地流转均有地方政府提供的合同样本，但条款不尽相同。为了确保农地流转的顺利进行、农民权益的有效保障和农地流转风险的防范，基层政府有必要总结各地农地流转的经验与教训，结合区域实际，制定格式统一、基本条款和程序基本定型的本地合同样本，明确流转双方的责任与义务、风险分担与利益享受的激励约束内容，从源头上规避农地流转的道德风险。与此同时，乡镇农村土地承包管理机构（或其他同类机构）在农地流转过程中，也要依照农地流转合同规范流转程序，尤其要确保每户农民均对土地流转合同的知晓，并做到土地流转合同"一户一份"。同时，农村土地承包管理机构自身也要加强对流转合同及有关资料的妥善保存。

6.3.1.3 地方政府加强对农村土地流转的监督，加大对侵害农民土地承包经营权权益的查处力度

农村土地流转中侵害农民土地承包经营权行为已屡见不鲜，如干涉农民经营自主权，强迫或阻碍农民流转土地承包经营权，侵占农民土地流转收益等，因此必须要加强对侵害农民土地承包经营权权益行为的查处。可采取由地方政府成立农村土地流转督导组的方式，定期和不定期地加强本地区农村土地流转情况的监督。同时，应畅通农民利益表达渠道，严厉查处侵害农民土地承包经营权权益的事件。一旦发现违反土地流转"依法、自愿、有偿"和"三个不得"原则，对农村土地流转中的法律法规政策执行变形或不作为等侵害农民土地承包经营权的行为，必须依法加以惩处，情节严重者可追究其刑事责任。另外，还要发挥人大、检察院的监督作用。人大和检察院作为我国法律监督体系的核心

组成部分，其监督的权限、范围和程序均由宪法和法律法规予以明确，其监督结果具有直接的法律效力，将对农地流转中的各种违法行为产生威慑力。

6.3.1.4 加强农民对基层政府的监督，避免乡（镇）权力滥用和异化。

据经济参考报报道，截至 2010 年底，全国 392 个市级政府和 2779 个县政府中，只有 39 个市政府和 44 个县政府没举借政府性债务，另有 78 个市级政府资不抵债，40 个市县处于借新还旧中。[①]。2013 年开始的城镇化战略，还将进一步加大地方政府对资金的需求。这样，就会导致基层政府更加有动力在农村土地流转上"做文章"。因此，不仅要有上级政府对农地流转过程与费用分配的监督，更要有农民对政府"越位""错位"行为的监督，防止其截留与违法创收行为，依法保证农地流转费用分毫不差地进入农民的口袋。Ellickson（2004）认为，政府应该逐渐淡化自己在农地流转中的中间人角色和减少其寻租行为，应当运用管制和税收制度等办法来解决农地流转中可能出现的各种问题。[②] 正如国家主席习近平在 2014 年 9 月 29 日召开的中央全面深化改革领导小第五次会议上的讲话一样，农民才是土地改革的主体，要尊重农民意愿，坚持依法自愿有偿流转土地经营权，不能搞强迫命令，不能搞行政瞎指挥。如果地方政府总是有一只闲不住的手，总是想着与民争利，不惜替农民做主，不仅损害了农民的利益，还无益于经济的健康发展，甚至还破坏了整体的公平竞争环境。

---

① 全国地方政府负债已超 10 万亿 仅 54 个县未举债［N］.经济参考报，2011-06-28.

② Ellickson，土地制度概述［R］."中国征地制度改革"国际研讨会资料，2004-03.

6.4 健全农村土地流转风险防范机制，保障农民土地流转权益

6.4.1 以权利约束权力是农民土地流转权益的法律保障

权利是制约权力最为有效和重要的手段，权利制约权力的关键在于优化权利结构，并把这种权利结构以法律和制度的方式加以刚性化[①]。因此，要多途径刚性化农民土地权利，以权利约束权力。

首先要在上位法中明确界定：没有正当的法律程序，任何单位和个体不得剥夺农民合法的土地权益，否则各级司法机构可以作出土地流转合约无效的裁定；要仔细梳理农民在土地流转中的各项权益，编写"农民在农地流转中的法定权利指南"，以最简单便捷的方式告知农民面对基层组织的具体行政行为时，知晓自己的合法权益是什么、怎样保护。要进一步完善信访制度，加强人大在公共政策制定中反映民意、在政策执行中落实民意和监督权力，从而保障农民在农地流转中的处分权。

其次，要还权赋能。还权就是要给予农民完整的土地权利，包括与土地相关的政治、经济、教育、社会权利，以及进入市场交易的权利。2014年11月20日，中共中央办公厅、国务院办公厅印发《关于引导农村土地经营权有序流转发展农业适度规模经营的意见》，基本解决了上述问题。赋能就是赋予农民在土地流转中的议价能力，针对农民在土地流转中权益受损的情况，健全以村民代表大会和村议事会为载体的决策机制，按多数人的意

---

① 陆道平、钟伟军.农村土地流转中的地方政府与农民互动机制研究[M].北京：清华大学出版社，2012：209

见做出土地流转的决定，避免村委会"一言堂"。

最后，要加强农村基层干部的规范化管理。由于农村集体土地产权主体缺位、农村精英流向城市等原因，为农村基层干部在农地流转中的越位、缺位行为提供了制度空间，导致农民权益受损。因而，需要通过多途径的党性教育、专业技能培训等方式提高他们的民主意识、纪律意识和整体素质，并把每届村委会的履职情况与职务任务相结合，从而保障农民的土地权益。

6.4.2 加快农地确权颁证是农民土地流转权益的制度保障

我国经过三十多年的改革，以《物权法》的颁布实施为标志，初步形成了城市产权制度的基本框架，但农村的产权制度改革却相对滞后。自2006年以来，广大农村先后开展了林地确权、宅基地确权、承包地确权等工作，前两项权益的确定赋予了农民完全的自主处分权，但承包地的确权工作却因各种原因进展缓慢，或确权没有落到实处，农民的土地权益归属仍然模糊不清，给农地流转带来诸多障碍。因此，要加快农村产权制度改革，以农村土地确权颁证为基础，确立与城乡统筹和城镇化进程相适应的农村土地的合法转让权，从而保护农民在农地流转中的正当权益。

6.4.2.1 *加快推进确权颁证，夯实农村产权制度基础*

国土部、财政部、农业部负责落实2010年中央1号文件，承诺力争用3年时间把农村集体土地所有权确认到每个具有所有权的农民集体组织；2011年4月，三部门又联合下发了《关于加快推进农村集体土地确权登记发证工作的通知》；2014年又颁布了《关于引导农村土地经营权有序流转发展农业适度规模经营的意见》，明确提出要在5年的时间内完成农村土地的确权颁证工作，再次重申了确权颁证对农民土地权益保护的重要性。截至目前，还有一定数量的县（区）没有认真推进该项工作，农民的土地处分权仍然在流失中。对此，可借鉴成都市农村土地确权的成功经验，组织专人宣传、动员，开展入户调查，并进行实地测量，然后将农地测量结果公示在村委会，在全体村民均无异议的情况下颁发农地承包经营权证，只有全面、真实地摸清"家底"，才能更好的进行土地流转、规避风险，为保护农民财产权利等创造有利条件。

6.4.2.2 认定权属界线，规范确权颁证程序

严格按照中央有关文件精神，明确界定农村土地的国家所有、集体所有、个人承包经营权所有，以及各自的权利义务关系，做到"地、账、证、合同与耕保金发放面积"的"五个一致"。在此基础上，抽调相关行政、法律、技术人员组成权属界线认定小组，根据卫星图片上确认土地的天然边界，确定农村集体土地的总面积量。然后各村成立工作小组落实土地边界，经村议事机构商议和认同，到村内各户确认。最后确认无误后进行14天的公示，然后上报、颁证。中国国土资源报将其概括为，在遵循"政策先行、总量控制、村民自治、规范操作、协同推进"原则的前提下，严格执行"五个一致"的工作标准，按照动员、调查、公示等程序组成的步骤，切实做到"确实权、颁铁证"[①]。

6.4.2.3 依法公开确权工作，接受全体村民的全程监督

课题组调查结果显示，仅有9.2%的农民认为村干部宣传讲解了相关法律法规和政策，对此基层政府有必要加大政策法规的宣传力度，并提供相应的法律咨询，使农村土地确权的法律和政策精神能传递给每个村民，让村民对确权颁证的所有活动内容都了然于胸，便于村民的监督。同时，要严格落实集体经济组织或者村民委员会在签订土地确权协议时，必须由村民委员会2/3以

---

① 成都市集体土地确权颁证工作纪实［N］.中国国土资源报，2012-05-28.

上成员或者 2/3 以上的村民代表同意，从而保障农民的民主管理、民主监督权利，防止集体物权虚位和公共权力滥用。对最终确权的土地数据还必须张榜公布，包括确权时多出的土地和已经流转土地的权利归属，只有得到全体村民的认可，才能确保最终确权农地数据的准确性。

6.4.2.4 加大公共财政投入，积极推进确权工作有效推进

土地确权工作不仅是一项耗时耗力且庞大系统的工作，同时也是一项需要庞大资金支持的工作。从宣传动员开始到最后的公示、颁证等环节都是十分具体、繁琐却又是必不可少的，需要一定的人力、物力与财力的支持。正是由于各地财政支持资金不到位，导致许多市、县的确权工作进展十分缓慢，也使得部分有区位优势的地方在后来的农地流转收入中擅自抽取流转收益以弥补确权时的亏空。因此，公共财政对基层政府开展土地确权工作的支持是十分必要的。只有足够的财政投入，才能使基层政府有能力承担这项系统又具体的工作，加快各项工作的投入，推动确权工作的开展，避免确权颁证工作流于形式，以便更好地在土地流转中保护农民的农地处分权。

6.4.3 构建农民权利流失的风险预警与应对机制[①]是农民土地权益的机制保障

农村土地流转风险是指农村土地流转各方依个体理性在现行政策体系内作出的流转决策，却因可能的预期收益变动、政策演变、个人事业调整等不确定性因素而产生的风险。大量研究表明，在农村土地流转中，主要存在着市场风险、契约风险、社会风险，这些风险的叠加耦合，不仅会导致农民土地收益权受损，

---

① 本节内容选自笔者和姜晓萍教授合著论文"构建农地使用权流转中农民权利保障机制"[J]. 政治学研究，2011 (6).

也会诱发农村土地流转中的相关各方发生利益冲突，加剧社会矛盾。因此，迫切需要协调农村土地流转中的利益结构，探索各种形式的利益协商与利益分享方式，构建农村土地流转中的风险防范机制。

一是要构建农村土地流转的风险预警机制。加强农村土地流转公共政策与法律法规的宣传教育，让农民真正了解农村土地流转的性质、流转的方式、各方的权利义务、法律后果；掌握农村土地流转的法定程序、合同规范等，提高农民对农村土地流转的风险识别和风险防范能力。同时，也要提高基层干部的依法行政素养，消除农村土地流转中的行政障碍，防止基层干部滥用公权侵害农民的土地物权与合法收益权。更要改进农村土地流转中的政府服务方式，维护农村土地流转中的自愿、公平、有序原则，改善干群关系，化解干群矛盾。另外，还要建立以村社党员干部为主导的农民土地流转需求信息调查与反馈网络和群众权益维护组织，了解农民的土地流转意愿、权益保障诉求等，及时掌握风险源并化解，促进农地健康、有序流转。

二是要构建农村土地使用权流转的风险应对机制。通过成立市级农村产权交易所①，并在区（县）、乡（镇）分别建立农村产权交易分所、农村产权流转服务站，构建市县乡三级联动的农村产权流转服务体系，推动农村土地承包经营权、林权、农村房

---

① 农村产权交易所，是地方政府按照《中共中央关于推进农村改革发展若干重大问题的决定》中"加强土地承包经营权流转管理和服务，建立健全土地承包经营权流转市场"的要求，在推进统筹城乡发展进程中进行的创新探索。如：2008年11月25日，重庆市委三届四次全委会审议通过了《中共重庆市委关于加快农村改革发展的决定》，决定设立农村土地交易所。2008年12月4日，重庆农村土地交易所挂牌成立。2009年12月29日，成都市人民政府办公厅下发了《成都市人民政府办公厅关于印发〈成都农村产权交易所组建方案〉和〈成都市引导和鼓励农村产权入场交易暂行办法〉的通知》（成办发［2009］75号），2010年7月7日，成都农村产权交易所正式成立。此外，上海、天津等地也成立了农村产权交易所。

屋所有权等农民既有权利的市场化流转，促进供求价格自由匹配，防范市场风险。另外，还要规范土地使用权流转程序和合同，降低农民在土地流转中的交易成本，防范契约风险。也可以考虑建立农村土地流转风险保障金制度，按一定比例分别从业主流转收益、农民租金收益、村社公共收入中提取部分经费，加上一定的政府财政性补贴构成土地流转风险保障金，优先用于支付农民的收益损失和土地复耕成本，也可用于支付农民的最低生活保障、法律援助、就业培训等，确保农民的最低收益不受损失，以化解社会矛盾，防范社会风险

6.4.4 健全农地流转风险化解的其他机制，保障农民土地流转权益

6.4.4.1 完善法律法规以减少农地流转政策执行中的冲突

一是要建立健全土地流转中的农民权益保护的法律法规。要对现有涉及农地流转的法律、规章和条例进行梳理，找出农民土地流转权益缺失且急需补救的内容，再结合农民的权利保障需求和专家学者的相关学术成果，弥补现有法律法规的不足或进行创新性的立法，完善农民法定化土地权利的制度保障体系。二是要加强土地流转中农民权益保护法规间的协调，包括协调上位法之间、下位法与上位法之间、同位法之间的关系。只有农民权益保障法规清晰了，才能更为有效地保障农民在土地流转中的各项权益。

6.4.4.2 建立健全农地承包经营权结构

相关法律对农民承包经营土地的占有、使用和收益等权利，以及多种形式流转的权利均做出了规定，但仅仅是原则性的规定，并没有对土地承包经营权的流转性质作出具体规定，也没有涉及抵押、继承等权利的表述。因此，首先，要在农地承包经营

权流转性质方面，对流转土地的物权与债权性质①进行界定，包括出现纠纷后的解决方式到底是适用合同法还是其他法规等作出说明。其次，农地承包经营权作为一种用益物权，具有独立的经济价值，其抵押必然导致农地使用权的流转。为了避免可能引发的社会风险，除了在相关的法律中确定农地承包经营权的抵押条款和扩大农民的土地处分权能外，还要设置抵押的前置条件、程序、纠纷处理等内容。最后，在承包经营权继承方面，要完善相关的法律法规，对承包人在农地承包经营期内外迁或死亡时的承包权的继承作出明确规定，包括承包人子女为非农业户口时是否具有继承权；承包人无子女，其亲属是否享有继承权；若子女和亲属不愿意继续承包土地是否可以获得相应的补偿等。

6.4.4.3　厘清各级政府的责任，确保农民土地流转的主体地位

1. 省级政府：政策实践者、制定者。

涉及农民土地流转的相关规定主要由《宪法》《农业法》《农村土地承包经营权流转管理办法》《中共中央关于推进农村改革发展若干重大问题的决定》等明确的，省级政府是这些法律法规的执行者、实践者。与此同时，中央层面出台的相关法律法规原则性较强，需要地方政府根据各地省情加以细化和配套，省人大所拥有的地方立法权就是支持省政府在农地流转中制定有关政策法规的有力支撑。如重庆市工商局制定了《关于农村土地承包经营权入股设立公司注册登记有关问题的通知》、湖北省出台了《湖北省农民集体所有建设用地使用权流转管理试行办法》等。目前，各地执行的新农村建设方案、土地整理项目、集体建设用地增减挂钩、农民专业合作社、家庭农场等政策、规章由省级政

---

① 可将农民与农村集体间的土地承包经营权界定为物权；将农民与业主间的土地转包等关系界定债权。

府决策、制定；农地流转的产权、规范合同和信息发布、政策咨询、价格评估等公共服务框架由省级政府决策、制定。

2. 市、县政府：主导者、协调者。

市（区、县）政府根据中央和省政府的政策制定符合本地实际的政策；与乡（镇）政府相比，掌握着更多的涉农财政资金，有着招商引资方面的各种优势，更能引进本地急需的资金、技术、人才和项目。如眉山市人民政府根据一区一主导产业原则，在仁寿县建设了"天府仁寿观光农业示范园区""四川省现代粮食产业仁寿示范园区"两个现代农业园区，流转土地3千余亩，在每年的招商引资推介大会上重点推出，市政府扮演了主导者角色；彭山县利用观音村发展葡萄产业的传统优势，打造了万亩葡萄观光农业园区，当地农民自主决定将土地全部流出，再根据招商条件，重新流入农地或另谋职业，县政府仅仅扮演了协调者角色；龙泉驿区实施"拆院并院、生态移民"措施，仅大兰村和龙华村就流转集体建设用地指标316.6亩，区政府既是主导者，又是协调者。

3. 乡（镇）政府：服务者、协助者。

按照相关法律，乡（镇）政府是农村集体土地"三级所有"中的最高一级所有者，其职能不再是"催粮、收款"，而是及时向农民提供公共服务，让"农民的事情农民自己办"。具体到农村土地流转中，乡（镇）政府首先要构筑农地流转平台，培育农地流转中介机构和服务体系，定期发布有关当地土地流转的详细信息，打通供求瓶颈和土地撂荒问题，使农地进入市场化轨道。其次要加强村社干部和农民的培训，使其更加了解农地流转政策、法规，避免盲目流转、强制流转和权力寻租，切实提高农民在土地流转中的话语权，引导农民积极、有序地维护自己的合法权益。第三，乡镇政府要根据十七届三中全会精神，认真监督农地流转中的"三个不"① 是否严格贯彻落实；置身于"人情、关系"之外，敢于撤销未经最低一级土地所有者（村委会或村民小组）同意的流转合同，强化农民和村社的法律意识，做到不违法农地流转；同时，还要指导流转合同的订立与备案，严格事前监督和事中监督。最后，对于不愿意流转农地的农民，要积极引导；对于业主的使用规划，要及时指导；对于农地流转中和流转后出现的问题要及时疏导、提供服务、化解矛盾。

4. 村集体组织：管理者、服务者。

根据宪法和村民委员会组织法，村民委员会既不是政权组织的派出机构或延伸机构，而是一个群众性自治组织，有组织和发展经济的职能但不是经济组织，具有普通社团特征但不同于共同团、妇联等群众性团体，其权力来源于本村村民或村民（代表）会议的授权。在农村土地流转中，村委会要维护农民的土地承包经营权，不得非法变更或解除承包关系，不得干涉承包方的正常生产经营活动；要通过举办法律、政策培训班，开展远程教育等途径宣传农地流转的法律、法规和政策方面的知识，增强农民的维权意识；要积极培训农地流转中介组织，规范农民地流转，如吉林省的物权融资农业公司、山东省汶上县的土地托管中心等，在缺乏流转服务站时，要充当临时的中介组织，在农地流转谈判中扮演协调者角色；要弥补乡镇土地管理部门事后监督不到位的缺陷，确保农民利益、集体利益、社会公共利益不受侵害。

简短的结论

农民权益保障是中国特色社会主义民主政治建设的重要内容，也是我国农村社会和谐稳定的重要前提。为深入贯彻落实党的十七届三中全会精神，激发农村经济社会全面发展的内生动

---

① "三个不"即不得改变土地集体所有制性质、不得改变土地用途、不得损害农民权益。

力，纵深推进统筹城乡统筹配套改革，充分运用农村产权改革成果，促进城乡生产要素自由流动，从制度上建立保护农民权益的长效机制，确保城乡群众共创共享改革发展成果，各级地方政府积极推动土地流转。但是，近年来因为土地问题而不断爆发农村群体性事件，这表明农民权益在土地流转中可能受到侵害，以及农村可能由此而面临诸多社会风险。可以说，农民的土地权益保障在农村地区的和谐发展中起着"底线衡量"作用。因此，在"居民收入倍增"、"发展是第一要务"和"构建和谐社会"的特殊时空背景下，本书聚焦于农村耕地与灾后重建背景下的集体建设用地流转中的农民权益保障问题，系统研究农地流转中农民可能面临的权益流失与弱化，以及土地权益与流转风险的辩证关系，积极探索农村土地流转机制的创新路径，有效规避农地流转中的风险，不仅能够切实保护农民的土地权益，更对农村社会的和谐稳定具有标示性价值。

首先，基层组织主导农地流转是农民权益流失的重要原因，但并不是唯一原因。从调查研究来看，许多地区的农地流转均由村社，甚至乡镇相关部门主导，基层组织往往以一纸公文或口头传达的形式动员农民流转已经取得承包经营权或产权的土地，致使农民在土地流转中缺乏相应的知情权、参与权等民主管理权和承包土地的处分权，间接引发农地流转中的农民收益权流失和司法救济权弱化。课题组研究结果还显示，基层组织主导下的农地流转仅仅是农民权益流失的原因之一，除此以外，还有制度的不完善、农民与业主的博弈等因素也是导致农民权益流失的重要原因。其次，农村土地流转风险防范是保障农民权益的重要举措。农地流转中的政治、经济和社会风险，在具体到农民的各项权益中还将细化为契约风险、市场风险、干群关系恶化和基层政府公信力下降的风险、乡村公共性消解社会风险、社会治安紊乱风险等。若上述风险不能采取有效措施进行防范，将进一步引发农民权益的流失与弱化,加剧农地流转风险的演化,导致因农地流转纠纷而出现上访和群体性事件,影响农村社会的和谐稳定,影响"中国梦"在全社会范围内的实现。因此,通过建立风险保障金制度、建立农地流转市场的准入与退出机制、大力完善农地流转的中介组织等措施将有助于防范农村土地流转风险、加强农民权益的保障。第三,农村社会的和谐稳定重在农民权益的保护。在社会主义中国,农民不仅享有民主参与政治的权利,还有经济发展的权利,更有生存与个体发展的权利。诸多权益中,附着在土地上的权益对农民来说更能体现其主人翁地位。土地是农民生产经营的场所和对象,不仅体现其劳动价值所在,更因为土地而产生生存与发展的安全感,实现其精神的寄托。一旦土地权益弱化或流失,农民的社会归属感下降、认同度降低、社会融入难度增加,更容易产生对基层组织的不信任感,导致因土地权益流失而引发的集群行为,从而破坏农村社会的程度稳定。因此,要确保农村社会的和谐稳定,最为重要的举措就是保障农民权益。

  2014年11月,中共中央办公厅、国务院办公厅印发了《关于引导农村土地经营权有序流转发展农业适度规模经营的意见》,明确提出要坚持农村土地集体所有,实现所有权、承包权、经营权三权分置,引导土地经营权有序流转,要让农民成为土地流转和规模经营的积极参与者和真正的受益者。《意见》还提出要在5年内完成农村土地经营权的确权颁证工作,坚决禁止擅自将耕地"非农化",坚决禁止为片面追求超大规模经营而定任务下指标推动农地流转,通过健全土地流转服务平台来开展农地流转信息沟通等服务,禁止层层转包等等。由此可见,农地流转风险和农民权益保障问题已经引起中央决策层面的高度重视。该《意见》的出台,标志着农地流转风险中的农民权益保障问题已经有顶层设计,将更有利于农村产业结构的正常调整、农民土地权益的法制保障和农村和谐稳定社会秩序的依法构建。

参考文献

白雪梅，赵松山，1997. 层次分析法在评价综合实力中的应用［J］. 统计与决策（10）：9-10.

陈剑波，2006. 农地制度：所有权问题还是委托—代理问题［J］. 经济研究（7）：83-91

车裕斌，2004. 中国农地流转机制研究［D］. 武汉：华中农业大学.

陈远章，2008. 社会风险预警指标体系及其实证研究［J］. 系统工程（9）：122-126.

陈玉平，蒲春玲，王志强，2010. 农地流转进程中的农民权益保障研究——以库尔勒市5乡镇为例［J］. 农村经济与科技（21）：9-10.

程世勇，李伟群，2009. 农村建设用地流转和土地产权制度变迁［J］. 经济体制改革（1）：71-75.

陈雪灵，2012. 农村土地承包经营权流转问题探析［D］. 成都：西南财经大学.

党国英，2008. 深化土地制度改革不可久拖不决［J］. 国土资源（1）：4-5.

转引自杜培华，欧名豪，2008. 农户土地流转行为影响因素的实证研究［J］. 农村经济（2）：53-56.

段力誌，2011. 农村土地流转问题研究——以重庆城乡统筹试验区为例［D］. 重庆：重庆大学.

丁关良，李贤红，2008. 土地承包经营权流转内涵界定研究[J]. 浙江大学学报（6）：5-13

丁厚成，万成略，2004. 风险评价标准值初探[J]. 工业安全与环保（10）：45-47.

窦松博，2011. 农村土地流转中的风险管理研究[D]. 郑州：郑州大学.

杜栋，庞庆华，2005. 现代综合评价方法与案例精选[M]. 北京：清华大学出版社.

费孝通，2006. 乡土中国[M]. 上海：上海人民出版社

方中友，2008. 农地流转机制研究——以南京市为例[D]. 南京：南京农业大学.

傅晨，刘梦琴，2007. 农地承包经营权流转不足的经济分析[J]. 调研世界（1）：22-25.

范柏乃，2007. 政府绩效评估与管理[M]. 上海：复旦大学出版社.

耿彩云，2011. 我国农地流转风险研究[D]. 重庆：重庆大学.

郭晓鸣等，2005. 退耕还林工程：问题、原因与政策建议——四川省天全县100户退耕还林农户的跟踪调查[J]. 中国农村观察（3）：72-79.

郭亮，阳云云，2010. 当前农地流转的特征、风险与政策选择[J]. 经济观察（4）：37：40.

甘庭宇，2006. 土地使用权流转中的农民利益保障[J]. 农村经济（5）：29-32.

宫敏燕，门忠民，2011. 论新农村建设背景下农民权益的保障[J]. 西北农林科技大学学报（9）：28-31.

郭晓莉，2009. 河南省农村土地流转及存在风险问题研究[J]. 安徽农业科学（1）：42-43.

龚维斌，1998. 外出劳动力就业与农村社会变迁[M]. 北京：

北京文物出版社.

郭立建, 2007. 试论农民土地承包经营权流转规范的法律机制 [J]. 行政与法 (11): 119-121.

高林远, 黄善明, 祁晓玲等, 2010. 制度变迁中的农民土地权益问题研究 [M]. 北京: 科学出版社.

甘露, 潘怀明, 2007. 公共政策与社会排斥问题研究 [J]. 华东经济管理 (8): 21-24.

关艳, 2010. 落后从交易费用谈我国农村土地流转市场的发展 [J]. 商业时代 (12): 115-116.

贺雪峰, 2010. 地权的逻辑——中国农村土地制度向何处去 [M]. 北京: 中国政法大学出版社.

黄祖辉, 王朋, 2008. 农村土地流转: 现状、问题及对策——兼论土地流转对现代农业发展的影响 [J]. 浙江大学学报(人文社会科学版)(2): 38-47.

胡鞍钢, 王磊, 2006. 社会转型风险的衡量方法与经验研究 (1993-2004年)[J]. 管理世界 (6): 46-54.

胡联合, 胡鞍钢, 何胜红等, 2009. 中国当代社会稳定问题报告 [M]. 北京: 红旗出版社.

衡霞, 2012. 农地流转中的社会管理体制障碍与创新 [J]. 云南社会科学 (3): 118-122.

衡霞, 2011. 农业产业化经营风险防范机制研究 [M]. 成都: 四川大学出版社.

黄学贤, 2008 农民: 中国人权保障的最大主体——农民合法权益保障的宪法行政法视野 [J]. 宪政与行政法治评论 (1): 235-252.

韩长赋. "三权分置"是重大制度创新 [N]. 人民日报 2014-12-22.

黄玉捷, 2004. 内生性制度的演进逻辑——理论框架及农民工就

业制度研究 [M]. 上海：上海社会科学院出版社.

姜晓萍, 衡霞, 2011. 构建农地使用权流转中农民权利保障 [J]. 政治学研究 (6): 65-73.

姜晓萍, 衡霞, 2011. 农地流转风险形成机理及处部性分析 [J]. 农村经济 (11): 27-30.

蒋永穆, 杨少磊, 杜兴端, 2010. 土地承包经营权流转风险及其防范 [J]. 学术界 (9): 4-8.

嵇金鑫, 李伟芳, 黄天元, 2008. 浅议农村集体建设用地流转价格 [J]. 江西农业学报 (10): 133-142.

金贞珍, 2006. 关于多指标综合评价方法及其权数问题的讨论 [D]. 延吉：延边大学.

孔祥智、何安华, 2009. 新中国成立 60 年来农民对国家建设的贡献分析 [J]. 教学与研究 (9): 5-11.

刘艳, 2010. 农地使用权流转研究 [M]. 北京：北京师范大学出版社.

李振远, 2011. 我国农户农地流转行为与流转权益保障研究 [D]. 兰州：兰州大学.

林旭, 2009. 论农地流转的社会风险及其防范机制 [J]. 西南民族大学学报 (8): 206-210.

吕琳, 2011. 风险社会理论视角下的中国农村土地流转风险分析 [D]. 成都：西南交通大学.

刘灵辉, 陈银蓉, 刘晓慧, 2009. 农村土地流转市场构建的困局与破解 [J]. 乡镇经济 (7): 4-8.

李长健, 2004. 论农民权益的经济法保护——以利益与利益机制为视角 [J]. 中国法学 (3): 120-134.

罗元青, 祁晓玲, 2012. 基于权益系统的城乡一体化中农民社会保障权益问题的思考 [J]. 农村经济 (12): 78-82.

刘国荣, 陶玉梅, 2012. 农民权益的缺失与保障问题研究 [J].

延安大学学报（10）：19-25.

陆道平，钟伟军，2010. 农村土地流转中的农民权益保障［J］. 探索与争鸣（9）：45-47.

陆道平，钟伟军，2012. 农村土地流转中的地方政府与农民互动机制研究［M］. 北京：清华大学出版社.

廖春，杨来科，1999. 产权、外部性与国有企业改革的实质［J］. 东南学术（2）：645-69.

兰继斌，2006. 关于层次分析法优先权重及模糊多属性决策问题研究［D］. 成都：西南交通大学.

李星星等，2008. 长江上游四川横断山区生态移民研究［M］. 北京：民族出版社.

论农业产业化［N］.《人民日报》. 1995-12-11.

刘勤，2010 土地流转的社会风险：皖中宋村调查［J］. 安徽农业科学（7）：57-59.

李丁，2007. 过程背后的"结构"——透过一个征地案例看农村基层社会结构及其发展［J］. 研究生法学（2）：37-58.

林毅夫，1988. 小农与经济理性［J］. 农村经济与社会（3）：10-14.

李怀，高磊，2009. 我国农地流转中的多重委托代理结构及其制度失衡解析［J］. 农业经济问题（11）：71-77.

李爽，2008 大型社会活动安全风险指标体系研究［D］. 北京：首都经济贸易大学.

梅琳，2011. 我国农村土地流转模式研究［D］. 福州：福建师范大学.

穆瑞丽，2010. 农村土地流转中农民权益保障的风险分析与规避对策［J］. 农村经济（1）：11-13.

牟燕，郭忠兴，2006. 农村土地流转市场失灵的博弈分析［J］. 国土资源科技管理（1）：45-48.

苗连背，2004. 公民司法救济权的入宪问题之研究 [J]. 中国法学（4）：25-36.

彭国甫，2004 价值取向是地方政府绩效评估的深层结构 [J]. 中国行政管理（7）：75-78

潘啸，2008. 农村土地流转的动因分析与对策选择 [J]. 山东社会科学（6）：111-112.

皮建才，2007. 所有权结构、自私性努力与投资阻塞问题 [J]. 经济研究（3）：115-124.

潘晓成，2007. 转型期农业风险与保障机制 [M]. 北京：社会科学文献出版社.

齐巍巍，2011. 谨慎"四替"风险，把握"四可"标准——对东、中、西部典型地区农地流转新模式的思索 [J]. 农村金融研究（5）：62-64.

任大鹏，2004. 有关农民合作经济组织立法的几个问题 [J]. 中国农村经济（7）：41-45.

沈茂英，2008. 农村土地流转与农户权益保障研究——以成都统筹试验区为例 [J]. 郑州航空工业管理学院学报（4）：34-39.

宋菊香，2010. 论土地流转中农民权益保障机制构建 [J]. 湖南行政学院学报（2）：80-83.

宋林飞，1995. 社会风险指标体系与社会波动机制 [J]. 社会学研究（6）：90-95.

史云贵，赵海燕，2012. 我国城乡接合部的社会风险指标构建与群体性事件预警论析 [J]. 社会科学研究（1）：68-73.

石莹，赵昊鲁，2007. 马克思主义土地理论与中国农村土地制度变迁 [M]. 北京：经济科学出版社.

陶玉梅，2012. 和谐社会视域下农民权益保障问题研究 [D]. 延吉：延安大学.

田先红，陈玲，2013. 农地大规模流转中的风险分担机制研究

[J]. 中国农业大学学报（4）：40-47.

唐晓腾，舒小爱，1999. 影响中国乡村法治化进程的因素和阻力[J]. 战略与管理（3）：110-112.

田孟，2013. 农地抛荒与农民家计新模式[J]. 农业部管理干部学院学报（2）：10-12.

田霞、王文昌，2009. 农地流转中的农民土地权益保护问题探析[J]. 山西农业大学学报（社会科学版）（8）：61-64

温铁军，2001. 中国农村基本经济制度研究[M]. 北京：中国经济出版社.

伍业兵，2009. 当前农地流转的特点、问题及政策选择[J]. 经济与社会发展（7）：

王姝涵，吴秀敏，2010. 农地流转中的农民权益隐患分析[J]. 农业科研经济管理（3）：31-35.

汪希成，徐臻，2011. 农民权益保障：思想渊源、现实困境与路径选择[J]. 石河子大学学报（6）：51-55.

王延强，陈利根，2008. 基于农民权益保护的宅基地权益分析——从不同流转模式对农户集中居住影响的角度[J]. 农村经济（3）：6-10.

王毅，刘勇华，阮昌益，2004. 农民权益保障问题初探[J]. 农村经济（4）：22-23.

转引自吴越，沈冬军，吴义茂等，2012. 农村集体土地流转与农民土地权益保障的制度选择[M]. 北京：法律出版社.

袁铖，2010. 城乡一体化进程中农村土地承包经营权流转制度创新[J]. 宏观经济研究（10）：25-31.

伍业兵，2009. 当前农地流转的特点、问题及政策选择[J]. 经济与社会发展（7）：60-62.

韦红霞，2005. 我国土地征收的司法救济制度研究[D]. 贵阳：贵州大学.

吴兴智，2008. 公民参与、协商民主与乡村公共秩序的重构——基于浙江温岭协商式治理模式的研究 [D]. 杭州：浙江大学.

王芳，2006. 社区卫生服务绩效评价指标体系研究 [D]. 武汉：华中科技大学.

王洪斌，2009. "两型"社会下的土地承包经营权抵押 [C]. 中华全国律师协会经济专业委员会 2009 年年会（贵州）论文集.

徐勇，1997. 中国农村村民自治 [M]. 武汉：华中师范大学出版社.

徐峰，邱隆云，魏敏，2008. 国内关于农地流转的研究综述 [J]. 江西农业大学学报（3）：59－63.

许恒周，曲福田，2007. 农村土地流转与农民权益保障 [J]. 农村经济（4）：29－31.

薛晓源，刘国良，2005. 全球风险世界：现在与未来——德国著名社会学家、风险社会理论创始人乌尔里希·贝克教授访谈录 [J]. 马克思主义与现实》(1) 44－55.

新吉乐图，2005. 中国环境政策报告——生态移民 [M]. 呼和浩特：内蒙古大学出版社.

肖屹，曲福田，钱忠好等，2008 土地征用中农民土地权益受损程度研究 [J]. 农业经济问题（3）77－83;.

肖屹钱，忠好，2005. 交易费用、产权公共域与农地征用中农民土地权益侵害 [J]. 农业经济问题（9）：58－63.

杨小凯，张永生，1999. 新古典经济学和超边际分析 [M]. 北京：中国人民大学出版社.

杨雪冬，2006 风险社会与秩序重建 [M]. 北京：社会科学文献出版社.

于建嵘，2008. 地权是农民最基本的权利 [J]. 民主与科学（5）：27－30.

于建嵘，2009. 农村集体土地所有权虚置的制度分析 [M]. 蔡继明, 邝梅. 论中国土地制度改革. 北京: 中国财政经济出版社.

闫顺利, 吴晓梅, 2011. 论风险社会及其困境——基于吉登斯、贝克风险社会理论视角 [J]. 前沿 (9): 4-7.

严慎, 2012. 浅析农村土地流转进程中的土地非粮化倾向 [J]. 农学 (7): 1-4.

张丽, 2011. 农地城市流转中的农民权益保护研究 [D]. 武汉: 华中科技大学.

郑静波, 2001. 农村土地流转——农业结构调整绕不开的话题 [J]. 农村改革与发展 (1): 21-23.

曾超群, 2010. 农村土地流转问题研究 [D]. 长沙: 湖南农业大学.

周文斌, 2007. 转型时期中国社会风险评估指标体系研究 [D]. 武汉: 华中师范大学 60-62

周玉, 2009. 农地流转中农民权益保障问题探析 [J]. 广东土地科学 (1): 35-39.

左小兵, 冯长春, 2010. 集体建设用地流转中的农民权益保障 [J]. 中国土地 (5): 41-43.

张云华, 2012. 我国农地流转的情况与对策 [J]. 中国国情国力 (7): 4-7.

周战超, 2005. 当代西方风险社会理论研究引论 [M]. 全球化与风险社会. 北京: 社会科学文献出版社.

张时飞, 段启增等, 2006. 失地农民上访: 问题、成因与对策 [J]. 河海大学学报 (12): 7-12.

朱博文, 2005 国外家庭农场发展的经验与启示 [J]. 新疆农垦经济 (2): 69-72.

周弘. 分解福利——福利国家研究的角度四月网, 2006-05-08.

赵焕臣，许树柏等，1986. 层次分析法——一种简易的新决策方法 [M]. 北京：科学出版社.

周文斌，2007. 转型时期中国社会风险评估指标体系研究 [D]. 华中师范大学.

张静，2000. 基层政权：乡村制度诸问题 [M]. 杭州：浙江人民出版社.

周明海，张晓路，2008. 试论新农村建设中的农民发展权及其保障机制 [J]. 农村经济（7）：122-125.

张飞，曲福田，孔伟，2009. 我国农地非农化中政府行为的博弈论解释 [J]. 南京社会科学（9）：72-78.

朱仁友，崔太平，2001. 国外学者关于农地估价中如何运用收益还原法理论的考察与评析 [J]. 商业研究（1）：121-123.

苏为华，2000. 多指标综合评价理论与方法问题研究 [D]. 厦门：厦门大学.

建国以来重要文献选编（第1册）[M]. 北京：中央文献出版社，1992.

中华人民共和国国家统计局《2012年中国统计年鉴》[M]. 北京：中国统计出版社，2012.

中华人民共和国国土资源部，2012中国国土资源公报：39

截至2012年底全国土地累计流转面积2.7亿亩 [N]. 人民日报，2013-03-05.

重庆农村土地交易所1年成交地票12300亩 [N]. 重庆日报 2010-05-30.

中国一线城市房屋空置率达40% [N]. 金陵晚报 2010-08-20.

年收入达8万家庭生产经营者吃"螃蟹"第一人 [N]. 四川三农新闻网. 2013-04-02.

以人为本就要把农民的利益作为出发点，中国共产党新闻网 [EB/OL] http：//theory. people. com. cn/GB/68294/

183044/11057691. html. 2010-03-02.

我国农村基尼系数逼近警戒线 http：//www. ceh. com. cn/ceh/shpd/2012/8/25/130259. shtml.

土地流转要解决好五个"关键词"［N］. 榆林日报 2013-01-19.

农村土地流转风险保障金管理办法，http：//www. phagri. gov. cn/news/view/? id=7787，2011-01-27.

全国地方政府负责已超 10 万亿仅 54 个县未举债［N］. 经济参考报 2011-06-28.

Ellickson. 土地制度概述［R］. "中国征地制度改革"国际研讨会资料. 2004 年 3 月.

成都市集体土地确权颁证工作纪实［N］. 中国国土资源报 2012-05-28.

截至 2012 年底全国土地累计流转面积 2. 7 亿亩［N］. 人民日报. 2013-03-05.

GDP 诱惑与失地农民 http：//news. sohu. com/2003/12/26/50/news217465077. shtml2003-12-16

安东尼·吉登斯（著），田禾（译），2000. 现代性的后果［M］. 南京：译林出版社.

贝克，吉登斯，拉什（著），赵文书（译），2001. 自反性现代化：现代社会秩序中的政治、传统与美学［M］. 北京：商务印书馆.

［德］乌尔里希·贝克，2004. 风险社会［M］. 南京：译林出版社

［美］博登海默（著），邓正来（译），1999. 法律哲学与法律方法［M］. 北京：中国政法大学出版社.

［美］曼瑟尔·奥尔森（著）陈郁、郭宇峰、李崇新（译），2009. 集体行动的逻辑［M］. 上海：格致出版社、上海三联

书店、上海人民出版社.

约翰·伊特韦尔等,1996. 新帕尔格雷夫经济学大辞典(第三卷)[M]. 北京:经济科学出版社.

施瓦茨,1999.《法律契约理论与不完全契约》. 参见[美]科期等. 契约经济学[M]. 北京:经济科学出版社.

德姆塞茨,1994. 关于产权的理论:财产权利与制度变迁[M]. 上海:上海三联出版社、上海市人民出版社.

Roy Prosterman,叶剑平,徐孝白等,2006/2010. 2005/2008年中国农村土地使用权调查研究—17省调查结果及政策建议[J].《管理世界》(7)(1):77-84.

Luke Erickson(著),官进胜(译),2008. 关于中国农村土地私有化的辩论[J]. 国外理论动态(8)53:57.

GUIDO CALABRESI and A. DOUGLAS MELAMED. Property Rules, Liability Rules, andIn alien ability: One View of the Cathedral. Harvard Law Review, 1972, 85 (6): 1089 −1128.

H. G. JAEOBY, GUO LI & SEOTTE REZELLE. Hazards of Expropriation: Tenure
Insecurity and Investment in Rural China. Department of Agriculture land
Resource Economics University of California Davis, Working Paper No. 02−007, 2002.

LOREN BRANDT, REZELLE & M. A. TURNER. Government Behavior and Propertyrights Formation in Rural China. Department of Agriculture land ResourceEconomics University of California Davis, Working Paper, February, 2002.

NORTH DOUGLASS, TOMAS, ROBERT. The Western

World: A New Economics History. W. W. Norton & Company Inc. 1973.

GUO LI, SEOOTTE ROZELLE. Hazards of Expropriation: Tenure Insecurity and Investment in Rural China. Department of Agriculture land Resource Economics University of California Davis, Working Paper, 2002.

DEMSETZ, HAROLD. Ownership, Control and the Firm, Oxford: Blackwell. , 1988

SZELENYI, IVAN and ERIC KOSTELL. "Outline of an Institutionalist Theory of Inequality: The Case of Socialist and Post — communist Eastern Europe ", in the New Institutionalism in Sociology, (eds.) by Mary C. Briton and Victor. Nee. New York: Russell Sage Foundation, 1998.

TOMMY FIRMAN. Rural to Urban Land Conversion in Indonesia during Boom andBust Periods, Land Use policy, 2000 (17).

STEPHEN R. BOUEHER, BRADFORD L BARHAM, MIEHAEL1 R. C ARTER. The Impact of " Market — Friendly", Reforms on Credit and Land Markets in Honduras andNicaragua. Development, 2005.

SEVKIYE SENEE TURK. Land Readjustment: An Examination of its Application inTurkey. Cities, 2000.

KLAUS DEININGER, SONGQING JIN. The Potential of Land Markets in the Process ofEconomic Development: Evidence from China. Journal of DevelopmentEconomics, 2005.

BELLEMARE, M. and C. B. BARRETT. An Ordered Tobit Model of Market Participation: Evidence from Kenya and Ethiopia. American Journal of Agricultural Economies, 2006.

JONATHAN RIGG. Land, Farming, Livelihoods, and Poverty: Rethinking the Links in the Rural South. World Development, 2006.

ZVILERMAN, NATALYA SHAGAIDA. Land Policies and Agriculture Land Markets in Russia • Land Use policy 2007.

ANNETTE HURRELMANN. Analyzing Agricultural Land Markets as Organizations: AnEmpirical Study in Poland Journal of Economic Behavior & Organization 2008.

ALAIN DE JANVRY, ELISABETH SADOULET A. de Janvry, E. Sadoulet. Rural poverty in Latin America Determinants and Exit Paths. Food Policy 2000, Vol. 25.

HOLDEN STEIN, DEININGER KLAUS, DANIEL AYALEW ALL, ETA, 1. Rural Land Certification in Ethiopia: process, initial impact and implication for other AfricanJean—Philippe Colin. Securing rural land transactions in Africa. An Ivorian perspective [J]. Land Use Policy, 20130.

SCHIRMERJ, WILLIAMSK, BORSCHMANNETAL. Living with land use change: different view and perspectives. Report prepared for the Socio—economic impacts of land use change study JR. Hobart: CRC for Forestry, 2008.

MENAC F, WALSH S J, FRIZZELLE B G, ET AL. Land use change on household farms in the Ecuadorian Amazon: Design and implementation of an agent—based model [J]. Applied Geography, 2011.

TERRY V D. Scenarios of Central European Land Fragmentation [J]. Land Use Policy, 2003.

BIAN, YANJIE AND JOHN R. LOGAN, 1996, "Market Transi-tion and the Persistence of Power: The Changing

Stratification Sys-tem in Urban China", American Sociological Review, (61).

VICTOR NEE. 1989, "A Theory of Market Transition: From Redistribution to Markets in States Socialism", American Sociological Review, (54).

YAOHUI CHAO, JAMES G. WEN. The Land Tenure System and the Saving and Investment Mechanism: The Case of, Modern China. Asian Economic Journal. November issue, 1995.

LOUIS PUTTERMAN. The rule of ownership and Property Rightsin China's Eeonomie Transition, The China's Quarterly, Vol, 144.

SUN XIU LIN. Village Governance in Contemporary China: Variations and Outcomes [D]. The Hong Kong University of Science and Technology in Partial Fulfillment of the requirements for the Degree of Doctor. 2007.